国家出版基金项目
NATIONAL PUBLICATION FOUNDATION

中宣部2022年主题出版重点出版物

“十四五”国家重点图书出版规划项目

纪录小康工程

全面建成小康社会

云南全景录

YUNNAN QUANJINGLU

本书编写组 编著

云南出版集团
云南人民出版社

责任编辑：陈艳芳
封面设计：石笑梦　马　滨
版式设计：周方亚　胡欣欣　马　滨

图书在版编目（CIP）数据

全面建成小康社会云南全景录 / 本书编写组编著 .— 昆明：云南人民出版社，2022.10
（"纪录小康工程"地方丛书）
ISBN 978－7－222－21072－1

Ⅰ.①全…　Ⅱ.①本…　Ⅲ.①小康建设－成就－云南　Ⅳ.① F127.74

中国版本图书馆 CIP 数据核字（2022）第 093916 号

全面建成小康社会云南全景录

QUANMIAN JIANCHENG XIAOKANG SHEHUI YUNNAN QUANJINGLU

本书编写组

云南出版集团　云南人民出版社　出版发行
（650034　昆明市环城西路 609 号）

昆明琨煌印务有限公司印刷　新华书店经销

2022 年 10 月第 1 版　2022 年 10 月昆明第 1 次印刷
开本：710 毫米 ×1000 毫米 1/16　印张：24
字数：300 千字

ISBN 978－7－222－21072－1　定价：84.00 元

邮购地址 650034　昆明市环城西路 609 号
图书销售中心　电话：（0871）64108507

总　序

为民族复兴修史　为伟大时代立传

小康，是中华民族孜孜以求的梦想和夙愿。千百年来，中国人民一直对小康怀有割舍不断的情愫，祖祖辈辈为过上幸福美好生活劳苦奋斗。“民亦劳止，汔可小康”“久困于穷，冀以小康”“安得广厦千万间，大庇天下寒士俱欢颜”……都寄托着中国人民对小康社会的恒久期盼。然而，这些朴素而美好的愿望在历史上却从来没有变成现实。中国共产党自成立那天起，就把为中国人民谋幸福、为中华民族谋复兴作为初心使命，团结带领亿万中国人民拼搏奋斗，为过上幸福生活胼手胝足、砥砺前行。夺取新民主主义革命伟大胜利，完成社会主义革命和推进社会主义建设，进行改革开放和社会主义现代化建设，开创中国特色社会主义新时代，经过百年不懈奋斗，无数中国人摆脱贫困，过上衣食无忧的好日子。

特别是党的十八大以来，以习近平同志为核心的党中央统揽中华民族伟大复兴战略全局和世界百年未有之大变局，团结带领全党全国各族人民统筹推进“五位一体”总体布局、协调推进“四个全面”战略布局，万众一心战贫困、促改革、抗疫情、谋发展，党和国家事业取得历史性成就、发生历史性变革。在庆祝中国共产党成立100周年大会上，习近平总书记庄严宣告：“经过全党全国各族人民持续奋斗，我们实现了第一个百年奋斗目标，在中华大地上全面建成了小康社会，历史性地解决了绝对贫困问题，正在意气风发向着全面建成社会主义现代化强国的第二个百年奋斗目标迈进。”

这是中华民族、中国人民、中国共产党的伟大光荣！这是百姓的福祉、国家的进步、民族的骄傲！

全面小康，让梦想的阳光照进现实、照亮生活。从推翻“三座大山”到“人民当家作主”，从“小康之家”到“小康社会”，从“总体小康”到“全面小康”，从“全面建设”到“全面建成”，中国人民牢牢把命运掌握在自己手上，人民群众的生活越来越红火。“人民对美好生活的向往，就是我们的奋斗目标。”在习近平总书记坚强领导、亲自指挥下，我国脱贫攻坚取得重大历史性成就，现行标准下9899万农村贫困人口全部脱贫，建成世界上规模最大的社会保障体系，居民人均预期寿命提高到78.2岁，人民精神文化生活极大丰富，生态环境得到明显改善，公平正义的阳光普照大地。今天的中国人民，生活殷实、安居乐业，获得感、幸福感、安全感显著增强，道路自信、理论自信、制度自信、文化自信更加坚定，对创造更加美好的生活充满信心。

全面小康，让社会主义中国焕发出蓬勃生机活力。经过长期努力特别是党的十八大以来伟大实践，我国经济实力、科技实力、国防实力、综合国力跃上新的大台阶，成为世界第二大经济体、第一大工业国、第一大货物贸易国、第一大外汇储备国，国内生产总值从 1952 年的 679 亿元跃升至 2021 年的 114 万亿元，人均国内生产总值从 1952 年的几十美元跃升至 2021 年的超过 1.2 万美元。把握新发展阶段、贯彻新发展理念、构建新发展格局、推动高质量发展，全面建设社会主义现代化国家，我们的物质基础、制度基础更加坚实、更加牢靠。全面建成小康社会的伟大成就充分说明，在中华大地上生气勃勃的创造性的社会主义实践造福了人民、改变了中国、影响了时代，世界范围内社会主义和资本主义两种社会制度的历史演进及其较量发生了有利于社会主义的重大转变，社会主义制度优势得到极大彰显，中国特色社会主义道路越走越宽广。

全面小康，让中华民族自信自强屹立于世界民族之林。中华民族有五千多年的文明历史，创造了灿烂的中华文明，为人类文明进步作出了卓越贡献。近代以来，中华民族遭受的苦难之重、付出的牺牲之大，世所罕见。中国共产党带领中国人民从沉沦中觉醒、从灾难中奋起，前赴后继、百折不挠，战胜各种艰难险阻，取得一个个伟大胜利，创造一个个发展奇迹，用鲜血和汗水书写了中华民族几千年历史上最恢宏的史诗。全面建成小康社会，见证了中华民族强大的创造力、坚韧力、爆发力，见证了中华民族自信自强、守正创新精神气质的锻造与激扬，实现中华民族伟大复兴有了更为主动的精神力量，进入不可逆转的历史进程。今天，我们比历史上任何时期都更接近、更有信心和能力实现中华民族伟大复兴的目标，中国人民的志气、骨气、底气极大增强，奋进新征程、建功新时代有着前所未有的历史主动精神、历史创造精神。

全面小康，在人类社会发展史上写就了不可磨灭的光辉篇章。中华民族素有和合共生、兼济天下的价值追求，中国共产党立志于为人类谋进步、为世界谋大同。中国的发展，使世界五分之一的人口整体摆脱贫困，提前十年实现联合国 2030 年可持续发展议程确定的目标，谱写了彪炳世界发展史的减贫奇迹，创造了中国式现代化道路与人类文明新形态。这份光荣的胜利，属于中国，也属于世界。事实雄辩地证明，人类通往美好生活的道路不止一条，各国实现现代化的道路不止一条。全面建成小康社会的中国，始终站在历史正确的一边，站在人类进步的一边，国际影响力、感召力、塑造力显著提升，负责任大国形象充分彰显，以更加开放包容的姿态拥抱世界，必将为推动构建人类命运共同体、弘扬全人类共同价值、建设更加美好的世界作出新的更大贡献。

回望全面建成小康社会的历史，伟大历程何其艰苦卓绝，伟大胜利何其光辉炳耀，伟大精神何其气壮山河！

这是中华民族发展史上矗立起的又一座历史丰碑、精神丰碑！这座丰碑，凝结着中国共产党人矢志不渝的坚持坚守、博大深沉的情怀胸襟，辉映着科学理论的思想穿透力、时代引领力、实践推动力，镌刻着中国人民的奋发奋斗、牺牲奉献，彰显着中国特色社会主义制度的强大生命力、显著优越性。

因为感动，所以纪录；因为壮丽，所以丰厚。恢宏的历史伟业，必将留下深沉的历史印记，竖起闪耀的历史地标。

中央宣传部牵头，中央有关部门和宣传文化单位，省、市、县各级宣传部门共同参与组织实施“纪录小康工程”，以为民族复兴修史、为伟大时代立传为宗旨，以“存史资政、教化育人”为目的，形成了数据库、大事记、系列丛书和主题纪录片 4 方面主要成果。目前已建成内容全面、分类有序的 4 级数据库，编纂完成各级各类全面小康、脱贫攻坚大事记，出版“纪录小康工程”丛书，摄制完成纪录片《纪录小康》。

“纪录小康工程”丛书包括中央系列和地方系列。中央系列分为“擘画领航”“经天纬地”“航海梯山”“踔厉奋发”“彪炳史册”5 个主题，由中央有关部门精选内容组织编撰；地方系列分为“全景录”“大事记”“变迁志”“奋斗者”“影像记”5 个板块，由各省（区、市）和新疆生产建设兵团结合各地实际情况推出主题图书。丛书忠实纪录习近平总书记的小康情怀、扶贫足迹，反映党中央关于全面建成小康社会重大决策、重大部署的历史过程，展现通过不懈奋斗取得全面建成小康社会伟大胜利的光辉历程，讲述在决战脱贫攻坚、决胜全面小康进程中涌现的先进个人、先进集体和典型事迹，揭示辉煌成就和历史巨变背后的制度优势和经验启示。这是对全面建成小康社会伟大成就的历史巡礼，是对中国共产党和中国人民奋斗精神的深情礼赞。

历史昭示未来，明天更加美好。全面建成小康社会，带给中国人民的是温暖、是力量、是坚定、是信心。让我们时时回望小康历程，深入学习贯彻习近平新时代中国特色社会主义思想，深刻理解中国共产党为什么能、马克思主义为什么行、中国特色社会主义为什么好，深刻把握“两个确立”的决定性意义，增强“四个意识”、坚定“四个自信”、做到“两个维护”，以坚如磐石的定力、敢打必胜的信念，集中精力办好自己的事情，向着实现第二个百年奋斗目标、创造中国人民更加幸福美好生活勇毅前行。

目　录

总　论……1

一、民族团结·和谐云南……22

（一）民族团结进步示范区建设步履铿锵……24

（二）铸牢中华民族共同体意识见行见效……43

（三）少数民族地区现代化建设实现飞跃……48

（四）民族事务治理能力和水平显著提升……60

二、山清水秀·美丽云南……68

（一）争当全国生态文明建设排头兵……69

（二）像保护眼睛一样保护生态环境……78

（三）守护好祖国西南生态安全屏障……90

（四）践行“两山”理念推动绿色发展……100

（五）努力建设中国最美丽省份……108

三、亲诚惠容·开放云南……118

（一）建设面向南亚东南亚辐射中心……119

（二）主动服务和融入国家发展战略……132
（三）以开放促改革、促创新、促发展……148
（四）构建中国与南亚东南亚命运共同体……160

四、跨越发展·辉煌云南……173
（一）勇闯跨越式发展新路……173
（二）“旅游革命”旧曲谱新歌……183
（三）数字云南培育新动能……190
（四）新能源跑出云南速度……200
（五）创新引领激发新活力……210

五、民生改善·温暖云南……221
（一）脱贫攻坚取得全面胜利……221
（二）教育事业取得巨大进展……232
（三）全民健康托起全面小康……240
（四）社会保障兜牢民生底线……249
（五）安居乐业奔向幸福生活……256

六、文化强省·魅力云南……267
（一）培育和践行社会主义核心价值观……268
（二）持续深化文化体制改革成效显著……274
（三）更好推动全省文艺事业繁荣发展……283
（四）公共文化服务不断丰富触手可及……290
（五）文化产业发展走向特色化国际化……300

七、强基固本·党建云南……309
（一）高举旗帜永远跟党走……309
（二）党的创新理论在云岭大地落地生根……318
（三）党在边疆执政的组织基础不断夯实……328
（四）抓党建促脱贫攻坚双推进双丰收……340
（五）全面从严治党向纵深推进……346

展 望……360

参考书目……369

后 记……372

总 论

全面建成小康社会，是实现中华民族伟大复兴中国梦的关键一步，是中国共产党向全国人民作出的庄严承诺，也是云南各族人民千百年来的夙愿。

2021 年 7 月 1 日，习近平总书记在庆祝中国共产党成立 100 周年大会上庄严宣告：“经过全党全国各族人民持续奋斗，我们实现了第一个百年奋斗目标，在中华大地上全面建成了小康社会。”这是中国人民的光辉时刻，饱经沧桑的中华民族迎来了从站起来、富起来到强起来的伟大飞跃。

100 年来，中国共产党团结带领各族人民顽强拼搏、接续奋斗，从“小康之家”到“小康社会”，从“总体小康”到“全面小康”，从“全面建设”到“全面建成”，小康目标不断实现，小康梦想成为现实，我们的百年奋斗取得伟大成功。

中国的全面小康，是全体人民共同享有发展成果的小康。不让一个人掉队，不让一个区域落下，不让一个民族滞后，全面小康的阳光照亮了 960 多万平方公里广袤大地的每一个角落，体现了实现人的全面发展和实现全体人民发展的有机统一，体现了实现共同富裕的社会主义本质要求。

云南作为全国贫困人口和贫困县最多、贫困程度最深的省份之一，在党中央的高度重视、习近平总书记的亲切关怀，以及全省广大干部群众的不懈努力下，于2020年与全国同步实现了全面小康，实现了千百年来的梦想。历史性的成就和历史性的跨越，深深镌刻在云岭大地上。

一

2015年1月，习近平总书记考察云南发表重要讲话，要求云南“主动服务和融入国家发展战略，闯出一条跨越式发展的路子来，努力成为我国民族团结进步示范区、生态文明建设排头兵、面向南亚东南亚辐射中心，谱写好中国梦的云南篇章”。总书记的重要讲话精神，为新时代云南发展指明了前进方向，明确了发展目标，也赋予了重大使命。

2020年1月，恰逢农历春节前夕，习近平总书记再次踏上云岭大地，充分体现了对云南各族人民的无限关心，对边疆人民的深情牵挂，以及对云南发展的高度重视。总书记两次考察指导、三次给云南干部群众回信，对云南工作作出一系列重要指示批示，为云南发展擘画蓝图、指引方向。以总书记重要指示要求为总遵循、总纲领、总指引，云南省委、省政府深入学习贯彻习近平总书记考察云南重要讲话精神实质和丰富内涵，切实把思想和行动统一到以习近平同志为核心的党中央决策部署上来，增强“四个意识”、坚定“四个自信”、做到“两个维护”，努力确保习近平总书记的殷殷嘱托在云岭大地上落地生根、开花结果。

民族大团结

“全面实现小康，一个民族都不能少。”这是习近平总书记赋予云南的使命和担当。为了与全国同步实现全面建成小康社会的奋斗目标，云南省委、省政府团结带领全省各族人民，坚持以习近平新时代中国特色社会主义思想为指导，全面落实习近平总书记考察云南重要讲话、重要指示批示精神和党中央决策部署，统筹推进“五位一体”总体布局，协调推进“四个全面”战略布局，统筹疫情防控和经济社会发展，统筹发展和安全，全力落实“三个定位”、打好三大攻坚战，坚定不移推进全面从严治党，历史性地解决了绝对贫困问题，全面建成小康社会，为开启全面建设社会主义现代化国家新征程奠定了坚实基础。

筑牢与全国同步全面建成小康社会的思想根基。云南坚持把学习贯彻习近平新时代中国特色社会主义思想作为首要政治任务常抓不懈，深入开展学习教育、宣传宣讲、研究阐释，推动学习贯彻往深里走、往心里走、往实里走，进一步增强忠诚核心、拥戴核心、维护核心、捍卫核心的思想自觉和行动自觉。把学习贯彻习近平总书记考察云南重要讲话和重要指示批示精神，与党的十八大、十九大及历次全会精神、习近平总书记系列重要讲话精神结合起来，一体学习领会、一体贯彻落实、一体督促检查，推动习近平总书记考察云南重要讲话、重要指示批示精神和党中央决策部署落地生根、开花结果。

夯实与全国同步全面建成小康社会的组织保障。云南坚持党要管党、全面从严治党，把党的政治建设摆在首位，加强党章党规党纪教育，教育引导广大党员、干部增强“四个意识”、坚定“四个自信”、做到“两个维护”。深入开展党的群众路线教育实践活动、“三严三实”专题教育、“两学一做”学习教育、“不忘初心、牢记使命”主题教育、党史学习教育，激励各级党员、干部弘扬伟大建党精神，坚定理想信念，坚守初心使命。接续实施基层党建推进年、提升年、巩固年、创新提质年和“智慧党建”三年行动计划，基层党组织的战斗堡垒作用、党员先锋模范作用在脱贫攻坚、疫情防控等大战大考中充分彰显。

兑现“全面建成小康社会，一个民族都不能少”的庄严承诺。党的十八大以来，一场声势浩大的脱贫攻坚战在云南打响。历经春秋八载，933 万农村贫困人口全部脱贫，8502 个贫困村全部出列，88 个贫困县全部摘帽，全省 11 个“直过民族”和人口较少民族实现了整体脱贫，历史性地解决了绝对贫困问题，夺取了脱贫攻坚战的全面胜利。贫困群众出行难、喝水难、用电难、通信难、上学难、就医难、住房难等问题得到基本解决，脱贫群众精神面貌焕然一新，获得感、幸福感、安全感显著增强，边疆民族地区发展实现了历史性跨越。

脱贫攻坚战打响以来，云南省贫困地区基础设施显著改善，基本公共服务日益完善，贫困地区群众出行难、用电难、上学难、看病难、通信难等，长期没有解决的老大难问题得以普遍解决。坚持开发式扶贫方针，多措并举增强贫困群众的自我发展能力，全省贫困群众在实现“两不愁三保障”基础上，生活水平显著提升；特色产业不断壮大，产业扶贫、电商扶贫、光伏扶贫、旅游扶贫等较快发展，贫困户就业增收渠道明显增多，经济收入大幅增长。

在易地扶贫安置点，一张张脸庞洋溢着告别贫困后的欢欣喜悦；在边境村寨深山峡谷，一批批特色产业发展壮大；在产业园区，一个个项目建设如火如荼……从基础设施到公共服务，从文化生活到精神面貌，全面建成小康社会的云岭大地正在发生着前所未有的巨变。

在脱贫攻坚的伟大实践中，云南省各族干部群众倾力奉献，先后涌现出 112 名全国脱贫攻坚先进个人和 85 个先进集体。用教育改写大山深处女孩命运的“燃灯校长”张桂梅、把论文写在田间地头的“农民院士”朱有勇……一大批脱贫攻坚楷模，诠释了云南人民“敢教日月换新天”的坚毅勇敢。468 名将生命定格在脱贫攻坚征程上的扶贫干部，诠释了共产党人的初心使命，铸就了红土高原上的精神丰碑。

为了彻底解决困扰各族人民千百年来的贫困问题，云南省委、省政府从解决“扶持谁、谁来扶、怎么扶、如何退”4 个关键问题出发，严格落实“六个精准”扶贫要求。2.5 万个部门单位派出 4.85 万名第一书记、21.61 万名驻村工作队员，对精准识别的 752.8 万个建档立卡贫困户开展挂联挂包，近 75 万名干部职工与 187.17 万户贫困户结成“亲戚”，创新“六清六定”机制，全面形成有计划、有目标、有措施、有资金、有责任、有督查考核的乡村脱贫方案。

今天的云南，山清水秀，生机无限。全省综合经济实力大幅提升，民族事务治理能力和治理水平显著增强，生态文明建设步伐加快，改革开放取得重大突破，数字经济蓬勃发展，人民生活显著改善，文化强省建设成效明显，党的建设全面加强。

今天的云南，奋进在新征程上，努力建设成为我国民族团结进步示范区、生态文明建设排头兵、面向南亚东南亚辐射中心，努力闯出一条跨越式发展的新路子，奋力谱写着实现中华民族伟大复兴中国梦的云南新篇章。

二

全面小康，重在全面。中国的全面小康，体现发展的平衡性、协调性和可持续性，是物质文明、政治文明、精神文明、社会文明、生态文明协调发展的小康；是不断满足人民日益增长的多样化多层次多方面需求，不断促进人的全面发展的小康；是国家富强、民族振兴、人民幸福，多维度、全方位的小康。

为了实现与全国同步建成小康社会的奋斗目标，云南省委、省政府带领全省各族人民，以习近平总书记考察云南重要讲话精神为

大关天星沿河易地扶贫搬迁

根本遵循，推动经济持续健康发展，不断完善民主法治建设，深入实施文化强省战略，大力保障和改善民生，切实抓好生态环境保护工作，全力决战脱贫攻坚，决胜全面建成小康社会，奋力描绘多姿多彩的小康画卷。

一是推动经济持续健康发展。党的十八大以来，云南省委、省政府深入贯彻落实习近平总书记考察云南重要讲话精神，正确认识和主动适应新常态，坚持新发展理念，按照高质量发展要求，深化供给侧结构性改革，化解过剩产能、淘汰落后产能，着力推进经济体制和运行机制改革，不断加大招商引资力度，积极激发内生经济动力，经济实力显著增强。全省在巩固提升传统支柱产业的基础上，着力推进重点产业发展，加快形成新的产业集群，打造经济增长的新引擎，加快构建“传统产业＋支柱产业＋新兴产业”迭代产业体系。此外，云南还立足区位优势，持续扩大对外开放，推进面向南亚东南亚辐射中心建设，在更大范围内和更深程度上参与国际竞争，加大扶持外贸企业力度，鼓励出口，实现外向型经济持续增长。

二是完善民主法治建设。云南始终坚持走中国特色社会主义政治发展道路，坚持党的领导、人民当家作主、依法治省有机统一，不断提升社会主义民主政治建设制度化、规范化、程序化水平。持续加强党的领导，不断提高党的执政能力和领导水平，党总揽全局、协调各方的领导核心作用得到充分发挥。坚持和完善人民代表大会制度，充分体现和发挥人民当家作主的地位和作用；坚持和完善民族区域自治制度，不断健全党委领导、政府负责、部门协同、全社会通力合作的民族工作格局；完善公共法律服务体系建设，构建“一条主线四张网”的布局；加强和改进群团工作，巩固和发展最广泛的爱国统一战线，充分调动全省各族人民积极性、主动性和创造性，为云南实现全面建成小康社会奋斗目标提供坚强政治保证。

三是深入实施文化强省战略。党的十八大以来，云南省委、省政府以习近平新时代中国特色社会主义思想为指导，牢牢把握文化工作在云南全局工作中的战略地位，加快文化强省建设步伐，着力提升文化软实力。坚持中国特色社会主义文化发展道路，以改革创新为动力，以满足人民群众精神文化需求为出发点和落脚点，把坚持正确政治方向、舆论导向、价值取向要求贯穿到文化建设的全过程。深化对外文化交流合作，构建云南少数民族优秀传统文化传承体系，完善现代公共文化服务体系、文化产业体系，繁荣发展社会主义文艺，丰富了云南高质量发展的内涵。加快文化领域改革发展步伐，推进公共文化服务均等化，统筹做大文化事业、做强文化产业、做优文化产品、做活文化市场、做亮文化品牌，不断提升云南文化软实力和竞争力。

四是大力保障和改善民生。云南始终坚持以人民为中心的发展思想，将财政支出的 70% 以上用于保障和改善民生，努力让各族人民享有更好的教育、更稳定的工作、更满意的收入、更可靠的社会保障、更高水平的医疗服务。加快推进现代职业教育和县级公立医院及妇女儿童医院建设，创新投融资模式，在州（市）政府所在地和 90 万人口以上县（市、区）实施教育卫生补短板工程。加快学前教育扩容建设，全面推进义务教育学校标准化建设，实施全面改善贫困地区义务教育薄弱学校基本办学条件、义务教育薄弱环节改善与能力提升工程。持续推动统筹城乡的基本养老保险制度衔接整合，逐步提高基本养老保险待遇水平。加快改善农村贫困人口生产生活条件，瞄准建档立卡特别是深度贫困人口，始终做到扶持对象、项目安排、资金使用、措施到户、因村派人、脱贫成效“六个精准”，因地因乡制宜、因村因户施策。

五是切实抓好生态环境保护。一直以来，云南坚持生态优先、绿色发展，筑牢生态安全屏障，努力把七彩云南建设成为祖国西南边陲的美丽花园。云南省委常委会、省政府常务会及专题会多次听取并研究部署九湖保护治理、长江经济带发展、环保督察整改等工作，成立由云南省委、省政府主要领导牵头的生态文明建设排头兵、中央环保督察“回头看”问题整改、河（湖）长制、环境污染防治等工作领导小组，带领全省上下围绕生态美、环境美、城市美、乡村美、山水美，坚持最高标准、最严制度、最硬执法、最实举措、最佳环境，扎实抓好全省生态环境保护工作。省直有关部门、各州（市）建立相应的工作机制，形成了纵向联动、横向协作的高位推动格局和“党政同责、一岗双责”“政府主导、企业主责、社会参与”的工作合力。

三

新时代以来，云南省委、省政府坚持以习近平新时代中国特色社会主义思想为指导，全面贯彻党的基本理论、基本路线、基本方略，深入贯彻习近平总书记考察云南重要讲话和重要指示批示精神，坚持系统观念，统筹推进“五位一体”总体布局，协调推进“四个全面”战略布局，全面落实党中央把握新发展阶段、贯彻新发展理念、构建新发展格局、推动高质量发展、促进共同富裕的部

最美滇池

署和要求，团结带领全省各族人民持续奋斗、攻坚克难，在全面建成小康社会的伟大实践中阔步前行，经济、政治、文化、社会、生态各方面发展取得显著成效，在云岭大地绘就了一幅秀丽的全面小康画卷。

——经济发展实现跨越

云南紧紧抓住经济建设这个中心工作，不断扩大、持续深化对外开放，促进生产力释放出强大动力，实现全省综合经济实力跨越式发展。2021 年经济总量突破 2.7 万亿元，全国排位从 2016 年的第 22 位跃升到第 18 位；人均地区生产总值从“十二五”末的第 30 位提升到 2020 年的第 23 位；在实施大规模减税降费情况下，地方财政收入税收占比保持在 70% 以上，在总量和质量上均迈上了新台阶。

云南地区经济社会发展更加协调，各州（市）相对差距不断缩小，地区经济发展表现出巨大活力，16 个州（市）地区经济差异系数由 43.4 缩小为 34.1。交通水利等基础设施建设取得重大突破，16 个州（市）、110 个县（市、区）通高速公路，建成里程达 9000 公里、居全国第 2，铁路营运里程达 4233 公里，民用运输机场达 15 个，交通基础设施实现由瓶颈制约向基本适应的根本性转变。滇中引水工程加快推进，乌东德和白鹤滩水电站投产发电，中缅油气管道及中石油炼化项目建成运营。

“两型三化”现代产业体系加快构建，“三张牌”发展势头强劲，粮食生产连年丰收，高原特色现代农业得到质的提升，绿色能源成为第一大产业。“旅游革命”“三部曲”深入推进，游客购物“30 天无理由退货”全面推行，旅游市场秩序整治成效显著。“数字云南”加快建设，“一部手机游云南”成为智慧旅游新标杆，公安大数据建设走在全国前列，4G 网络实现行政村全覆盖，5G 商用试点和新基建全面推进。高标准建成“一部手机办事通”“一网通办”，政务服务事项网上可办率达 95%。

面向南亚东南亚辐射中心建设开创新局面。全力落实习近平总书记与周边国家领导人互访成果涉及云南事项，积极参与“一带一路”建设，扩大双向开放，推进互联互通和通关便利化，国际国内合作全面加强。中越、中老、中缅国际通道高速公路境内段全线贯通，中缅新通道（重庆—临沧—缅甸）国际铁路班列成功运行，中老铁路已经通车，基本实现南亚东南亚国家首都和重点旅游城市航线全覆盖，与 9 个国家搭建 12 个多边双边合作机制，支持周边国家抗击疫情，与南亚东南亚国家交流合作持续深化。对外贸易方面，2015—2020 年，云南省进出口总额由 245.27 亿美元增长至

389.46亿美元，年均增长率为9.69%。跨境人民币业务不断扩大，截至2021年3月，云南全省跨境人民币累计结算金额突破6000亿元，与境外106个国家（地区）建立了跨境人民币业务，其中“一带一路”国家达40个，对已建交的南亚东南亚国家实现全覆盖。

——民主法治更加健全

云南扎实推进民主、法治、平安、和谐建设，将制度优势持续转化为治理效能，为4700多万云岭儿女营造了安全稳定的政治社会环境，促进了民族团结进步和边疆长治久安，为云南全面建成小康社会提供了坚强保障，筑牢了扎实根基。

民主法治建设得到新加强。坚持党的领导、人民当家作主、依法治国有机统一，支持省人大及其常委会依法行使职权，支持人民政协发挥专门协商机构作用，推进政协协商持续向基层延伸。统一战线不断巩固发展，港澳台和外事、侨务等工作取得新进展。基层群众自治制度不断完善，人民群众的知情权、参与权、表达权、监督权得到充分保障。积极支持国防和军队建设。工青妇和科协等群团工作水平不断提升。

平安建设取得新成效。坚持“五级书记抓边防”，全面落实党政军警民合力强边固防机制，边境立体化防控体系建设成效显著，打击跨境违法犯罪战果突出。持续深化平安云南建设，人民群众安全感显著提升。扫黑除恶专项斗争取得重大成果，政法队伍教育整顿取得明显成效。坚决打好禁毒和防艾人民战争，有效维护人民群众生命健康安全。地方政府债务风险得到有效化解和遏制，有效防范化解“泛亚有色”案件等重大矛盾风险。安全生产形势持续稳定，森林火灾、地震洪涝等自然灾害得到及时有效处置。

民族团结进步示范区建设迈上新台阶。云南坚持把发展作为解决民族地区各种问题的总钥匙，政策、资金和项目向民族、边境及贫困地区倾斜，民族自治地方生产总值年均增长 8.4%，高于全省平均水平。11 个“直过民族”和人口较少民族整族脱贫，实现了第二次“一步跨千年”。目前云南已有 11 个市（州）创建成为全国民族团结进步示范市（州），33 个县（市、区）创建成为全国民族团结进步示范县（市、区），51 个单位创建成为全国民族团结进步示范单位。各民族手足相亲、守望相助的纽带更加牢固，爱党爱国爱大家庭的情感更加升华，合力守边固边兴边的内生动力不断增强。

——文化建设成绩辉煌

坚持党管宣传、党管意识形态、党管媒体、党管互联网不动摇，牢牢掌握意识形态工作领导权和主动权。隆重庆祝建党 100 周年、新中国成立 70 周年、改革开放 40 周年，深入开展“永远跟党走”主题宣传，生动展示在中国共产党领导下云岭大地发生的巨大变化。

全国文明城市创建取得历史性突破，杨善洲、高德荣和新选树的张桂梅、朱有勇、杜富国、张从顺、张子权等全国重大先进典型反响热烈。优秀文艺作品不断涌现，一批重大文化基础设施建成投入使用，文化事业和文化产业蓬勃发展。讲好中国故事、传播中国声音，中华文化在南亚东南亚国家影响力大幅提升。

积极推进非遗和文化多样性保护，初步建立了非物质文化遗产保护名录体系，形成非物质文化遗产的县（市、区）级保护名录—州（市）级保护名录—省级保护名录—国家级保护名录等四级保护名录体系。

加快推动文化事业与文化产业发展，加快构建现代公共文化服务体系，深入实施文化惠民工程，不断提供丰富优质的精神文化产品。截至 2020 年，云南全省共有公共图书馆 151 个、文化馆 149 个、博物馆 140 个、美术馆 7 个、非遗中心 27 个、农家书屋 13994 个，文化信息资源共享工程覆盖所有乡镇（街道）、95% 的村委会（社区）。

“十三五”期间，云南常态化推进文化惠民工作，完成惠民演出 48283 场，观众人数达 6000 余万，各族群众精神文化生活不断丰富，获得感和幸福感不断增强。

——民生福祉显著提升

在党中央高度重视、习近平总书记亲切关怀、各方帮助支持、广大干部群众不懈努力下，云南脱贫攻坚取得全面胜利。933 万农村贫困人口全部脱贫，8502 个贫困村全部出列，88 个贫困县全部摘帽，贫困地区人均可支配收入从 2016 年的 7847 元增加到 2021 年的 13027 元，150 万人实现了“挪穷窝”“斩穷根”，历史性地解决了困扰云南千百年的区域性整体贫困和绝对贫困问题。

全力做好普惠性、基础性、兜底性民生建设，扎实开展“我为群众办实事”实践活动，社会事业短板加快补齐，人民生活水平显著提高。2017 年以来，财政民生支出占比持续保持在 74% 左右。城镇登记失业率控制在 4% 以内，农村劳动力转移就业总量稳定在 1500 万人以上。城乡常住居民人均可支配收入分别达 37500 元和 12842 元，年均分别增长 7.0% 和 9.2%。城镇棚户区改造项目基本建成 42.53 万套，完成农村危房改造 130 万户，惠及 628 万人。

教育现代化加快发展。学前三年毛入园率提高 21 个百分点，县域义务教育实现基本均衡发展，高中阶段毛入学率提高 18 个百分点，高等教育毛入学率提高 17 个百分点，云南大学“双一流”建设取得阶段性成效，职业教育取得新进展。“十三五”期间，云南全省财政教育经费累计投入 5179 亿元，教育质量稳步提升。

人民群众卫生健康获得感显著增强。三甲医院州（市）全覆盖，县、乡、村卫生机构全面达标。医疗保障更加惠民，全省 16 个州（市）实施了政策基本统一的城乡居民大病保险，实现了人群全覆盖。新冠肺炎疫情发生以来，云南坚持人民至上、生命至上，全力打赢疫情防控人民战争，党政军警民 10 余万人坚守边境一线，慎终如始抓好“外防输入、内防反弹、严防输出”工作，及时处置突发疫情，将疫情牢牢控制在边境一线，为全国疫情防控作出了重要贡献。

社会保障制度实现群体全覆盖。聚焦特殊群体，强化特殊困难人群兜底保障，截至 2020 年末，全省城市低保年保障指导标准为不低于 7680 元，比 2015 年增长 60%；全省 91.3 万名 80 周岁及以上老年人享受高龄津贴，建成儿童福利机构 47 个、儿童之家 1.4 万余个。

——生态环境持续好转

生态文明建设排头兵展现新面貌，“十三五”以来，云南生态环境质量持续好转，各项主要目标任务圆满完成。

全力打好蓝天、碧水、净土保卫战，扎实推进以长江为重点的六大水系保护修复等“8 个标志性战役”，州（市）政府所在地城市环境空气质量优良天数比例达 98% 以上，全省森林覆盖率达 65.04%，均居全国前列。全省累计建成 10 个国家生态文明建设示范市县、5个“绿水青山就是金山银山”实践创新基地、85个国家级生态乡镇、3个国家级生态村、1个省级生态文明州、21个省级生态文明县（市、区）、615个省级生态文明乡镇（街道）、29个省级生态文明村。

深入开展国土山川绿化、爱国卫生“7个专项行动”和农村人居环境整治，建成一批国家园林城市、森林城市和“美丽县城”、美丽乡村，城乡环境和面貌焕然一新。生物多样性保护走在全国前列，成功举办COP15第一阶段会议和世界环境司法大会，亚洲象北上及返回之旅温暖了全世界。

认真落实河（湖）长制，滇池沿岸违规违建整治取得阶段性重大进展，九大高原湖泊水质总体平稳向好。全省地表水（369个国控省控河流断面及湖库点位）水质优良比例为82.4%，较2015年提高5.8个百分点；出境跨界河流水质达标率100%，出境跨界断面水质稳定保持Ⅲ类以上；九大高原湖泊水质整体改善，抚仙湖、泸沽湖水质稳定保持Ⅰ类。至2020年末，城市黑臭水体全部整治达标，地级城市建成区黑臭水体的消除比例达100%。

四

在全面建成小康社会的新征程中，云南省委、省政府认真学习贯彻习近平新时代中国特色社会主义思想和习近平总书记考察云南重要讲话精神，团结带领全省各族人民迎难而上、奋力拼搏，奏响了“全面小康路上一个都不能少”的奋进强音，谱写出“共同富裕路上一个也不能掉队”的和谐乐章，在红土高原的历史巨变中，交上了一份令党和人民满意的答卷，同时也积累了许多丰富而宝贵的启示和经验。

一是必须坚持党的集中统一领导。办好中国的事情，关键在党。习近平总书记指出，我国经济社会发展之所以能够取得世界罕见的巨大成就，我国人民生活水平之所以能够大幅度提升，都同我们坚定不移坚持党的领导、充分发挥党组织和全体党员的作用是分不开的。改革开放尤其是小康社会目标提出40多年来，云南省工业化、城镇化、信息化、农业现代化等快速推进，经济保持较快发展，云岭大地发生了翻天覆地的变化。这些成绩的取得，关键在于中国共产党的正确领导。因此，在开启全面建设社会主义现代化新征程中，我们必须更加自觉地坚持党的统一领导，把加强和完善党的领导贯穿于社会主义现代化强省建设的全领域、全过程、全环节，与时俱进不断增强党的领导能力。

二是要坚持正确思想指引，把准前进方向。习近平总书记高度重视云南发展，心系边疆各族人民，对云南工作作出一系列重要指示批示，为云南发展擘画蓝图，提出“一个跨越”“三个定位”“五个着力”重要要求，概括云南在全国发展大局中的“四个突出特点”，强调四个方面重点工作，要求云南主动服务和融入国家发展战略，努力在建设我国民族团结进步示范区、生态文明建设排头兵、面向南亚东南亚辐射中心上不断取得新进展，谱写好中国梦的云南篇章；叮嘱我们要促进各族群众共同富裕，促进边疆繁荣稳定，建设好美丽家园，维护好民族团结，守护好神圣国土。这些重要指示要求，系统构成云南发展的总体纲领，是云南能够与全国同步全面建成小康社会的根本保障。在开启全面建设社会主义现代化新征程中奋勇争先、建功立业，我们要完整理解把握，系统谋划推进，一步一个脚印把习近平总书记为我们擘画的美好蓝图变为现实。

三是必须坚持以人民为中心的发展思想。为人民而生，因人民而兴，始终同人民在一起，为人民利益而奋斗，是我们党立党、兴党、强党的根本出发点和落脚点。一直以来，云南省委、省政府始终坚持人民主体地位，尊重人民首创精神，将财政支出的 70% 以上用于保障和改善民生，加快民族地区经济社会发展，持续向贫困宣战，抒写了以人民为中心的拳拳情怀，极大激发了全体人民的积极性、主动性、创造性。因此，在开启全面建设社会主义现代化新征程中，必须更好地坚持以人为本，始终把人民群众对美好生活的向往作为奋斗目标，切实解决好人民群众最关心、最直接、最现实的利益问题，扎实办好民生实事和关键小事，让人民群众享有更直接、更实在的获得感、幸福感和安全感。

四是必须坚持主动服务和融入国家发展战略。不谋全局者不足以谋一隅，云南省委、省政府坚持深入学习贯彻习近平总书记考察云南重要讲话精神，深刻把握国家重大战略布局，把自身发展放在经济全球化大趋势下来思考，放在新时代我国改革开放和区域协调大格局中来谋划，进一步理清发展思路，找准工作着力点和突破口，不断强化主动服务和融入国家发展战略的使命担当，努力承担好党中央赋予云南的使命责任。进入新发展阶段，云南要更加主动地服务和融入国家发展战略，积极参与“一带一路”建设和西部大开发、长江经济带发展、粤港澳大湾区等国家重大发展战略，着力解决问题、破解难题，以更高的站位、更宽的视野、更大的气魄，推动主动服务和融入国家发展战略开创新局面。

五是必须坚决贯彻新发展理念。云南把新发展理念贯穿发展全过程，不断做大经济总量、做优经济质量，经济结构进一步优化，创新驱动进一步增强，经济发展的内生性、协调性和韧性明显提升，一条强劲上扬的曲线勾勒出一份新时代高质量跨越式发展的云南答卷。经济综合实力迈上 2.7 万亿元新台阶，城乡、区域发展更加平衡协调，对外开放水平进一步提高，美丽云南展现新貌，各族人民群众获得感、幸福感、安全感进一步增强。在开启全面建设社会主义现代化新征程中，要继续坚定不移贯彻新发展理念，推动经济高质量发展，深度融入新发展格局，将云南建设成为国内大循环、国内国际双循环，特别是与南亚东南亚国际市场之间的战略纽带。

六是必须坚持立足云南省情实际。小康社会建设目标和现代化建设目标高度契合，在不同阶段需要因势利导、因地制宜，不断调整完善。无论革命还是中国特色社会主义现代化建设，必须坚持从中国国情出发，这是最为深刻的历史经验总结。纵观云南几十年来的发展历程，凝练出一条重要的经验，就是要立足省情，紧紧依靠云南独特的生态、区位、自然资源、民族文化等优势，走出一条具有云南特点的发展新路子。在开启全面建设社会主义现代化新征程中，在更为复杂的国际国内环境下，必须进一步解放思想、实事求是，准确把握国际国内发展大势，立足于对云南省情的科学认识，制定切实合理的政策举措，不断提升云南发展的科学化水平。

云南与全国同步全面建成小康社会所取得的成就，是以习近平同志为核心的党中央坚强领导和习近平新时代中国特色社会主义思想科学指引的结果，是中央各部委和兄弟省（区、市）、社会各界大力支持帮助的结果，是云南全省各级党组织、各族干部群众勠力同心、团结奋斗、努力拼搏的结果。这些历史性的成就、这些深情厚谊，永载史册。

全面建成小康社会不是终点，而是新生活、新奋斗的起点。在实现第二个百年奋斗目标的新征程上，云南将坚持把忠诚拥护“两个确立”、坚决做到“两个维护”作为最高政治原则和根本政治规矩，让忠诚成为云南党员干部最鲜明的政治品格，让全省 4700 多万各族人民用习近平新时代中国特色社会主义思想武装起来，让彩云之南成为党的领袖光辉照耀的地方，以更加昂扬的斗志、更加饱满的热情，投身于社会主义现代化建设新实践，谱写好中国梦的云南篇章，绘就更加壮美辉煌的七彩云南新画卷。

一、民族团结·和谐云南

这是一个甜到心里的好日子——2020年11月14日，云南省扶贫办向新华社发布消息：怒族、傈僳族近日实现整族脱贫，至此，云南独龙族、德昂族、基诺族、怒族、布朗族、景颇族、傈僳族、拉祜族、佤族、普米族、阿昌族等11个“直过民族”和人口较少民族历史性告别绝对贫困，实现整族脱贫。

把目光投向历史深处，1951年1月，普洱专区召开数千人盛会，26个民族的代表剽牛盟誓、刻石铭志，立起了被誉为新中国民族团结第一碑的“普洱民族团结誓词碑”，立下了“从此我们一心一德，团结到底，在中国共产党的领导下，誓为建设平等自由幸福的大家庭而奋斗”的铮铮誓言。

民族团结一家亲，携手同心奔小康。新中国成立初期，云南省委坚持“团结第一，工作第二”“慎重稳进”的方针，在平等互助的基础上团结各民族，民族关系得到根本改善，民族隔阂基本消除。党的十一届三中全会以来，云南省委、省政府始终把做好民族工作作为事关全局的大事，把加强民族团结、巩固和发展社会主义民族关系作为长期重要工作，各民族和睦相处，平等相待，真正形成了“同呼吸、共命运、心连心”和“汉族离不开少

2021 年 12 月 22 日，民族团结誓词碑建碑 70 周年纪念会在宁洱县举行，群众演奏民族团结新乐章

数民族，少数民族离不开汉族，各少数民族之间也相互离不开”的关系。

党的十八大以来，云南始终牢固树立马克思主义民族观，完整准确全面把握习近平总书记关于加强和改进民族工作的重要论述，全面贯彻党的民族政策，坚持和完善民族区域自治制度，大力弘扬民族团结誓词碑精神，不断推进民族团结进步工作。少数民族群众生活和民族地区经济社会发展获得前所未有的进步，中华民族共有精神家园建设迈出了新步伐，边疆民族地区治理能力显著提升，绘就了现代化建设和共同富裕的最美画卷。

（一）民族团结进步示范区建设步履铿锵

2015 年，习近平总书记考察云南时为云南发展确立了“三大战略定位”，其中包括要求云南努力成为我国民族团结进步示范区。2020 年，习近平总书记再次来到云南考察，对云南的民族工作提出希望，要求云南全面深入持久开展民族团结进步创建，努力在建设我国民族团结进步示范区上不断取得新进展。

建设我国民族团结进步示范区，是以习近平同志为核心的党中央着眼全国民族团结进步事业大局和云南省的突出特点作出的重要部署，是云南主动服务和融入全国发展战略大局的重要任务。

云南认真贯彻落实习近平总书记关于民族工作的重要论述和考察云南重要讲话精神，牢牢把握各民族共同团结奋斗、共同繁荣发展的民族工作主题，以铸牢中华民族共同体意识为主线，集全省之智、举全省之力扎实推进民族团结进步示范区建设，民族地区面貌日新月异，各族群众生活蒸蒸日上，各民族交往交流交融、相知相亲相惜，创造了民族团结和谐的“云南现象”，积累了民族团结进步的“云南经验”，探索和实践了一条符合中央精神、具有中国特色、富于时代特征、体现云南特点的民族工作道路。

1. 坚定不移走中国特色解决民族问题的正确道路

云南少数民族人口占全省总人口的 1/3；共有 8 个民族自治州、29 个民族自治县、现有 140 个民族乡，民族自治地方行政区划面积占全省总面积的 70% 以上；有 25 个世居少数民族、16 个跨境少数民族、15 个特有少数民族、11 个“直过民族”和人口较少民

傈僳族群众欢庆阔时节

族，是全国世居少数民族最多、跨境民族最多、特有民族最多、人口较少民族最多、实行民族区域自治的民族最多的省份。

云南认真贯彻落实习近平总书记关于民族工作的重要论述和考察云南重要讲话精神，把建成我国民族团结进步示范区作为云南民族工作的统领，作为头等大事和重大政治任务来抓，在党中央、国务院的正确领导下，在国家部委的支持帮助下，坚定不移走中国特色解决民族问题的正确道路，全面贯彻落实党的民族政策。

坚持政治上平等互信、经济上扶持互助、文化上兼收并蓄、社会建设上共建互享，坚持和完善民族区域自治制度，坚持以人民为中心的发展思想，把民族团结进步示范区建设与贯彻落实“五位一体”总体布局、“四个全面”战略布局和新发展理念，与贯彻落实习近平总书记对云南提出的“主动服务和融入国家发展战略，闯出一条跨越式发展的路子，努力成为民族团结进步示范区、生态文明建设排头兵、面向南亚东南亚的辐射中心”以及“五个着力”等新要求、新定位、新任务，作为一个整体，一起谋划、一起部署、一起贯彻、一起落实。

坚持“在云南，不谋民族工作就不足以谋全局”的指导思想，始终把民族工作放到全省和全国工作大局中来谋划，用“五位一体”总体布局和“四个全面”战略布局统领民族工作，形成党委统一领导、政府依法管理、统战部门牵头协调、民族工作部门履职尽责、各部门通力合作、全社会共同参与的新时代党的民族工作格局。

全省各级党委、政府把民族工作置于全局工作的突出位置，列入重要议事日程，定期召开会议，分析研判形势，主动研究民族工作，主动解决民族问题，搞好顶层设计，把握民族工作的主动权。在具体工作中，突出重点，聚焦“民族”“团结”“进步”等关键词，重点在民族工作领域和民族地区发展的关键环节“破题”，带动全局工作开展，加大对“直过民族”、人口较少民族、边境民族地区的扶持帮助，加强民族地区教育、医疗、文化等社会公共服务，增强民族地区发展能力。

通过努力，在全国率先实行民族团结目标管理责任制，率先制定落实民族区域自治法的地方性法规，率先在边境地区实行免费义务教育，率先制定实施扶持人口较少民族发展政策，率先提出并实现25个世居少数民族在省直机关至少有1名厅级以上领导干部的目标，率先制定实施少数民族和民族地区经济社会发展专项规划，为把云南建成我国民族团结进步示范区打下了坚实的基础。

坚持“决不让一个民族掉队、决不让一个民族地区落伍”的承诺，全力推动民族地区跨越式发展。

坚持民族因素与区域因素相结合，政策、资金和项目更多向民族、边境和贫困地区倾斜，分类指导，因地制宜，因族施策，补短板、兜底线、促跨越，积极谋划实施重大政策、重大项目、重大工程，加快民族地区发展步伐。以规划为龙头，制定实施了兴边富民工程、扶持人口较少民族和特困民族聚居区发展、示范区建设等专项规划。以整村整乡整县整州推进、整族帮扶为平台，坚持“群众参与、共同建设、共同受益”，系统连片地解决基础设施和基本公共服务问题，培育了旅游、生物、高原农业等一批全局性、带动性强的特色产业。

坚持决战脱贫攻坚与民族团结进步示范区建设双融合双推进，走出了一条具有时代特征、云南特点的脱贫攻坚和民族团结进步之路。抓紧抓实“三区三州”深度贫困地区的脱贫攻坚工作，坚决啃下“硬骨头”。实施《云南省全面打赢“直过民族”脱贫攻坚战行动计划（2016—2020年）》，协调三峡集团等5家企业集团倾力帮扶特困群众和人口较少民族精准脱贫，“一个民族一个行动计划”“一个民族一个集团帮扶”的脱贫攻坚模式持续巩固。

坚持“各民族都是一家人，一家人都要过上好日子”的信念，把少数民族和民族地区民生改善作为事关全局的硬任务，多措并举、多管齐下，不断增强各民族的获得感、幸福感、安全感。

在扶贫方面，加大资金投入力度，以集中连片特困地区为重点，把整体推进与精确到户结合起来，瞄准特困地区、特困群体、特困家庭，扶到点上、扶到根上、扶到家庭，形成精准扶贫工作机制，努力提高扶贫效能，保证民生底线不破。

在教育方面，加快民族地区义务教育学校标准化和寄宿制学校建设，在民族地区实行免费中等职业教育，稳步推进少数民族高层次骨干人才培养计划，持续推广普及国家通用语言文字，大力开展不通汉语劳动力培训。

在就业方面，把民族地区发展产业、开发项目、建设重点工程与增加当地群众就业、促进当地群众增收结合起来，把坚持就业优先、增强就业能力、拓宽就业渠道、扩大就业容量、做好就业工作作为民生工作的头等大事，积极实施培训就业工程，推动少数民族贫困人口向“长三角”和“珠三角”、城镇及二三产业转移就业。

在医疗卫生服务方面，全面建立基本医保、大病保险、医疗救助、医疗费用兜底“四重保障”，确保民族地区贫困群众 100% 参加基本医保和大病保险。

2015 年起，连续开展两轮“深入实施兴边富民工程改善沿边群众生产生活条件三年行动计划”，着力提升沿边地区城镇化水平，打好强边固基攻坚战，打造一批沿边小康示范村。

坚持把发展作为解决民族地区各种问题的总钥匙，紧紧围绕少数民族和民族地区与全国、全省同步全面建成小康社会这一目标，把民族地区发展融入全省发展大局中，把政府推动发展同吸引各族群众积极参与发展统一起来，把生产条件改善同生活条件改善统一起来，把生产同发展教育文化事业统一起来。

采取倾斜政策，制定实施了一批促进少数民族和民族地区经济跨越式发展的规划和工程，公共财政、公共设施、公共服务、重大产业项目布局和用地保障向民族地区倾斜，保持民族自治地方边境县的预算内固定资产投资增长高于全省平均水平，提高财政均衡性转移支付系数，加大边境地区转移支付，适当超前和优先加强基础设施建设，推动实现民族自治地方经济增长速度和城乡居民人均可支配收入增长幅度高于全省平均水平。

结合国家扶持少数民族和民族地区的一系列政策规划，按照少数民族群众直接受益的原则，扎实推进兴边富民工程和扶持人口较少民族发展、“直过民族”脱贫攻坚行动计划、扶持特困民族和散居民族发展等惠民项目，确保如期实现全面脱贫、全面小康。

始终坚持立足当前改变一代人，着眼长远培养一代人，不断提高各族群众自身素质，增强自我发展能力；始终坚持发展惠及大多数、发展让大多数参与，变“要我发展”为“我要发展”，最大限度地激发各族群众共同参与示范区建设的内生动力；始终坚持把支持民族地区加快发展的政策措施落到实处，让各族群众有事干、有钱赚、有盼头，为各民族融入时代发展和社会进步创造机会、提供条件，为民族团结进步示范区建设打下坚实的发展基础。

坚持构建互嵌式社会结构和社会环境，促进各民族广泛交往、全面交流、深度交融，促进各民族像石榴籽一样紧紧抱在一起。

把铸牢中华民族共同体意识作为民族团结进步示范区建设的主线，发挥民族团结进步创建工作的引领作用，深入推进民族团结进步创建进机关、进社区、进学校、进企业、进乡村、进军（警）营、进宗教活动场所等“7+N进”工作，积极开展民族团结主题活动，进一步凝聚各民族邻里相亲、守望相助，共建共享美好家园的共识。

同时，大力推动民族文化繁荣发展，加快民族地区公共文化设施和服务体系建设，深入挖掘丰富多彩的民族文化资源，推进民族文化精品建设，发展民族文艺和民族体育，促进民族文化交流合作，不断夯实民族团结进步的文化基础。

坚持“民族团结不仅是价值取向，也是行为规范”的治理原则，全面贯彻落实民族区域自治制度，坚持用法律来保障民族团结。

出台多项落实《中华人民共和国民族区域自治法》，促进民族团结的地方性法规和政策文件；广泛开展民族团结宣传教育，使“汉族离不开少数民族，少数民族离不开汉族，各少数民族之间也相互离不开”的思想深入人心，使各民族同呼吸、共命运、心连心的光荣传统代代相传；巩固完善民族团结目标管理责任制，形成人人争当民族团结进步模范的良好氛围；依法保障民族团结和各民族合法权益，依法协调民族关系、宗教关系，依法处理涉及民族、宗教因素的问题，依法处理不同民族成员之间的矛盾，让民族关系健康、有序和可持续地运行在法治轨道上。

坚持“立足云南创经验，面向全国作示范”的鲜明导向，发挥好示范引领作用。

自2013年以来，实施了三轮“十县百乡千村万户”示范引领建设工程三年行动计划，省级财政累计投入资金58亿元，打造了一大批有特色、产业强、环境好、民富村美人和谐的民族团结进步示范村镇典型，推动形成了以点串线、以线连片、以片带面的示范区建设格局。

积极探索、先行先试，创造性提出示范区建设与扶贫开发“双融合 双促进”，并拓展到基层党建、乡村振兴等领域，形成“示范区建设+”工作模式；围绕示范区建设规划实施，创新实行省级有关部门年度任务承诺制度；率先以政府购买公共服务的方式实施人口较少民族综合保险和学生助学补助；率先对迪庆州、怒江州农村籍学生中等职业教育增加生活补助；率先由省级财政安排专项资金支持民族文化抢救保护和弘扬发展。

通过实施一系列创新性举措，全省民族团结进步事业持续向前发展，示范区建设的示范效应日益显现，知名度和影响力不断提高。

2. 扎实推进民族团结进步示范区建设

云南以铸牢中华民族共同体意识为主线，牢牢把握各民族共同团结奋斗、共同繁荣发展的民族工作主题，接续编制示范区建设“十三五”“十四五”专项规划。按照“建设小康同步、公共服务同质、法治保障同权、民族团结同心、社会和谐同创”的内涵要求，努力把云南建设成为我国民族团结进步示范区。

建设小康同步，就是和全国各族人民同步进入小康社会。这是重大政治任务，必须做到让发展惠及大多数人、让大多数人参与发展，决不让一个民族掉队、决不让一个民族地区落伍。

公共服务同质，就是着眼于保基本、补短板、兜底线，健全基本公共服务体系，大力推进基本公共服务均等化，让各族群众都有获得感，感受到党和政府的阳光普照。

法治保障同权，就是用法治精神、法治思维、法治方式推进示范区建设，坚持一视同仁、依法保障，使各族群众平等享有宪法和法律赋予的权利义务，享有公平正义和获得感，从而真正树立法治的信仰。

民族团结同心，就是把民族团结作为生命线来守护，促进各民族交往交流交融，搭上“亲情链”，架起“连心桥”，使各族群众

“人心归聚、精神相依”，构建各民族共有精神家园，引导各族人民牢固树立休戚与共、荣辱与共、生死与共、命运与共的共同体理念。

社会和谐同创，就是把维护社会和谐稳定作为底线，让各族群众有人身安全、社会安定的获得感。

云南准确把握影响民族团结进步示范区建设的重点和难点问题，针对示范区建设面临决战脱贫攻坚和决胜全面小康双重任务、发展经济和保护环境双重责任、加快发展和维护稳定双重压力，采取一系列重要措施，扎实推进民族团结进步示范区建设，加快少数民族地区经济社会发展步伐。

围绕铸牢中华民族共同体意识，不断强化思想基础。将铸牢中华民族共同体意识宣传教育纳入干部教育、党史教育、国民教育全过程，开展铸牢中华民族共同体意识重大理论和现实问题研究。始终把“一家人”的思想作为各民族平等团结、亲如兄弟姐妹的写照，作为处理民族关系的基本立场和世界观；把“一家人都要过上好日子”，作为为各族群众谋幸福、不离不弃不怨的真诚追求，把加强各民族交往交流交融作为铸牢中华民族共同体意识和促进民族团结进步的根本途径和方法，使“各民族共同团结奋斗、共同繁荣发展”内化于心、外化于行。

围绕全面建成小康社会，全力推进产业扶贫。着力做大做强民族地区特色优势产业，大力发展特色种养业、设施农业和高产稳产优质绿色农产品生产，推动民族团结进步示范乡镇和示范村形成“一村一品、一乡一业”的特色产业发展模式。加快发展服务业特别是旅游业，把旅游业作为民族地区的支柱产业。优先在民族地区布局符合相关要求、有条件在民族地区加工转化的能源、资源项目。

围绕基础设施短板，加快推进五大网络建设。加快推进民族地区综合交通、能源、水利、信息、物流等五大基础设施建设，着力打通民族地区对内对外联系的交通“大通道”，加强与“大通道”相连的“毛细血管”建设，彻底拔掉民族地区道路不畅的“穷根”。加大民族地区重大基础设施项目前期经费的投入，推动社会资本参与民族地区基础设施投资、建设和运营。

围绕公共服务弱项，大力提高人口综合素质。把“民族教育促进工程”“发展动力增强工程”等六大工程列入《云南省建设我国民族团结进步示范区规划（2016—2020年）》中，制定了《云南省人民政府关于加快发展民族教育的实施意见》《云南省关于促进中医药传承创新发展的实施意见》等系列政策举措。稳步推进学前教育、职业教育、高等教育及少数民族高层次人才培养计划，全面提高民族地区各级教育水平和质量。加强国家通用语言文字普及推广，提升青壮年普通话交流能力。围绕产业发展对有培训意愿的农村人口开展农村实用技术培训，提升综合素质和就业创业能力。实施健康素养提升行动，促进健康生活方式和卫生习惯的养成。实施健康服务质量提升工程，加快县域医疗卫生服务共同体建设，提升县级公立医院医疗服务能力，推进标准化乡镇卫生院建设，改造提升村卫生室，强化“基层首诊、双向转诊、急慢分治、上下联动”分级诊疗成效。

围绕生态文明建设，持续加强“三江一线”生态保护。进一步树牢“绿水青山就是金山银山”的理念，将生态文明建设纳入领导干部综合考核评价、全省综合考评和县（市、区）委书记工作实绩量化考核。加强对金沙江、澜沧江、怒江和边境一线的生态保护力度，印发《云南省长江经济带市场准入负面清单》，修订完善《云南省西双版纳傣族自治州澜沧江流域保护条例》，持续推进生态修复和生态建设，加大对边境一线生态环境保护的支持力度。

围绕边疆民族事务治理，提升民族事务治理体系和治理能力现代化水平。持续开展兴边富民行动，实施一系列稳边兴边强边项目，加强治理体系建设。坚持全面贯彻落实民族区域自治制度，不断推进民族团结进步法治化，在全国率先制定《云南省民族团结进步示范区建设条例》《云南省迪庆藏族自治州民族团结进步条例》等地方性法规，制定实施《云南省民族宗教事务法治建设规划（2015—2020年)》，用法律来保障民族团结，用法治处理民族问题、协调民族关系。进一步加强全省少数民族流动人口服务管理，推行实施网格化服务管理模式，建立健全了跨区域协作机制。进一步健全民族宗教理论研究体系，不断完善民族宗教理论和民族宗教学科体系建设。深入推进我国宗教中国化，构建积极健康的宗教关系，促进宗教和顺，社会和谐，民族和睦。

围绕强化党的领导，全面加强基层组织建设。按照“统筹谋划、分类实施、无的要有、有的要强、强的要优”的思路，强化民族地区基层党组织政治功能和组织功能，持续整顿软弱涣散基层党组织。加强民族地区党务工作者队伍建设，把党务工作岗位作为培养民族干部的重要岗位。实施“领头雁”培养工程，加强民族地区党员干部教育培训，选好、用好、管好民族地区基层党组织带头人，把靠得住、有本事、肯干事、有威望、各民族群众公认的优秀人才充实到基层党组织书记队伍。广泛开展“党的光辉照边疆、边疆人民心向党”“拥护核心·心向北京”“扎根边疆、心向中央”等主题教育实践活动，推进边疆党建长廊建设，实施“红旗飘飘”工程，引导各族人民感党恩、听党话、跟党走，推动各民族坚定对伟大祖国、中华民族、中华文化、中国共产党、中国特色社会主义的高度认同。

3. 全省各民族大团结的局面更加巩固

云南认真贯彻落实习近平总书记关于民族工作的重要论述和考察云南重要讲话精神，深刻领会民族团结进步示范区建设的丰富内涵和时代要求，牢牢把握民族团结进步示范区建设的正确方向，一以贯之，奋力推进，少数民族地区经济社会快速发展，全省各民族大团结的局面更加巩固，社会更加和谐，民族团结进步事业取得新成效。

如期全面打赢脱贫攻坚战。扎实推进民族地区脱贫攻坚，兑现了“决不让一个兄弟民族掉队，决不让一个民族地区落伍”的庄严承诺，奋力推动少数民族和民族地区跨越式发展，创造了“百万大搬迁”“一步跨千年”的历史奇迹，全面脱贫、全面建成小康社会目标如期实现。

一是脱贫攻坚取得全面胜利。2015 年以来，全省通过综合运用产业扶贫、转移就业扶贫、易地搬迁扶贫、教育扶贫、健康扶贫、生态保护扶贫、社会保障兜底扶贫等工程，政策措施优先落实、扶贫资金优先保障、帮扶力量优先安排，各族群众生产生活发生了翻天覆地的变化，少数民族群众历史性告别绝对贫困，开启新的美好生活。民族地区道路、水利等基础设施全面改善，行政村通硬化路率达 100%。贫困家庭义务教育阶段适龄儿童、少年无失学辍学，学生资助、技能培训等扶贫政策进一步落实。实现贫困人口基本医疗保险、大病保险、医疗救助全覆盖，住院医疗费用报销比例达 90%。实现建档立卡贫困户、低保户、农村分散供养特困人员、贫困残疾人家庭四类重点对象“危房不住人，住人无危房”目

民族地区孩子喜迎新学期

标。农村低保、基本医疗保险、养老保险、特困人员救助供养、临时救助等综合社保政策全面落实。

二是深度贫困地区脱贫取得历史性进展。属于“三区三州”国家深度贫困地区的迪庆州、怒江州，做到一县一个省级领导挂联、一个重点任务清单“兜底”、一个监测体系跟踪，生产生活条件发生了翻天覆地的变化，各族群众民生福祉不断增进。

三是“直过民族”和人口较少民族实现整族脱贫。通过对 11 个“直过民族”和人口较少民族进行整体规划、整族帮扶，形成“一个民族一个行动计划”“一个民族一个集团帮扶”的模式，坚持扶贫和扶志、扶贫和扶智“两个结合”，全省“直过民族”和人口较少民族地区实现了跨越发展。

发展基础更加坚实。始终坚持“把发展作为解决民族地区各种问题的总钥匙”，着力补短板、强弱项，民族地区经济快速发展，推动高质量发展的基础更加坚实。

一是民族地区经济快速发展。“十三五”期间全省民族自治地方生产总值年均增长8.4%，经济社会发展主要指标年均增幅均高于全省平均水平。民族自治地方县经济实力显著增强，2020年公布的全省县域经济10强县（不含市辖区）和县域跨越发展先进县中，民族自治地方县占到6个。

二是特色产业发展优势显现。云花、云茶、云菜、云咖、云果、云药等高原特色优势产业提质增效，向品牌化、标准化、规模化不断迈进，“大产业、新主体、新平台”不断丰富和完善，“抓有机、创名牌、育龙头、占市场、建平台、解难题”成为重要抓手，民族团结进步示范乡镇和示范村基本形成了“一村一品、一乡一业”的特色产业发展模式；新兴产业、传统优势产业和生产性服务业协同发展的现代产业体系不断推进，装备制造、生物医药、信息等新兴产业新动能初步形成，烟草、钢铁、有色、化工、建材等传统优势产业转型升级成效显著，生物医药、新材料、先进装备制造、食品与消费品制造、信息等产业主营业务收入占全部工业的比重大幅提升；民族医药产业加快发展，形成了集中药、生物医药、康复医疗、生命健康服务为一体的民族医药产业；民族地区旅游基础设施不断完善，民族特色旅游产业加快发展，民族文化旅游节庆品牌和精品演艺产品边（跨）境旅游、民族民俗文化深度游、体育健身旅游、红色旅游、生态旅游等旅游新产品推陈出新，民族特色旅游精品景点不断提升打造；民族地区物流和电子商务产业蓬勃发展，为保障市场供应、解决农产品滞销、助力脱贫攻坚提供了重要支撑和保障；民族文化产业规模化、集约化、特色化水平不断提升，取得了良好的社会效益和经济效益。

三是基础设施建设大幅改善。通过大力推进民族地区综合交通、能源、水网、通信等基础设施建设，制约民族地区发展的基础设施特别是交通设施建设滞后状况得到改善，民族地区相继迈入"高铁时代""4G时代""互联网+时代"，开启了"5G时代"，互联互通取得了巨大成就。截至2020年11月底，全省民族地区通航运营机场达到10个，4个民族自治州进入高铁时代，8个民族自治州中有7个州35个县通高速公路、58个县全部通高等级公路。民族地区所有乡镇和建制村均实现100%通硬化路、100%通邮。

四是生态文明建设持续加强。紧紧围绕争当全国生态文明建设排头兵的目标，以改善环境质量为核心，深入实施大气、水、土壤污染防治行动计划，强化污染防治和生态保护，农村生产生活条件全面改善，民族地区生态环境质量实现持续改善，农村人居环境不断提升。

五是沿边开发开放不断深化。通过主动服务和融入国家发展战略，着力构建高水平沿边对外开放平台和窗口，深入实施兴边富民工程，边境地区综合实力不断提升，对外开放步伐不断加快，民族团结、社会和谐稳定的局面得到进一步巩固，2020年云南省外贸进出口总额2680.4亿元，"十三五"期间年均增长9.69%。

民生保障持续改善。民族地区基本公共服务保障水平大幅提升，劳有所得、病有所医、老有所养、弱有所扶不断加强，实现县域义务教育基本均衡发展，城乡居民基本养老保险制度全面覆盖，医疗服务水平不断提高，人民群众获得感、幸福感、安全感不断增强，各族人民真切感受到党的关怀，感受到中国特色社会主义制度的优越性。

一是民族教育发展大幅提升。民族教育投入不断加大，办学条件不断改善，教师素质不断提高，少数民族群众受教育权利得到有效保障，民族教育事业发展水平全面提升，为民族团结进步示范区建设奠定人才基础。全省少数民族在校生由 2015 年的 427.86 万人增加到 2020 年的 499.70 万人，占云南省各级各类教育在校生总数的比例由 31.95% 上升到 33.8%。

二是医疗卫生条件大幅改善。民族地区乡镇卫生院、行政村卫生室建设实现全面达标，县级公立医院提质达标晋级，县、乡、村医疗机构服务能力得到明显提升；基本公共卫生服务逐步迈向均等化，疾病监测预警体系逐步完善，传染病的监测、防控和妇幼健康管理等工作不断加强，民族地区建档立卡贫困人口参加城乡居民基本医保和大病保险实现全覆盖；民族医药事业发展加快，民族医药传承发展与科研工作成效显著。

三是社会保障水平大幅提高。民族地区城乡居民基本养老保险和基本医疗保险参保率达到 100%，建档立卡贫困人员 100% 参加了基本医疗和大病保险；在全国首创人口较少民族惠民保险项目；实现建档立卡和农村低保对象动态调整“双向衔接”，应扶尽扶、应保尽保，社会救助保障标准和补助水平持续提高，民族地区涉及的所有县（市、区）农村最低生活保障标准均高于国家扶贫标准。

四是就业创业能力大幅增强。通过政策驱动、项目推动、创业带动、服务促动，全省民族地区就业质量明显提高，就业形势保持总体稳定。各地为返乡农民工、大学生回到家乡创业提供项目推介、小额贷款、企业孵化、开业指导和跟踪扶持等创业扶持；对未继续升学的农村应届初、高中毕业生（“两后生”）实施劳动预备制培训，鼓励少数民族未就业高校毕业生参加职业技能培训，符合条件的按规定给予职业培训补贴；建设了一批乡镇就业和社会保障公共服务平台、创业基地、人力资源市场。

民族文化繁荣发展。大力繁荣民族文化事业，大力发展民族文化产业，不断提高民族文化软实力。

一是民族文化传承保护全面加强。全省积极实施少数民族传统文化抢救保护项目，扶持培养民族民间文化传承创新带头人，推进民族文化进校园，努力将中华文化内化为各民族共建、共有、共享的精神家园。“十三五”期间，实施少数民族传统文化抢救保护项目 709 个、民族文化精品工程项目 102 个，扶持培养民族民间文化传承创新带头人 100 名。

二是民族文艺体育事业全面发展。组织各级各类民族文化体育活动，支持开展民族传统节日的传承创新，扶持了一批民族特色鲜明、市场效益好的少数民族文化产业，建设了一批少数民族文化产业园区，培育了“七彩云南”、“云南映象”、“丽水金沙”、孔雀舞、世界的香格里拉、养生普洱、撒尼阿诗玛、悦耳葫芦丝等享誉世界的民族产业品牌，形成了以“金、木、土、石、布”为主的民族民间工艺品产业发展体系。

三是民族文化传播能力全面提升。建立完善了以县（市）为中心、乡镇为基础，覆盖全省农村地区的直播卫星广播电视公共服务网点，建立了云南省少数民族文字出版基地，成功举办澜湄流域国家文化艺术节、澜湄流域国家文化遗产保护与推广研讨会、“缅甸云南文化年”等系列活动，民族文化传播的途径、技术、内容、影响力等全面提升。

四是民族文化服务体系全面完善。建成文化信息资源共享省、州（市）、县（市、区）、乡（镇、街道）、村（社区）五级服务网络，所有乡（镇）、街道实现文化站全覆盖，全省城乡公共文化资源配置不断优化，形成了在民族贫困地区构建公共文化服务体系的楚雄、红河、丽江等经验。

民族团结进步创建成效显著。高举各民族大团结的旗帜，在持续改善民生、增强发展动力、促进民族教育、繁荣民族文化、推进团结创建、治理民族事务等方面作出示范创新。

一是民族团结进步创建活动持续推动。民族团结进步创建进机关、进社区、进学校、进企业、进乡村、进军（警）营、进宗教活动场所等“7+N 进”工作深入推进，形成了全省上下、各行各业积极参与、共同推动、齐抓共建的工作局面和人人讲团结、处处抓团结的良好氛围。大理白族自治州、西双版纳傣族自治州、楚雄彝族自治州、普洱市等州（市）被国家民委命名为“全国民族团结进步创建示范州（市）”，一大批县级及以下单位被命名为全国民族团结进步创建示范单位，居全国前列。

二是民族团结宣传教育工作广泛开展。通过统筹安排，组织民族地区开展形式多样、丰富多彩的群众性主题宣传教育活动，在民族地区讲好中国故事、讲好中国共产党故事、讲好新时代中国特色社会主义故事，充分宣传展示中华人民共和国成立以来特别是改革开放以来的光辉历程、伟大成就和宝贵经验。

三是民族团结进步创建工程大力实施。持续打造一批类型多样、各具特色、具有标杆性的示范典型，创造可复制、能推广的经验，推动示范区建设形成以点串线、以线连片、以片带面创建格局，助推少数民族和民族地区全面脱贫、全面建成小康社会进程。

社会治理不断加强。全省扎实推进民族团结进步示范区建设，巩固和发展社会主义民族关系的法律法规不断建立健全，促进民族团结和民族地区发展进步的体制机制不断建立完善，民族宗教工作法治化全面推进，民族事务治理体系和治理能力现代化不断推进。

一是民族工作服务管理体系不断完善。民族权益保护工作走上法治化和规范化轨道，少数民族群众在政治、经济、教育、文化、风俗习惯、宗教信仰等方面的合法权益得到保障；建立健全省、州（市）、县（市、区）、乡（镇、街道）、村（社区）五级民族工作服务管理体系，形成了分级负责、层层落实的城乡民族工作格局；全面建立了输出地和流入地“两头对接”机制，为少数民族流动人口提供优质服务，形成了健全高效、管理到位、规范有序和管控有力的少数民族人口服务管理体系。

二是民族宗教事务法治水平不断提升。认真贯彻党的民族宗教工作基本方针，积极主动、谨慎稳妥做好宗教工作，宗教活动场所管理进一步加强，维护民族团结、促进宗教和谐的地方性法规体系不断健全，涉及民族宗教因素的矛盾纠纷排查调处机制不断完善，民族宗教事务法治化水平不断提升。

三是宗教和谐和顺发展局面不断巩固。全面贯彻落实党的宗教工作基本方针和政策，充分尊重和保障各族群众宗教信仰自由，坚持我国宗教的中国化方向，精心做好宗教工作，积极引导宗教与社会主义社会相适应，引导各信教群众拥护党的领导、维护祖国统一、维护中华民族大团结，宗教和谐和顺局面不断巩固。

四是民族宗教理论研究体系不断健全。坚持马克思主义民族理论中国化，坚定走中国特色解决民族问题的正确道路，总结提炼民族宗教实践工作的宝贵经验，云南民族宗教理论和民族学研究基地建设水平不断提高，为新时代民族宗教工作提供了理论依据。

五是边境地区疫情防控工作不断加强。坚决贯彻落实党中央疫情防控工作决策部署，多措并举加强边境疫情防控，加强境外疫情输入防范，推动防控工作由应急性超常规防控向常态化防控转变，确保了祖国西南大门的防疫安全。

（二）铸牢中华民族共同体意识见行见效

习近平总书记在党的十九大报告中强调：“全面贯彻党的民族政策，深化民族团结进步教育，铸牢中华民族共同体意识，加强各民族交往交流交融，促进各民族像石榴籽一样紧紧抱在一起，共同团结奋斗、共同繁荣发展。”铸牢中华民族共同体意识对国家统一、民族团结和实现中华民族伟大复兴中国梦具有重要意义。

云南认真贯彻落实习近平总书记关于民族工作的重要论述和考察云南重要讲话精神，以建设我国民族团结进步示范区统领民族工作，提出“在云南，不谋民族工作就不足以谋全局”“各民族都是一家人，一家人都要过上好日子”“以共同发展促进民族团结，以边疆繁荣促进边疆稳定”等指导思想和顶层设计，制定示范区建设实施意见和规划（2016—2020 年），颁布示范区建设条例。

将“少数民族和民族地区全面脱贫、全面小康”作为示范区建设第一目标，以“精准扶贫——不让一个民族掉队”，落实好习近平总书记对独龙族乡亲和少数民族群众的关怀，讲好中国共产党的扶贫故事。在解决物质贫困的同时，更加注重构筑中华民族共有精神家园，把“感党恩、听党话、跟党走”贯穿脱贫攻坚全过程。各族群众从物质生活到精神生活都实现了飞跃，对习近平总书记、对中国共产党、对中国特色社会主义制度、对中华民族大家庭发自内心地感恩和热爱，中华民族共同体意识深入人心。

1. 坚决守好民族团结生命线

我国是统一的多民族国家，人民群众对美好生活的追求和向往，都是以民族团结为基础的。民族团结就像阳光和空气一样，用之不觉而失之难存。

云南坚决守好民族团结生命线，持续筑牢全省广大党员干部群众共同团结奋斗、共同繁荣发展的思想基础。

出台多项落实《中华人民共和国民族区域自治法》、促进民族团结的地方性法规和政策文件，确保民族区域自治法及配套法规规章贯彻落实，其中有些条例开了全国先河，如《云南省迪庆藏族自治州民族团结进步条例》等。

坚持各民族公民在法律面前一律平等，享有平等的权利和承担同等的义务。依法协调民族关系和宗教关系，依法保障民族团结，维护各族群众合法权益，实现民族关系建构的规范化、制度化和法律化，以制度规则来保障民族关系的运行方向，让民族关系更加有序和可持续地行进在民族团结的法治轨道上。

坚持普法宣传教育，引导各族群众知法、守法、用法、护法，推动形成自觉守法、遇事找法、解决问题靠法、化解矛盾用法的良好法治环境，在法治化轨道上推进民族团结进步事业创新发展。

广泛开展民族团结宣传教育，大力推广民族团结进步先进典型。加强对中华民族团结友爱的优良传统和民族知识方面的学习教育，命名一批民族团结教育基地和中小学为全省民族团结教育学校。在全省各地广泛开展“民族团结月”“民族团结周”“民族团结日”活动，利用各种媒体和各民族传统节日及传统体育活动，大力宣传党的民族政策，营造民族团结好氛围，聚集民族团结正能量，使各民族同呼吸、共命运、心连心的光荣传统代代相传。

深入实施“十县百乡千村万户”示范创建工程，支持各地结合实际开展丰富多彩的创建活动，争创全国民族团结进步示范单位，打造一批有价值、有特色、有影响的示范典型。广泛深入开展民族团结进步创建进机关、进社区、进学校、进企业、进乡村、进军（警）营、进宗教活动场所等“7+N 进”工作，营造各族群众共居共学共事共乐的和谐环境，促进各民族相互了解、相互尊重、相互包容、相互欣赏、相互学习、相互帮助。搞好各民族干部间的团结协作，重在交心，将心比心，以心换心，守好民族团结生命线。

澜沧拉祜族自治县拉巴乡小拉巴村拉祜族群众载歌载舞

2. 坚持构筑各民族共有精神家园

云南大力弘扬民族团结誓词碑精神，始终坚持构筑各民族共有精神家园，尊重差异、包容多样，特别是倡导“各美其美，美人之美，美美与共，天下大同”的文化观，促进各民族和睦相处、和衷共济、和谐发展，交往交流交融、相知相亲相惜，像石榴籽一样紧紧抱在一起。

着力实施民族文化强省建设，用民族文化助推经济社会发展，用民族文化促进生态环境保护，用民族文化增进民族团结，用民族文化丰富基层党建工作，用民族文化开展民族团结教育，用跨境民族文化交流互动促进边疆繁荣稳定，切实尊重少数民族文化，保护民族文化多样性，保障少数民族的文化权利。

着力实施民族地区社会主义核心价值观教育和实践，把社会主义核心价值观作为民族文化强省建设的灵魂，融入民族地区教育的全过程，使社会主义核心价值观内化于心，外化于行。

着力推进民族文化创造性转化和创新性发展，在继承优秀民族文化的同时，以现代化引领民族文化，让民族文化体现时代特征。

着力发展民族地区公共文化事业，加大民族地区文化事业投入，加强民族文化设施建设，积极推进基本文化公共服务标准化、均等化；支持和发展少数民族文化，大力培养少数民族文化人才，抢救、保护、传承少数民族优秀传统文化，努力营造关心民族传统文化、支持民族传统文化创新发展的良好氛围，更好地满足各族人民日益增长的精神文化生活需求。

着力支持民族地区文化产业发展，充分发挥民族文化资源优势，推出一批具有战略性、先导性和带动性的重大文化产业项目，建设一批民族文化产业园区和基地，构建统一、开放、竞争、有序的文化市场体系，培育文化产品市场和要素市场，形成高效率的文化生产和服务运行机制，实现文化产业跨越发展。

通过支持和发展云南少数民族文化，弘扬和保护民族优秀传统文化，培育各民族“各美其美”的文化自觉、文化自信和文化自强意识，增强“美人之美”的文化尊重、文化开放、文化包容和文化欣赏意识以及“美美与共”的文化和谐共存意识，增强少数民族群众的自信心和自豪感，树立中华民族文化“多元一体、共同发展”的理念，使各民族文化繁荣发展的过程成为各民族相知、相亲、相惜的过程，成为民族团结的润滑剂、催化剂、黏合剂，不断增强各族群众对伟大祖国、中华民族、中华文化、中国共产党和中国特色社会主义的认同和归属，为构筑各民族共有精神家园、推进民族团结进步示范区建设打下坚实的文化基础。

3. 深入持久开展民族团结进步创建

云南全面深入持久开展民族团结进步创建，支持更多地区和单位创建全国民族团结进步示范市（州）和示范单位。建设各民族相互嵌入式的社会结构和社区环境，始终坚持民族团结的宣传教育和舆论引导，普及民族理论、民族政策和民族知识，促进各民族相互了解、相互尊重、相互学习、相互信任、相互帮助、相互包容，不断加强各民族交往交流交融，形成了各民族和衷共济、像石榴籽那样紧紧抱在一起的和谐社会生态，进一步铸牢中华民族共同体意识，推动中华民族成为包容性更强、凝聚力更大的命运共同体。

以民族团结进步示范社区创建为引领，以少数民族流动人口服务管理为重点，各地通过建立民族之家、民族文化活动室等服务阵地，积极开展民族团结示范家庭评选、民族团结百家宴、民族大舞台等具有社区特色、群众参与性强的民族团结主题活动，进一步凝聚各民族邻里相亲、守望相助，共建共享美好家园的共识，让城市更好接纳少数民族群众、少数民族群众更好融入城市社区。

大理白族自治州洱源县郑家庄村是一个由汉族、藏族、白族、彝族、傣族、纳西族、傈僳族 7 个民族聚居的村庄，125 户村民手足相亲、守望相助、和衷共济，多年来实现“零上访”，多年来没有发生一起刑事案件，村民亲如一家人，一起劳动、一起过节，其乐融融，被中央文明委授予第四届“全国文明村镇”荣誉称号。

普洱市孟连县在示范县创建过程中，积极探索做好民族团结工作的途径，挖掘和提升了传统的民族互帮互助机制——“宾弄赛嗨”（傣语，意为“像亲戚一样的朋友”）。在景信乡回俄村试点成功的基础上，在全县 6 个乡（镇）各选 1 个村作为试点进行推广，并与贯彻党的群众路线结合起来，600 多个傣族、拉祜族、佤族村寨结成 1.37 万个“宾弄赛嗨”户，建立 2.5 万余张友好联系卡，形成了不同民族农忙时节互帮互助、日常生活互助共济、经济发展互补共进、民族节日同欢共庆的新型民族关系。组织群众开展“心连心”“情系情”“亲串亲”“手把手”活动，不断筑牢党群关系、干群关系和群群关系，有效推动了民族团结进步、社会和谐稳定。

（三）少数民族地区现代化建设实现飞跃

“全面建设社会主义现代化国家，一个民族也不能少”，这是中国共产党人的庄严承诺。2021 年 8 月，习近平总书记在中央民族工作会议上明确要求，要推动各民族共同走向社会主义现代化。

由于历史、自然等原因，云南民族地区发展不充分、不协调、不平衡、不可持续的问题比较突出，少数民族发展普遍比较滞后，民族地区基础设施建设、产业发展、结构调整滞后，保障和改善民生的任务十分艰巨，贫困人口量大面广，劳动者素质普遍偏低，民族地区基本公共服务水平不高，成为少数民族和民族地区同全国一道实现全面小康和现代化的难点和短板。

多年来，特别是党的十八大以来，在党中央、国务院的正确领导下，在云南省委、省政府的大力推动下，在云南各族人民的共同努力下，云南民族地区努力在推进高质量发展上走在前、在增强经济社会发展创新力上走在前、在推进沿边开发开放上走在前，不断改善生活条件、促进共同富裕，一步步向现代化建设目标迈进。

1. 推动民族地区产业跨越发展

云南立足资源禀赋、发展条件、比较优势等实际，找准实现高质量发展、促进共同富裕的切入点和发力点，支持民族地区培育具有比较优势、进入门槛低、产业链长、附加值高、能够带动群众致富、融入市场的产业，发挥特色优势，推动实现跨越发展。截至目前，已初步形成了以烟草、有色金属、电力、化工、特色装备制造、生物医药以及花卉、茶叶、蔬菜、橡胶、干果等为代表的地方特色优势产业。

着力打造“三张牌”。以打造“绿色能源牌”为抓手，不断延长绿色能源的产业链，促使绿色能源成为支撑经济增长的第一动能，推动经济高质量发展。以打造“绿色食品牌”为动力，为

专业合作社带动少数民族妇女致富

民族地区农业现代化发展添活力，以发展多种形式农业适度规模经营为核心，以构建现代农业经营体系、生产体系和产业体系为重点，推动农业发展由数量增长为主转到数量、质量、效益并重，走产出高效、产品安全、资源节约、环境友好的现代农业发展道路。以打造“健康生活目的地牌”为目标，为资源优势转化为产业优势添动力，依托现有资源，围绕当地特色，聚焦特色园区建设，形成以休闲旅游为抓手、以生物医药为引领、以康体养生为支撑的产业发展群。

打造民族地区高原特色农业。一是加强规划和指导。出台了《云南省高原特色农业现代化建设总体规划（2016—2020 年）》等文件，指导 85 个县（市、区）少数民族地区进一步优化农业生产结构和区域布局，大力发展特色种植养殖业，做好农林牧产品产地加工，形成示范带动。二是积极构建农村一二三产业融合的现代产业体系。积极扶持“一村一品、一乡一业”；推进农业与旅游、教育、文化、健康养生等产业深度融合，发展休闲农业、都市农业、乡村旅游、观光农业、体验农业；大力推进“农业科技强产业工程”，加大对民族地区农业产业化龙头企业和农产品深加工科技型企业的扶持力度；加快构建“接二连三”的农业产业链，积极发展咖啡、核桃、茶叶、果蔬、橡胶等农产品加工业，促进农业由单纯的种养、生产向农产品加工、流通等领域拓展，提高农业产品附加值；开展名牌农产品认定评选工作；抓好农业技术创新，提前 4 年完成了建设 20 个现代农业产业技术体系的计划目标。

发展民族地区特色旅游产业。加快大滇西旅游环线建设，积极发展半山酒店、特色民宿，补齐游客服务中心等旅游基础设施短板，建设一批集休闲度假、会展会议、文化娱乐等为一体的旅游综合体，推进全域旅游。全力推动智慧旅游，拓展“一部手机游云南”平台功能，推动旅游行业数字化建设，提升旅游管理、服务和营销水平。充分挖掘历史文化内涵，推动民族文化与旅游等相关产业的深度融合，扩大优质文化和民族文化产品供给，推动研发一批独具特色的“云南礼物”“民族礼物”。培育打造森林康养、温泉疗养、中医养生等各类生态康养基地，建设生态康养旅游的休闲消费综合体，构建集医疗康体、养老养生、健康管理服务等为一体的大健康体系。

发展民族医药产业。加强民族地区医药资源保护和开发利用，发展以傣药、彝药、藏药等为重点的民族医药产业，支持民族医药研发、药材开发和药品注册，做大做强一批民族医药龙头企业，

蒙自至屏边高速公路

培育发展民族药材种植、研发、加工和营销的新兴产业链。特别是在加强民族药物研究与产业化方面，加大云南道地药材品种的研究和登记工作，促进特色中药材大品种规范化、标准化、规模化、品牌化、产业化发展；组织有条件的民族医药机构和人员积极开展民族药物理论研究，开展民族药材质量控制、种子种苗、民族药资源保护等技术标准研究，加强工艺、设备的生产共性技术和民族药成药特殊成分和特殊工艺的研究，做好民族药中濒危动植物药的保护、应用、替代、栽培、养殖等方面的研究，积极研究开发具有自主知识产权、安全有效、附加值高的创新民族药产品，实现产业化。

推进民族地区服务业。一是大力发展农村客运和农村物流，在民族地区建设了一批物流枢纽，发展了一批省级重点物流园区，做强做优了一批省级重点物流企业，打造了一批综合物流中

心、专业物流中心和配送中心。二是重点发展科技延伸服务和有关科技支撑服务。三是加快民族地区通信信息服务基地建设，开展云计算服务创新发展试点。四是推进科技服务标准化建设，鼓励民族地区科研机构和企业相互承包、参股、兼并，实现联合经营，促进技术产权交易，构建以企业为主体、产学研相结合的工业设计创新体系。五是提升民族地区商贸服务业，初步建立了现代化商贸服务体系，市场秩序、诚信体系、标准体系进一步完善。六是大力发展公共服务业，建立和完善民族地区基本医疗保障、人力资源服务业、法律服务业、养老服务业的公共服务业。七是积极发展生产性服务业，鼓励开展代耕代种代收、大田托管、统防统治、烘干储藏等市场化和专业化服务。八是大力发展民族地区农村电子商务，实施“互联网+流通”行动计划，推动流通方式创新，构建农村电子商务市场体系，促进农村电子商务

漾濞县苍山西镇光明村彝族群众发展核桃种植致富

与农村一二三产业深度融合，推动农村消费品、农业生产资料、农产品流通交易线上线下融合发展，打造农村商贸流通体系升级版。

2. 推进民族地区城乡一体发展

云南遵循城镇发展规律，把城镇化作为提升民族地区经济社会发展水平的重要途径，按照“五个统筹”的要求，高起点规划、高标准建设、高水平管理，大力推进民族地区城乡一体化发展，大力推进少数民族特色村镇建设和公用设施建设，促进产业集聚和人口集中有机结合，努力实现民族自治地方和边境县城镇化率达到50%以上，走出一条具有时代特色、民族特色、云南特点的新型城镇化发展路子。

优化民族地区城镇布局。依据资源环境承载力、现有开发密度和未来发展潜力，尊重自然规律和城镇化发展规律，优化城镇空间布局和形态，引导民族地区城镇扩容升级。同时，利用优美的生态环境、多样的民族文化等资源优势，加快现代农业型、工业型、旅游型、商贸型、边境口岸型、生态园林型六类特色城镇的发展，统筹布局教育、医疗、文化、体育等公共服务基础设施，配套建设居住、商业等设施，改善镇域生产生活环境，增强特色城镇就近就地吸纳人口、集聚经济的能力。

实施少数民族特色村镇保护与发展工作。重点实施民族村镇资源调查、编制民族特色村镇保护与发展建设规划、编制特色民居建设指导图册、建设民族特色村镇数据平台等项目。以县级人民政府为主体，统筹协调各部门，按照“政府组织、专家参与、部门合作、群众自主、科学决策”的原则，编制区域内列入规划名单的少数民族特色村镇建设规划。坚持以人为本、宜居宜业，统筹考虑民族特色村镇规划用地黄线、生态绿线、保护区紫线、整体风貌控制红线，合理确定建设规模，科学布局空间和功能，充分体现地域特色和民族特色，使人们“望得见山、看得见水、记得住乡愁”。坚持产村融合发展，形成以村聚产、产村联动、融合发展的良好局面，促进少数民族和民族地区经济社会科学发展。

3. 提升科技对民族地区发展贡献率

云南深入实施创新驱动发展战略，以科技创新带动全面创新，发挥科技创新的第一动力作用，提高科技创新对民族地区经济社会发展的贡献率。

支持民族地区科技创新。发挥科技创新对民族地区发展的引领

怒江州泸水市大兴地镇维拉坝易地扶贫集中安置点数据线加工扶贫车间

作用，加强科技基础条件建设，推动产业创新发展。结合推进创新驱动发展战略，实施一批科技创新项目，加强重点实验室、工程（技术）研究中心、高新技术产业园区和农业科技园区等科技创新基地平台建设。推进特色高水平大学和科研院所建设，鼓励企业开展基础性前沿性创新研究。强化企业技术创新主体地位，鼓励企业提升技术中心创新能力，加快培育壮大创新型企业。

发展互联网技术和应用，促进互联网与民族地区经济社会融合发展。同时，完善民族地区技术创新公共服务平台，加快建立以企业为主体、市场为导向、产学研相结合的技术创新体系。支持开展农产品精深加工与储运、农业农村信息化、智能农机装备等领域先进技术研发与应用推广。加快矿产资源、民族医药等特色优势产业关键技术攻关与应用示范。

实施科技创业者行动，培育创新型产业，发展创业孵化载体，构建一批众创空间，加强创业投资支持。加强疾病防控、防灾减灾、生态保护等领域科技创新。推进“科技列车行”“科技大篷车”等科技服务，深入开展科普活动。加强双语科普资源开发，建设双语科普基地，培养双语科普人才。开展“科普文化进万家”活动，建设科普中国乡村e站和社区e站。

加大对民族地区科技人才的支持力度。大力培养少数民族专业技术人员、学科带头人，推出一批拔尖人才。大力引进经济社会发展急需紧缺的专门人才，支持和吸引各类人才到民族地区发展、创业。继续开展民族地区专业技术人才特殊培养项目，培养涵盖农林水牧、科教文卫、环境保护等多行业、多领域的专业技术骨干人才。支持民族地区实施院士后备人选培养、人才小高地建设，促进高端科技人才聚集发展。组织开展科技特派员、农村科技辅导员的培养、认定和选派工作。

同时，组织实施科技兴边富民专项工作，围绕县域特色产业发展支持科技项目，加强科技成果转化应用，推广先进实用技术，提高种植业、养殖业和农产品加工业的科技含量，延伸产业链，提升市场竞争力，增加农民收入，推进县域经济社会可持续发展。利用各方资源，与相关部门单位合作，共同推进云南“三农”大数据中心建设，推进物联网、云计算和智能终端在农业全产业链的应用。

4. 加快沿边民族地区发展

云南紧紧围绕我国面向南亚东南亚辐射中心建设的目标和任务，主动服务和融入国家发展战略，积极发挥民族地区沿边区位优势，加快沿边地区开发开放进程，推动云南沿边地区形成开放、合作、共享的经贸发展格局。

加快与周边国家互联互通国际大通道建设。深度融入“一带一路”建设，积极推动中国—中南半岛经济走廊、孟中印缅经济走廊建设，加快中老经济走廊、中缅“人”字形经济走廊等建设。统筹铁路、公路、水路、航空交通网络建设，扩大规模，优化结构，推动与周边国家互联互通，促进各种运输方式有效衔接，提升综合交通运输能力。加强口岸基础设施建设，加强口岸管理、通关和综合服务能力建设，进一步优化口岸营商环境，提高口岸通关便利化水平。

推进沿边开放平台建设。推进中国（云南）自由贸易试验区、边境（跨境）经济合作区、重点开发开放试验区、综合保税区建成集边境贸易、加工制造、生产服务、展示采购、仓储物流于一体的高水平沿边开放平台，着力培育新兴产业，发展特色产业集群，加快形成新动能。

加快边境小额贸易和边民互市贸易发展。鼓励边民开展互市产品落地精深加工，促进边境贸易与产业融合发展。推进服务贸易发展。提升边民互市贸易的执法监管水平和通关效率。加快边贸数字园区建设，推进边贸数字经济产业园、边贸产业大数据应用中心、边贸产业服务平台、金融物流协同服务体系等建设。

推动跨境物流发展。加快物流园区建设，推进贸易物流基地、大型货运场站建设及铁路货运站、水运码头等运输场站建设。加快跨境电商发展。鼓励发展“互联网＋边境贸易”，降低交易成本，拓宽边境贸易渠道，扩大边境贸易规模。

建设边境城镇和边境小康村。坚持规划先行、“多规合一”，

动车飞跨南盘江

发挥规划引领作用，实现村镇建设从无序到有序、从强化到优化，不断完善村镇规划。推进集镇规划编制全覆盖，落实上位规划内容，深化细化乡（镇）域村庄空间体系、布点规模、设施布局，提升完善集镇区综合服务及人口空间承载能力。推进边境城镇建设，积极创建兴边富民行动示范城镇，改善沿边城镇发展条件，拓展沿边城镇发展空间，提高边境地区发展能力和稳边支撑能力，建设一批全国性边境名城，发挥对边境地区新型城镇化建设的示范引领作用，推动形成以沿边城镇为中心、辐射带动边境其他地区的兴边富民新格局。以行政村为单元，确定村级非建设用地范围，编制实用性村庄建设用地规划和修建性详细规划，加快编制乡村空间布局、产业发展、基础设施、生态环境、传统村落保护、特色民居建设等专项规划。保护少数民族传统村落，形成全省“美丽乡村建设万村示范行动”的示范重点，推进“基础牢、产业兴、环境美、生活好、边疆稳、党建强”的边境小康示范村建设，着力在党建引领、经济发展、文化繁荣、社会进步、生态宜居等方面作出示范。

（四）民族事务治理能力和水平显著提升

习近平总书记指出，必须适应国家现代化总进程，提高党科学执政、民主执政、依法执政水平，提高国家机构履职能力，提高人民群众依法管理国家事务、经济社会文化事务、自身事务的能力，实现党、国家、社会各项事务治理制度化、规范化、程序化，不断提高运用中国特色社会主义制度有效治理国家的能力。

多年来，特别是党的十八大以来，云南坚决贯彻党中央决策部署，坚定不移走中国特色解决民族问题的正确道路，不断推进民族事务治理体系和治理能力现代化，持续巩固全省民族团结、宗教和谐、边疆安宁的良好局面。

1. 打牢建设民族团结进步示范区干部基础

大力培养政治过硬、敢于担当、对党忠诚、清正廉洁的高素质民族干部人才队伍，把用好少数民族干部和熟悉民族工作的汉族干部作为解决民族问题、做好民族工作的关键，确保党对民族工作的领导，打牢建设民族团结进步示范区的干部基础。

编制实施了《关于进一步加强少数民族干部队伍建设的意见》等一系列文件和规划，增加内设机构和少数民族人员编制，创新培养工作机制，完善少数民族干部队伍建设制度，培养高素质少数民族人才。加强对少数民族党政人才的培养，重点加强专业技术人才、企业经营管理人才、高技能人才和领军人才的培养，特别注重选拔民族地区经济社会发展急需的专门型人才，培养讲政治、顾大局的业务专家型干部。改善结构，提高素质，使少数民族人才与其人口比例大体相当。进一步建立健全民族工作部门干部上下挂职锻炼、系统内外交流等机制，增加少数民族干部人才的流动性，提高少数民族干部人才的适应能力和整体素质。在维护民族团结、促进民族地区繁荣发展过程中，大力培养选拔忠诚干净担当、发挥骨干带头作用的少数民族干部。通过全面深化少数民族干部人才培养制度改革，使少数民族干部数量逐步增加，素质普遍提高，结构更加合理。

2. 探索民族工作服务的新思路、新做法

积极探索民族工作服务的新思路、新做法，努力为各族群众办实事、做好事、解难事，民族工作服务管理制度化、规范化、法治化程度显著提升，有力维护了民族团结和社会稳定。

民族工作服务法律法规体系进一步完善。建立健全民族工作法规体系，保障少数民族群众在政治、经济、教育、文化、风俗习惯、宗教信仰等方面的合法权益。进一步加强少数民族群众法律服务，对申请法律援助的少数民族群众，开辟“优先受理、优先审查、优先指派、优先办理”的绿色通道，并对低保、残障等少数民族群众实行减免法律服务费。依法、及时、妥善处理涉及民族因素的矛盾纠纷，保证各族公民平等履行义务、平等享有权利，维护民族团结、社会安宁的良好局面。“十三五”期间，全省没有发生一起因民族因素引发的重大群体性事件。

民族工作平台进一步拓宽。建立健全省、州（市）、县（市、

区）、乡（镇、街道）、村（社区）五级民族工作服务管理体系，配备民族工作专兼职干部，明确民族工作联系人，形成了分级负责、层层落实的城乡民族工作格局。以基层政务服务中心为依托，民族工作纳入基层社区工作范围，建立“社区少数民族服务站”“社区民族之家”，民族事务服务能力不断增强。以少数民族服务联系平台、少数民族业务信息服务平台、少数民族创业促就业服务平台、少数民族纠纷调处和法律援助平台、民族社团培育平台等社会化管理服务平台为载体，搭建起沟通政府、单位、少数民族的“连心桥”，提供优质高效的便民利民服务。建立少数民族联络员制度，通过热线电话、办事绿色通道，倾听各民族群众民意，及时排忧解难、调解矛盾纠纷。同时，推进建立相互嵌入式的社会结构和社区环境，开展民族团结百家宴等具有社区特色、群众参与性强的主题活动，进一步凝聚各民族共建共享美好家园的共识。

少数民族流动人口服务管理进一步强化。扎实推进少数民族流动人口服务管理和失地少数民族可持续发展试点工作，全面建立了输出地和流入地“两头对接”机制，为少数民族流动人口提供优质服务，形成了健全高效、管理到位、规范有序和管控有力的少数民族人口服务管理体系。以“属地管理、资源共享、信息互通、密切协作、权益保障、维护稳定”为基本原则，与浙江、江苏等地建立少数民族流动人口流出地、流入地区域协调合作机制。

3. 不断提升民族宗教事务法治化水平

云南认真贯彻党的民族宗教工作政策法规，把坚持我国宗教中国化方向作为引导宗教与社会主义社会相适应的首要任务和治本之策，积极主动、谨慎稳妥做好宗教工作，不断提升民族宗教事务法治化水平。

民族宗教法律法规体系不断完善。进一步做好民族宗教法律法规的“立、改、废、释”工作。云南自治条例和单行条例的数量居全国第一，形成了以宪法为基础，以民族区域自治法为核心，由地方性法规、行政规章、自治条例、单行条例、补充规定以及一系列规范性文件组成的具有鲜明中国特色和云南地方特点的民族宗教法律法规体系。

民族宗教事务普法宣传和监督检查不断加强。积极开展普法教育，持续推进以“弘扬法治精神、普及法律知识、维护民族团结、促进宗教和谐”为主题的“民族宗教政策法规学习月”和“五进”宗教活动场所等民族宗教法治教育宣传活动，宗教活动场所法治宣传示范点创建不断推进，少数民族群众和广大信教群众的法律意识进一步增强。加强对民族区域自治法及其配套法律规章执行情况的监督检查，确保民族区域自治制度落到实处，强化民族宗教法律法规的执行力。

宗教事务管理更加规范。加强宗教团体和宗教院校建设，加大对宗教工作“三支队伍”的培训力度，推进佛教道教讲经、伊斯兰教解经，支持宗教界加强自身建设。加强宗教活动场所规范管理，加大民族宗教工作执法力度。以法律为依据开展民族宗教事务，依法管理宗教事务，积极引导宗教与社会主义社会相适应。加强对非法出入境与非法传教等违法行为的管控，有效抵御境外宗教机构和非政府组织的宗教渗透。创新宗教管理机制，制定并深入推行《宗教工作网格化管理问题清单交办责任清单落实制度》（“一网两单”制度），夯实宗教工作基层基础，解决“不愿管、不敢管、不会管、没人管、管不好”的问题。

矛盾纠纷排查和调处机制进一步健全。正确对待各民族群众的合理诉求和特殊需求，对各民族之间和民族内部在经济、社会、文化和宗教等方面产生的矛盾、纠纷和冲突，采取“团结、教育、疏导、化解”的方针，坚持依法调处，坚持不伤害民族感情，不把群众推向对立面，防止矛盾性质由非对抗性转变为对抗性。建立省、州（市）、县（市、区）三级同步监测监管涉及民族宗教因素影响团结稳定问题的机制，及时稳妥处理涉及民族宗教因素影响团结稳定的问题。健全完善处置涉及民族宗教因素突发事件应急预案，指导建立起三级联动响应处置突发事件工作机制。建立健全涉及民族宗教因素的矛盾纠纷排查化解工作机制，坚持统一领导、分级负责、属地化解。

4. 持续加强民族宗教工作理论研究

云南支持研究机构加强民族宗教理论研究，总结提炼民族宗教实践工作的宝贵经验，为做好新时代民族宗教工作提供了理论依据。

民族宗教理论研究扎实推进。先后成立了云南省社会科学院“宗教理论与政策研究基地”，云南大学“铸牢中华民族共同体意识研究基地”“云南省民族政治与边疆治理智库”“民族文化建设与文化产业发展智库”，云南民族大学“民族理论与政策研究基地”“云南跨境民族宗教社会问题研究基地”“民族团结进步理论与实践协同创新中心”，云南师范大学“中国西南对外开放与边疆安全研究中心”，云南艺术学院“民族艺术非物质文化遗产传承协同创新中心”，大理大学“民族理论政策研究基地”“云南宗教治理与民族团结进步研究智库”，滇西科技师范学院“中国特色民族团结进步事业(省级)智库”。这些研究基地、协同创新中心和新型智库，围绕中国民族宗教、南亚东南亚民族宗教问题等重大课题，开展了大量对策性研究。

同时，组织各级民族宗教理论学会、大专院校和科研机构开展民族宗教理论研究，统筹各方研究力量，为民族团结进步示范区建设提供有价值的研究成果；认真听取专家学者对云南民族工作和民族团结进步示范区建设的意见和建议，为提升中国特色社会主义民族理论和政策研究理论水平、全面加快民族团结进步示范区建设提供智力支持。

民族宗教学科体系建设进一步加强。推动民族理论与民族政策等学科专业建设，建立了一批硕士点、博士点和博士后科研流动站，培养了一大批掌握马克思主义民族理论与民族政策、具备跨学科研究能力和从事民族团结进步事业专业知识与能力的复合型高级专门人才。2016年，云南民族大学成立“民族团结进步研究院”，在提供民族理论研究与民族政策决策咨询等方面取得实效。2017年，云南大学民族学入选国家一流建设学科，进一步夯实了民族学学科体系建设。在加强民族宗教学科体系建设过程中，相关单位认真开展民族团结进步示范区建设理论与实践学术研讨，举办省内外民族宗教理论学术研讨会，加强民族宗教理论研究对内对外交流，构建民族宗教理论研究的交流机制；加大省级各类研究基金项目支持力度，加快整合各类民族研究创新资源，推动云南高校民族宗教领域研究的深入发展。

民族宗教理论研究成果得到更好的转化应用。加大对涉及云南民族宗教工作全局性示范性建设理论提升、经验总结等重大研究课题的支持力度，建立重大研究课题招标和优秀成果奖励机制，对优秀调查研究成果实施奖励。编辑出版重大民族宗教理论研究成果，加强民族宗教基础理论研究。从优秀调研报告中选定题目，进行深度研究，开展调研，形成调研报告和决策咨询报告。

5. 持续加强边境民族地区疫情防控

面对突如其来的新冠肺炎疫情，云南不折不扣贯彻落实党中央关于疫情防控的决策部署，多措并举加强边境疫情防控，坚决守好祖国西南防疫大门，全力确保各族群众生命健康安全。

织密织牢防护网。在坚决贯彻党中央提出的“早发现、早报告、早隔离、早治疗”要求基础上，增加了“早排查”措施，全力推动防控关口前移。坚持“外防输入、内防反弹”，严格落实管住人、村、通道、证件、边境“五个管住”措施。

充分发挥党政军警民合力强边固防机制作用，增强风险防范意识，压实县级党委责任，深化“国门党建”，推进“军警地共建”，落实“网格化”管理。边境各州（市）、县（市、区）迅速行动，及时组织基层党组织和广大党员干部投身疫情输入防控工作，广泛发动党员群众积极参与，整体联动、群防群控，坚决守住国门、守住防线，坚决阻断境外疫情输入。边境地区依托村干部、护边员、边境联防队员和专职辅警等群防群治力量，加强边境治安巡逻和外来人员排查，形成“村村是哨所、户户是堡垒、人人是哨兵”的疫情防控工作格局。公安边境管理部门依托抵边警务室，屯警一线，靠前设防，强化边境小道、便道全天候巡逻管控，开展拉网式排查堵卡，减少边境地区人员跨境流动。

同时，设立疫情防控联合检查点，24 小时开展联合防控、检测登记、分析排查和分类处置等工作。各口岸（通道）在保证货物畅通的情况下，主动改善候检通关环境，分区设置查验通道，优化通关流程，增加执勤警力，满负荷实施出入境边防检查，提高通行效率，最大限度降低疫情输入和传播风险。

启动实施“双提升”工程。在全国率先启动实施重大传染病救治能力和疾控机构核心能力提升工程，重大疫情防控体制机制进一步完善，公共卫生应急管理体系进一步健全，对提高国家公共卫生安全、促进民族团结和维护边疆社会稳定产生了积极影响。

在重大传染病救治能力提升工程方面，按照“平战结合、重在应急、统一管理”原则，加快推进建设省级2所传染病院、16个州（市）和4个人口超过80万的县（市）非独立传染病院，其他县（市、区）在县级医院改扩建感染性疾病科，实现传染病预检分诊、隔离、留观、诊断、治疗及康复一体化管理。

在疾控机构核心能力提升工程方面，按照“填平补齐、突出重点、区域带动”原则，对标国家标准，加快推进建设区域性国际疾病预防控制中心、省级区域性疾控中心、县级国门疾控中心，以省级为龙头、州（市）为骨干、县（市、区）为基础的疾病预防控制网络逐步形成。

与周边国家抗疫合作不断加强。向老挝、缅甸、越南等周边国家和地区提供物资、设备、人员和技术等方面的支持。从省级医疗卫生机构选派医疗专家组分赴老挝、缅甸，协助开展疫情防控工作，同当地医护人员交流抗疫经验，帮助他们提高疫情防控和诊疗能力，提振共同战胜疫情的信心，赢得了广泛好评。

二、山清水秀·美丽云南

云南是我国生态资源最富集、生物多样性最丰富、生态产品生产条件最好的省份之一，是我国西南生态安全屏障的前沿核心地带，素有“植物王国”“动物王国”“世界花园”“生物基因宝库”等美誉，在解决我国资源环境问题、建设生态文明国家方面具有特殊地位和作用。

在习近平生态文明思想和习近平总书记考察云南重要讲话精神指引下，云南牢固树立社会主义生态文明观，像保护眼睛一样保护生态环境，像对待生命一样对待生态环境，全力推动中国最美丽省份建设，努力争当全国生态文明建设排头兵，生态环境保护治理取得显著成效。云岭大地天更蓝了，水更清了，山更绿了，生态环境更美了，“美丽”正成为云南最亮丽的标签。

（一）争当全国生态文明建设排头兵

习近平总书记对云南的生态文明建设十分关心，寄予厚望。2015 年 1 月和 2020 年 1 月，总书记两次亲临云南考察，都对云南努力建设成为我国生态文明建设排头兵作出了重要指示，为云南推

香格里拉碧塔海湿地

进绿色高质量发展提供了行动纲领和根本遵循。云南始终牢记总书记嘱托，坚定不移沿着总书记指引的方向奋勇前进，努力争当全国生态文明建设排头兵。

1. 扛牢争当生态文明建设排头兵的政治责任

党的十八大以来，以习近平同志为核心的党中央，深刻总结人类文明发展规律，把生态文明建设作为关系中华民族永续发展的根本大计，摆在治国理政的重要位置，纳入中国特色社会主义“五位一体”总体布局，坚持人与自然和谐共生，一体推进山水林田湖草沙系统治理保护，开展了一系列根本性、开创性、长远性工作，决心之大、力度之大、成效之大前所未有，生态文明建设从认识到实践都发生了历史性、转折性、全局性的变化，中国绿色发展道路越走越宽广。

习近平生态文明思想对新形势下生态文明建设的战略定位、目标任务、总体思路、重大原则作出深刻阐释和科学谋划。全国各地深入学习贯彻习近平生态文明思想，坚持走生态优先、绿色发展之路，为推进生态文明建设努力奋斗。

云南生态地位重要，是我国生态环境保护重点区域和西南生态安全屏障的前沿要地，储备着中国乃至世界未来生物技术产业发展无可替代的战略基因资源，是我国不可多得的生态产品供给区。坚定不移推动习近平生态文明思想在云南落地落实，争当生态文明建设排头兵，切实有效保护好云南和全国的宝贵财富，是新时代云南必须扛牢的政治责任。

成为生态文明建设排头兵，也是习近平总书记对云南一以贯之的要求。早在2008年习近平同志调研云南时，就对云南提出了“争当全国生态文明建设排头兵”的殷切希望。2015 年 1 月，习近平总书记考察云南时，从党和国家全局发展的高度，再次要求云南努力成为我国生态文明建设排头兵。2020 年 1 月，总书记再次考察云南时，进一步要求云南努力在建设我国生态文明建设排头兵上不断取得新进展。这是习近平生态文明思想针对云南特色和实际情况的理论运用，是习近平生态文明思想对云南的具体化要求，为云南确定了新坐标、明确了新定位、赋予了新使命、提出了新要求。

当前，云南生态文明建设仍处于负重前行的关键期，生态环境保护结构性、根源性、趋势性压力总体上尚未根本缓解，生态环境质量与人民群众的期盼还有不小差距。特别是疫情形势复杂严峻，给我国经济社会发展带来前所未有的冲击。越是到这样的关口，越要牢记总书记的殷切嘱托，越要认真学习领会习近平生态文明思想，从实现中华民族伟大复兴中国梦的历史高度，保持生态文明建设的战略定力，坚定争当全国生态文明建设排头兵的决心和行动，把七彩云南建设得更加美丽动人。

2. 描绘争当生态文明建设排头兵的战略图景

新中国成立 70 多年来，云南坚决贯彻落实党中央在各个时期关于生态环境保护的决策部署。新中国成立初期，云南在环境建设方面取得的成就，为经济社会发展奠定了良好生态基础。改革开放以来，云南坚持可持续发展和科学发展观，深化省情认识，确立了“生态立省、环境优先”的发展战略，正确处理发展与保护的关系，从单项治理到综合治理，从被动治理到积极行动，主动担当国家和区域生态责任。

党的十八大以来，在党中央、国务院的坚强领导下，云南省

黎明之城——芒市

委、省政府持之以恒强化对习近平生态文明思想的贯彻落实，省委常委会、省委理论学习中心组、省委全面深化改革领导小组、省政府常务会等经常性学习领会和研究部署生态文明建设。云南各地区各部门深刻理解、牢牢把握生态文明建设排头兵的深刻内涵和时代要求，把生态文明建设摆在全局工作的突出地位、融入全省跨越式发展大局，坚持各级党组织对生态文明建设工作的组织领导，以生态文明建设排头兵工作统领全省绿色发展和生态保护工作。

进一步树牢“绿水青山就是金山银山”发展理念，云南坚持以生态为主线，打造云南产业与经济社会协同发展的升级版，通过绿色发展提升创新发展能力，抢抓跨越发展机遇。坚持以创新绿色发展突破传统工业化发展，坚持走科技含量高、经济效益好、资源消耗低、环境污染少、人力资源优势得到充分发挥的新型工业化道路，大力发展循环经济、低碳经济、低水经济，真正把绿色发展理

念贯穿到经济社会发展各方面、全过程。

聚焦建设成为经济繁荣发展、自然环境优美、人民安居乐业、边疆民族和睦的七彩云南，描绘争当生态文明建设排头兵的战略图景。一是改善以滇池、洱海、抚仙湖等高原湖泊为重点的水环境质量，提高森林生态效益，巩固云南作为我国重要的生物多样性宝库和西南生态安全屏障作用，打造成为国家生态屏障建设先导区。二是推进新型城镇化建设，改善城乡人居环境，发挥云南独特的气候和自然资源优势，打造绿色宜居的美丽家园，形成绿色生态和谐宜居区。三是推动生态资源科学合理开发利用，发展生态经济，解决边疆少数民族深度贫困问题，帮助群众脱贫致富，与全国同步建成小康社会，成为边疆脱贫、生态优良模范区。四是加快生态文明制度创新，为全国生态文明制度实施和完善提供有益经验，成为生态文明制度改革创新实验区。五是保护和弘扬民族优秀传统生态文化，形成国家重要的民族生态文化保护、弘扬和传承阵地，打造民族生态文化传承区。

3. 完善争当生态文明建设排头兵的顶层设计

在2008年习近平同志对云南提出“争当全国生态文明建设排头兵”的殷切希望后，云南就出台了一系列政策，为争当生态文明建设排头兵提供制度保障。2009年，云南省委、省政府出台了关于加强生态文明建设的意见，印发了《七彩云南生态文明建设规划纲要（2009—2020年)》。2013年又出台《关于争当全国生态文明建设排头兵的决定》。2014年，云南省委专门成立了生态文明体制改革专项小组，制定了《云南省全面深化生态文明体制改革总体实施方案》。

2015年以来，云南省深入贯彻落实习近平总书记考察云南重要讲话精神，从顶层设计入手，用习近平生态文明思想指引云南省争当生态文明建设排头兵新征程。

总体蓝图描绘与地方立法协同引领。出台《关于努力成为生态文明建设排头兵的实施意见》，明确了优化国土空间开发格局、推动技术创新和结构调整、促进资源节约循环高效利用、加强生态保护与建设、全面推进污染防治、健全生态文明制度体系、加强生态文明建设统计监测和执法监督、加快形成推进生态文明建设良好社会风尚8项重点任务，为努力成为全国生态文明建设排头兵明确了方向。

印发实施《云南省生态文明建设排头兵规划（2016—2020年)》，对努力成为全国生态文明建设排头兵的任务进行细化实化。出台了云南省生态文明建设领域首部全面、综合、系统的地方性法规——《云南省创建生态文明建设排头兵促进条例》，推动云南创建生态文明建设排头兵工作进入规范化、法治化轨道。出台了《云南省生物多样性保护条例》，开创了中国生物多样性保护立法的先河。

出台了《云南省国家公园管理条例》，这是全国第一部国家公园管理地方性法规。新修订的《云南省泸沽湖保护条例》《云南省阳宗海保护条例》正式施行，九大高原湖泊都有量身定做的保护条例。与此同时，《昆明市环滇池生态区保护规定》《玉溪市抚仙湖、星云湖、杞麓湖水生生物放生管理规定》等20多项配套法规、规范性文件和制度也先后出台，形成了强有力的“保护网”。

由单一制度出台转向制度体系构建。制定《云南省全面深化生态文明体制改革总体实施方案》和《关于贯彻落实生态文明体制改革总体方案的实施意见》，推进自然资源资产产权、国土空间开发保护、空间规划体系、资源总量管理和全面节约、资源有偿使用和生态补偿、环境治理体系、环境治理和生态保护市场体系八大制度建设，实施一系列改革措施。

2020年底，全面完成118项改革任务，其中包括生态文明建设制度类11项、自然资源资产产权制度类5项、国土空间开发保护制度类16项、环境治理制度类23项、资源有偿使用和生态补偿制度类13项、资源管控制度类28项、生态文明建设绩效评价考核和责任追究制度类16项、环境保护执法制度类6项。

推进过程中，“多规合一”试点改革、自然资源资产负债表编制试点、领导干部自然资源资产离任审计等一批改革事项先行先试，环境保护督察制度、环境监管执法、河（湖）长制、国家公园体制试点、生物多样性保护、集体林权制度改革、生态环境损害责任追究等一批在全国范围内具有标志性、引领性的重点改革取得突破，基本构建起云南生态文明建设制度体系的“四梁八柱”。

4. 强化争当生态文明建设排头兵的机制保障

2015年，成立由云南省委、省政府主要领导任组长的云南省生态文明建设排头兵工作领导小组，切实推动全省的生态文明建设工作。

“十三五”期间，每年召开一次工作领导小组成员单位全体会议，对云南省生态文明建设年度工作进行全面具体部署，制订生态文明建设排头兵行动计划，明确年度主要目标和重点工作任务，形成各部门齐抓共管的工作合力；建立生态文明简报制度，作为生态文明建设重大事项向云南省委、省政府主要领导直接专题报送的重要通道。

成立由省委书记任组长、省长任常务副组长的云南省生态文明体制改革专项小组，确定年度生态文明改革台账，将生态文明体制改革总体方案和实施意见中的改革事项责任分工到具体部门、单位，及时予以督查督办，强力推进。

各州（市）也对应成立生态文明建设排头兵工作领导小组，云南省各级生态文明建设机构不断完善，党委领导、政府负责、有关部门协同配合推进的生态文明建设工作机制全面形成。

2018年7月，云南省委、省政府召开全省生态环境保护大会，省委书记、省长开展动员部署。省政府调整了省污染防治工作领导小组设置，省长担任领导小组组长，各位副省长担任副组长，40余个省直部门的“一把手”为领导小组成员，领导小组下设九大高原湖泊保护治理、以长江为重点的六大水系保护修复、水源地保护、城市黑臭水体治理、农业农村污染治理、生态保护修复、固体废物污染治理、柴油货车污染治理“8个标志性战役”专项小组，

哈尼梯田

分别由 6 个厅局牵头负责，牵头厅局的分管副省长兼任标志性战役专项小组组长。而且，“8 个标志性战役”均出台了年度实施计划、省级部门责任清单。

2020 年，云南省生态环境保护委员会成立，由省委书记、省长担任“双主任”，深入贯彻落实党中央、国务院的决策部署，统筹推进全省生态环境保护工作。

聚焦领导干部等“关键少数”，严格落实生态文明建设“党政同责”和领导干部自然资源资产离任审计。明确各州（市）党委和政府对本州（市）生态文明建设负总责，生态环境损害责任追究力度空前。出台《云南省各级党委、政府及有关部门环境保护工作责任规定（试行）》《云南省党政领导干部生态环境损害责任追究实施细则（试行）》《云南省领导干部自然资源资产离任审计工作规划（2016—2020 年）》《云南省地方党委和政府主要领导干部自然资源资产离任审计评价办法（试行）》等制度，将生态文明建设纳入领导干部综合考核评价、全省综合考评和县（市、区）委书记工作实绩量化考核。2020年底，云南省省级层面实现16个州（市）主要领导干部自然资源资产离任审计全覆盖。

创新实施生态环境质量考核工作，由约束性为主转向激励与约束并重。在全国率先对县域生态环境质量考核工作进行严格规范，全面构建起以生态价值补偿为主体、生态质量考核奖励为辅助的生态功能区转移支付制度体系，督促基层政府切实履行生态环境保护职责，推动生态环境质量持续改善。完善以长江流域为先导的生态保护补偿机制建设，充分调动长江经济带各流域上下游地区的积极性，努力形成"成本共担、效益共享、责任共负、多元共治"的流域保护和治理长效机制，形成由云南省财政厅、生态环境厅、发展和改革委、水利厅联合构建的长江经济带"1+2"流域横向补偿政策框架。云南、贵州、四川三省在赤水河流域建立跨省生态补偿机制，构建起"三省共治"模式并得到切实有效运行。

（二）像保护眼睛一样保护生态环境

习近平总书记在云南考察时指出："要把生态环境保护放在更加突出位置，像保护眼睛一样保护生态环境，像对待生命一样对待生态环境，在生态环境保护上一定要算大账、算长远账、算整体账、算综合账，不能因小失大、顾此失彼、寅吃卯粮、急功近利。"云南省坚决按照总书记的要求，驰而不息打好蓝天、碧水、净土三大保卫战和九大高原湖泊保护治理等"8个标志性战役"，环境质量得到有效改善。

1. 重拳整治坚决打赢蓝天保卫战

云南省始终高度重视大气污染防治工作，坚持把大气污染防治作为生态环境保护重要任务抓紧抓实。从1973年开始，云南大力整顿废气污染，在滇中、滇西地区投产了数百项治污项目，取得了显著成绩。改革开放以来，云南在进行污染限期治理、污染达标排放的同时，出台了若干有针对性的政策法规，工业废气等污染治理力度进一步加大。

“十三五”期间，云南实施了一批污染整治重大专项行动，全面完成“散乱污”企业整治、无组织排放整治、燃煤电厂超低排放改造、燃煤小锅炉淘汰，持续推进建筑工地施工扬尘专项整治等工作，全力以赴打赢打好蓝天保卫战。

确保重点任务完成。对标对表突出抓实抓好调整优化产业结构、能源结构、运输结构、用地结构，有效应对污染天气，加强能力建设和技术支撑，落实各方责任等重点任务。同时，想方设法筹措资金，保障关键项目顺利实施。采取最严格措施，持续强化对重污染行业监管，加强对“大气十条”工作任务实施督查督办，抓实积极应对污染天气等关键环节，全力推动各项工作提速增效，确保重点任务如期完成。

开展攻坚任务评估。制定印发《云南省打赢蓝天保卫战三年行动实施方案重点攻坚任务完成情况考评标准》，对全省16个州（市）开展蓝天保卫战工作进行月度调度，并分别对2018年度、2019年上半年和年度、2020年上半年蓝天保卫战重点攻坚任务完成情况进行量化评估。根据评估情况，对各州（市）蓝天保卫战进行现场督察、通报、约谈，对西双版纳、临沧、红河、文山4个州

纳帕海湿地保护区

（市）大气污染防治实施省级环境保护专项督察，有效提升全省大气污染防治工作的效率和质量，为全省持续保持空气质量优良提供了重要保障。

及时提供技术支持。蓝天保卫战中许多工作牵涉部门多、专业门类多、内容新、技术新，为保障工作持续稳定推进，云南及时印发《关于确保完成2019年及“十三五”全省环境空气质量约束性指标的通知》《关于认真落实臭氧污染防治工作的函》，举办全省汽车修理、包装印刷等重点行业、重点企业挥发性有机物综合治理培训班。针对局部地区空气质量下降原因不清等问题，邀请国家级生态环境、气象、科研方面专家，及时召开环境空气质量现状及预测专家咨询会，对景洪、蒙自、思茅3个城市采用大气细颗粒物质谱直接测量法源解析技术，开展大气细颗粒物来源解析观测。

提前实施油品替换。充分利用中石油云南石化有限公司落地云南的优势，全省自2019年1月1日起全面使用国Ⅵ（B）标准的车用汽油、国Ⅵ标准的车用柴油，比国家要求自2023年1月1日起全面使用国Ⅵ（B）标准汽油的要求提前了4年；全省累计淘汰国Ⅲ排放标准老旧柴油货车53652辆，充分体现了云南省敢于担当、力争先锋的魄力和决心。

实施差异化定制策略。根据各地出现的不同程度、不同污染因子引起的大气污染，分别实施水泥、钢铁等企业错峰生产、限产限排以及人工改变局地气象条件、人工增雨等差异化、精细化防控措施，及时应对和遏制大气环境污染趋势。开展春夏季大气污染防治攻坚行动，以曲靖、玉溪、普洱、昆明、西双版纳、红河、保山、昭通、临沧、文山10个州（市）为重点区域，以扬尘源、工业源为重点领域，以细颗粒物、臭氧为重点因子，加强细颗粒物和臭氧的协同控制。适时暂停森林防火计划烧除，采取物理割除等手段清除易燃物。对不同区域、不同行业、不同时段、不同问题采取差异化防治策略，有效确保了全省环境空气质量长期保持优良。

通过采取多种强有力措施，云南省环境空气质量优良天数比率逐年提升，16个州（市）政府所在地城市环境空气质量连续4年达到国家二级标准，城市空气优良天数比率均保持在98%以上，2020年优良天数比率达到98.8%。

2. 全力打好涉水污染防治攻坚战

九大高原湖泊犹如一颗颗璀璨的明珠散落在彩云之南的广袤大地上。早在1994年至1996年间，云南就先后颁布实施了《云南省程海管理条例》等九大高原湖泊的管理条例。此后，随着水污染防治实践的不断深入，云南逐步探索形成“一湖一策、分类施策”和

“一湖一法”的治理政策，以滇池为重点的九大高原湖泊水污染综合治理不断取得新进展。

对九大高原湖泊治理，习近平总书记十分关心，先后提出了“一定要把洱海保护好，让‘苍山不墨千秋画，洱海无弦万古琴’的自然美景永驻人间”“滇池是镶嵌在昆明的一颗宝石，要拿出咬定青山不放松的劲头，按照山水林田湖草是一个生命共同体的理念，加强综合治理、系统治理、源头治理，再接再厉，把滇池治理工作做得更好”等要求。

坚决把总书记的要求贯彻落实到位。党的十八大以来，云南省坚持以革命性措施狠抓九大高原湖泊保护治理，把推进河（湖）长制从“有名”转向“有实”作为争当全国生态文明建设排头兵的重要抓手，提出“五个坚持”“四个彻底转变”的治湖新思路，各级各部门全面落实五级河（湖）长工作责任体系，全省河（湖）长制工作有序推进，全省河湖库渠共设置五级河长 33882 人。九湖中劣Ⅴ类水体从 2015 年的 4 个减少为 1 个，抚仙湖、泸沽湖水质稳定在Ⅰ类，洱海治理成效明显，滇池水质甩掉了劣Ⅴ类帽子，草海水质连续两年稳定在Ⅳ类，为 30 年来最好水平。

云南省始终把主动服务和融入长江经济带发展战略作为重要政治任务，坚持共抓大保护、不搞大开发，持续加大资金投入力度，全力打涉水污染防治攻坚战，改善长江生态环境和水域生态功能，提升生态系统质量和稳定性。

以改善六大水系生态环境质量为核心，以落实河（湖）长制为抓手，以干流、主要支流及重点湖库为突破口，统筹山水林田湖草系统治理，坚持污染防治和生态保护“两手发力”，推进水污染治理、水生态修复、水资源保护“三水共治”，突出工业、农业、生活、航运污染“四源齐控”，创新体制机制，强化监督执法，落实各方责任，着力解决突出生态环境问题。六大水系出境跨界断面水质稳定保持Ⅲ类以上，赤水河云南段 3 个国控、省控监测断面水质均为Ⅱ类。

以改善水环境质量为核心，持续开展考核断面水质按月通报预警，对水环境质量达标滞后地区采取约谈、会商、督办，进一步压实地方主体责任，积极改善断面水质。部署落实长江流域国控劣Ⅴ类断面整治、工业园区污水处理设施整治、城市黑臭水体整治和长江（云南段）入河排污口排查整治等专项行动。纳入国家监管的 33 条黑臭水体整治全部初见成效，海河成为全国黑臭水体中首条销号的河道。

组织开展“千吨万人”以上农村饮用水调查评估和保护，围绕“划、立、治”对“千吨万人”以上饮用水水源地开展排查整治工作；抓实工业污染防治、城镇污染治理、农业农村污染防治、船舶

洱海生态廊道

港口污染控制、水资源节约保护等重点工作任务；定期召开省水污染防治专项小组成员单位工作调度会，推动以改善水环境质量为目标的各项工作落地落实。州（市）级、县级集中式饮用水水源水质达标率均达考核目标。

此外，通过采取强化新冠肺炎疫情防控期间医疗污水与城镇污水环境监管，推进全省船舶和港口污染突出问题整治，加强入河排污口设置管理等污染源管理系列举措，全省水固定污染源环境管理基础逐步夯实。

3. 稳步推进扩大土壤污染防治成效

“十三五”期间，云南省高度重视、稳步推进土壤污染防治，全省上下协调联动，全面贯彻落实《中华人民共和国土壤污染防治法》《土壤污染防治行动计划》，以保障农产品质量和人居环境安全为出发点，坚持“预防为主、保护优先、分类管理、风险管控、污染担责、公众参与”的原则，主动对标对表，全力开展土壤污染状况详查，积极推进土壤污染防治地方立法，严格实施土壤污染源监管，有效推动耕地分类管理，切实加强建设用地土壤污染风险管控，着力抓实土壤污染治理与修复技术应用试点示范，全省土壤环境质量总体稳定。截至 2020 年底，受污染耕地安全利用率 81.2%、污染地块安全利用率 100%，农用地和建设用地土壤环境安全得到保障，土壤环境风险得到有效管控。

加强排查整治，源头预防稳步推进。云南省各级政府积极推进减排工作，深挖减排项目潜力。采用边查边治方式，确定排查重点区域，建立污染源排查和整治清单。建立并动态更新土壤污染重点监管单位，督促已公布的 104 家土壤污染重点监管单位依法履行土

持续保持优质水质的泸沽湖

壤环境隐患排查和自行监测等义务。编制印发并严格落实《云南省工业固体废物堆存场所环境整治方案》。实施了 274 家涉镉等重金属重点行业企业整治。大力推动塑料污染治理，加强固体废物处置。

落实分类管理，农用地土壤污染防治全面推进。完成了土壤污染状况详查，并依据全省农用地土壤详查成果，完成耕地土壤环境质量类别划定，推进受污染耕地安全利用等工作。

实行严格准入，联合开展建设用地土壤环境管理。以保障人居环境安全、防范人居环境风险为目标，省生态环境部门联合省自然资源等部门建立并完善建设用地污染地块开发利用联动监管机制，印发《关于加强污染地块开发利用联动监管的通知》和《关于进一步做好建设用地污染地块再开发利用联动监管的通知》，明确要求地方城乡规划部门在编制城市总体规划及控制性详细规划以及开展土地收回、收购前，均查询污染地块系统，根据疑似污染地块、污染地块名录及其土壤环境质量评估结果，合理确定污染地块的土地用途。完成污染地块空间信息与国土空间规划“一张图”汇总，实现“一张图”管理。建立并公布建设用地土壤污染风险管控和修复名录，依法严格监督名录内地块开展风险管控和修复，未达到土壤污染风险管控、修复目标的建设用地地块，禁止开工建设任何与风险管控、修复无关的项目。

强化技术支撑，着力推进土壤污染防治先行先试。着力推进个旧市省级土壤污染综合防治先行区建设，以及15个土壤污染治理与修复技术应用试点项目。截至目前，个旧市省级土壤污染综合防治先行区建设取得积极成效。

4. 全面抓实环保督察反馈问题整改

生态环境保护督察是贯彻落实习近平生态文明思想，推动高质量发展的重大制度安排。云南省各地区各部门深刻认识开展生态环境保护督察的重大意义，不折不扣抓好中央生态环境保护督察整改工作，切实守护好七彩云南的蓝天白云、绿水青山、良田沃土，为建设美丽中国作出云南贡献。

2016年7月15日至8月15日，中央第七环境保护督察组对云南省开展环境保护督察，并形成督察意见。2018年6月5日至7月5日，中央第六环境保护督察组对云南省第一轮中央环境保护督察整改情况开展“回头看”，针对九大高原湖泊环境问题统筹安排专项督察，并形成督察意见。2021年4月6日至5月6日，中央第八生态环境保护督察组对云南省开展生态环境保护督察，并形成督察报告。

督察组进驻期间，云南省委、省政府主要领导多次听取群众投诉举报问题整改情况汇报；典型案例曝光后，云南省委、省政府主要领导多次现场调研督办问题整改；督察报告反馈后，迅速成立由云南省委、省政府主要领导任“双组长”的整改工作领导小组，及时研究制定整改方案，明确整改工作的指导思想、工作原则、整改目标和具体措施。特别是最近一次督察后，云南聚焦突出问题，坚持标本兼治，立足常态长效，提出了开展一次绿色发展的“思想革命”、实施一场动真碰硬的“湖泊革命”、打赢一场标本兼治的污染防治攻坚战、打好一场“利当前、惠长远”的生态环境保护持久战等措施。

开展一次绿色发展的“思想革命”，彰显生态文明建设的“云南态度”和“云南斗志”。成立由云南省委、省政府主要领导任“双组长”的滇池沿岸违规违建整改工作领导小组，坚决全面彻底抓好滇池沿岸违规违建等问题整改。全面、深入、彻底整改督察报告指出的问题。对督察交办的群众投诉举报问题，明确由各州（市）负责抓好整改落实。

实施一场动真碰硬的“湖泊革命”，像保护眼睛一样保护好九大高原湖泊。在治湖理念上来一场革命，变“要我保护”为“我要保护”。在治湖措施上来一场革命，落实“退、减、调、治、管”要求，彻底打破原有“环湖造城、环湖布局”发展格局，实现“一湖之治”向“流域之治”“生态之治”转变。在体制机制上来一场革命，推动高原湖泊保护治理“多规合一”，分区制定严格管控措施。坚决查处湖泊保护治理中的违规违纪违法问题，彻底整改滇池长腰山过度开发严重影响滇池生态系统完整性问题，对杞麓湖弄虚作假等问题以事立案、深入调查，并依规依纪依法进行处理。

打赢一场标本兼治的污染防治攻坚战，着力补齐云南生态文明

大江大河生态治理——赤水河镇雄罗甸段

建设的短板。加强河（湖）长制工作督导检查和对长期水质优良断面的环境监管，开展城市黑臭水体整治、饮用水源保护、工业园区污染治理、入河排污口排查等专项行动。巩固“三磷”整治成果，严查企业违法排污行为。强化城镇环保基础设施建设，加快推进生活垃圾焚烧发电项目落地。对煤电、石化、化工、钢铁、有色金属冶炼、建材等行业存量，在建、拟建“两高”项目进行全面排查，实施动态化清单管理。积极推进钢铁、有色、化工、建材等行业节能低碳改造，提高磷石膏综合利用能力和水平。加强土壤污染重点单位环境监管，开展尾矿库污染治理“回头看”，开展全省涉重金属废渣堆存点风险隐患排查整治。推广新能源车和重点行业超低排放改造，深入推进挥发性有机物治理。严格城市空气质量达标管理，加强环境空气质量监测预警预报。

打好一场“利当前、惠长远”的生态环境保护持久战，着力夯

实云南生态文明建设根基。出台全省生态环境保护“党政同责、一岗双责”目标绩效管理办法，分年度制定考评实施细则。加快推进《云南省生态环境保护条例》《云南省土壤污染防治条例》立法进程，积极开展《云南省固体废物污染环境防治条例》《云南省饮用水水源保护条例》等生态环境保护地方立法研究和生态环境标准制修订工作。

在抓好中央生态环境保护督察及“回头看”反馈问题整改的同时，云南省持续推进省级环境保护督察。2017 年，对全省 16 个州（市）开展了一轮省级环保督察；2019 年，对昭通市、文山州等 8 个州（市）开展省级督察“回头看”，并同步各安排了 1 个专项督察；近年来，又对重点区域、重点流域、重点问题实施了省级生态环境保护专项督察。

（三）守护好祖国西南生态安全屏障

云南生物多样性资源极为丰富，不仅是中国乃至世界的天然基因库，更是中国西南乃至东南亚的生态安全屏障。习近平总书记指出，良好的生态环境是云南的宝贵财富，也是全国的宝贵财富，一定要世世代代守护好。云南省始终牢记总书记的谆谆嘱托，坚决扛起历史责任，开展了深入而卓有成效的探索，多项保护工作走在全国前列，在提升区域生态安全水平、打造祖国南疆的美丽花园中迈出了坚实步伐。

1. 不断优化全省国土空间开发格局

党的十八大报告明确指出，要加快主体功能区战略，推动各地区严格按照主体功能定位发展，构建科学合理的城市化布局、农业发展布局、生态安全格局。云南省积极响应中央号召，印发了《云南省主体功能区规划》，科学界定全省范围内每个区域的发展导向和重点内容，成为云南省国土空间开发格局的总体方案。

主体功能区规划根据不同区域的资源环境承载能力、现有开发密度和未来发展潜力，将全省国土空间划分为重点开发区域、限制开发区域和禁止开发区域3类主体功能区，着力打造以“一圈一带六群七廊”为主体的城市化战略格局，构建以“三屏两带”为主体的生态安全战略格局，构建滇中、滇东北、滇东南、滇西、滇西北、滇西南六大区域板块高原特色农业战略格局，逐步形成人口、经济、资源环境相协调的空间开发格局。

以主体功能区规划为基础，云南省统筹各类空间性规划，着力

屏边山脉风光

加强空间规划与中央试点方案衔接，合理确定开发强度，积极探索创新空间规划编制管理体制机制，推广“多规合一”试点经验。“多规合一”试点工作重点分析城市规划编制与实施管理的关联性及影响要素，注重梳理各类不同的规划成果，试点已形成“一张蓝图”，为区域空间格局的进一步优化奠定了良好基础。

按照“一个战略、一张蓝图、一个空间规划体系、一套机制、一个平台”的规划要求，改革创新省级空间规划编制与管理机制，理顺空间管理事权，明晰空间管理手段，促进各类空间规划的协同，破解省级“多规合一”中的重大问题，强化生产、生活、生态空间统筹的战略引领，建立健全空间规划体系与实施管理体制，为省级空间规划工作提供可复制、可推广的经验模式。

编制实施环境功能区划，坚持分区管理和分类指导，建立以环境功能区划为基础的环境管理体系，是落实主体功能区战略、加强生态环境保护的具体实践，是提升环境服务功能、促进国土空间高效协调可持续开发的重要措施，是环境管理走向源头控制、精细化管理的一项基础性环境制度。

云南省注重协调环境功能区划与主体功能区划、生态功能区划、要素环境区划、土地利用总体规划、农业区划等规划之间的关系，综合环境功能对人类社会所提供的保障区域自然生态安全、维护人群环境健康、区域环境支撑三项基本能力，按照空间尺度，构建起“5+13”环境功能区划体系。

“5”即5类环境功能一级区，包括自然生态保留区、生态功能调解区、农业安全保障区、聚居发展引导区和资源开发维护区。“13”即13类环境功能二级区，是对5类环境功能一级区的再细化，包括自然文化资源保护区、高原湖泊生态保育区、水源涵养区、水土保持区、石漠化防治区、生物多样性保护区、粮食环境安全保障区、畜产品环境安全保障区、高原特色农业安全保障区、环境优化区、环境风险防范区、环境治理区、资源开发引导区。

以“5+13”环境功能区划为基础，大力推进实施环境分区管理，提高全过程环境管理技术水平。建立以环境功能分区为基础，结合环境要素现状及目标值，形成覆盖全省、统一协调、更新及时、反应迅速、功能完善的环境监管系统。根据环境主导功能，制定区域各类环境要素的目标指标，完善分区生态环境考核评价体系，实现环境管理的差异化和精细化，以空间环境管理平台落实区域环境联防联控机制，提高环境管理的全局意识和管理水平，提高环境管理效率。

2. 实现一条红线管控重要生态空间

按照习近平总书记“要用一条红线管控自然生态空间”的要求，以及中共中央办公厅、国务院办公厅印发的《关于划定并严守生态保护红线的若干意见》，云南省以改善生态环境质量、提供更多优质生态产品为核心，以保障和维护云南生物多样性、水源涵养及水土保持三大主要生态功能为主线，划定生态保护红线，实现一条红线管控重要生态空间，维护国家和云南生态安全，推动形成人与自然和谐发展的现代化建设新格局。

2018 年 6 月，经国务院批准，云南发布了《云南省生态保护红线》，划定生态保护红线面积 11.84 万平方公里，占全省总面积的 30.90%，在全国长江经济带 11 个省份中划定比例最高。生态保护红线维持了云南省生态安全战略格局“三屏两带”基本格局，大幅降低了原有矛盾冲突，破碎度明显下降，确保了全省整合优化的自然保护地、重要水源地全部纳入生态保护红线，提升了生态保护红线的生态功能。

云南省生态保护红线包含生物多样性维护、水源涵养、水土保持 3 大红线类型 11 个分区，具体为：滇西北高山峡谷生物多样性维护与水源涵养生态保护红线、哀牢山—无量山山地生物多样性维护与水土保持生态保护红线、南部边境热带森林生物多样性维护生态保护红线、大盈江—瑞丽江水源涵养生态保护红线、高原湖泊及牛栏江上游水源涵养生态保护红线、珠江上游及滇东南喀斯特地带水土保持生态保护红线、怒江下游水土保持生态保护红线、澜沧江中山峡谷水土保持生态保护红线、金沙江干热河谷及山原水土保持生态保护红线、金沙江下游—小江流域水土流失控制生态保护红线、红河（元江）干热河谷及山原水土保持生态保护红线。

为进一步构建科学合理的生产空间、生活空间、生态空间，云南省开展了生态保护红线划定和评估调整、多处建设项目涉及生态保护红线不可避让性论证报告审查，在自然保护地整合优化过程中与生态保护红线进行了衔接，并将云南省自然保护地整合优化预案上报国家林草局等部委。

加快推进生态保护红线勘界定标，建立红线监测预警与评估考核制度。加快开展生态环境空间管控规划和“三线一单”编制，科学划定“三区三线”，规范空间利用格局和开发强度。开展自然保护地监督，强化重点生态建设、自然资源保护，着重抓好涉及自然保护地的违法违规建设、旅游、采石挖沙、采探矿、小水电等问题整改工作。以生态保护红线为基础构建科学合理的生态安全格局，加强生态节点保护及生态廊道建设，保障国家和区域生态安全，提高生态服务功能，确保云南在服务融入国家重大战略中走在全国前列。

生态环境监测是生态环境保护的重要支撑。云南省生态定位监测站始建于20世纪60年代，在中国科学院和国家林草局的大力支持下，初步建立了以生态定位站为主体、自然保护区和湿地监测站

大理三塔倒影公园

点为补充的全省自然生态监测网络体系。2016 年 10 月，成立云南省生态定位监测网络中心。2017 年 1 月，云南省印发实施了《云南省生态环境监测网络建设工作方案》。目前，全省范围内已建或在建的有 15 个森林、湿地、荒漠化、草原生态系统定位监测站以及 28 个国家级自然保护区和 12 个湿地生态监测站。

3. 全面筑牢国家西南生态安全屏障

在国家“两屏三带”十大生态安全屏障中，云南肩负着西部高原、长江流域、珠江流域三大生态安全屏障的建设任务。近些年来，云南省通过大力推进“森林云南”建设、保护好大江大河上游地区生态环境等措施，实现了“一江清水出云南”等目标，国家西南生态安全屏障更加牢固。

抓绿化重修复，持之以恒打造绿色美景。为了让云岭大地山更绿、水更清，让各族群众共享生态福祉，云南省委、省政府从 20 世纪 90 年代开始，就提出消灭宜林“四荒”（荒山、荒沟、荒丘、荒滩）目标，开启了绿化云南大地的奋斗征程。30 多年来，云南先后实施了封山育林、天然林保护、退耕还林还草、退化草原修复、湿地保护修复、石漠化综合治理等一系列林草生态建设工程，全省森林、草原、湿地资源总量持续“三增长”。全省上下爱绿护林蔚然成风，涌现出了杨善洲、“陆良八老”等一批绿化荒山的时代楷模。

“十三五”期间，全省完成营造林 3840.38 万亩，年均义务植树 1 亿株以上，全省林地面积由 3.75 亿亩增加到 4.24 亿亩，森林蓄积量由 17.68 亿立方米增加到 20.67 亿立方米，森林覆盖率达到 65.04%，森林面积达到 4.24 亿亩；新建国家湿地公园 6 处，国家湿地公园总数达 18 处，湿地面积由 853.94 万亩增加到 927.47 万亩，湿地保护率提高到55.27%；天然草原综合植被盖度达到87.9%。云南森林面积、蓄积量居全国第2。

昆明、普洱、临沧、楚雄、曲靖、景洪6个城市荣获“国家森林城市”称号，全省共建成国家森林乡村235个，省级森林乡村1081个，全省乡村绿化覆盖率达47.45%。

构筑大江大河上游生态安全屏障。滇西北三江并流区是全球34个生物多样性热点地区和233个优先保护生态区之一，是中国生物多样性资源最为丰富的地区之一。云南坚持生态优先、绿色发展的理念，通过实施天然林保护、退耕还林还草、防护林建设等重大生态工程项目，治理环境问题，强化联合执法，加大对长江上游（金沙江）、澜沧江上游、怒江流域、边境国际河流的生态环境保护，着力保护三江并流区域生态环境。

目前，滇西北三江并流区共建设了自然保护区22个，总面积8326平方公里。珠江是我国华南的第一大河流，云南把加强保护珠江源头生态环境作为重要任务，实施了一系列生态建设工程。珠江流域六省区共同建立了珠江流域水环境联合研究院，加大珠江流域水环境联合研究与治理，这些措施促进了源头区生态环境不断改善。

坚持山水林田湖草系统治理，深入推进重要生态系统保护和修复，完善生态系统服务功能，着力提升生态系统质量和稳定性，切实维护生态安全。国家第二批山水林田湖草生态保护修复工程试点抚仙湖流域山水林田湖草生态修复工程成效显著，被誉为山水林田湖草生命共同体的活样板。

积极推进历史遗留废弃矿山生态修复。2019年，启动长江经济带废弃露天矿山生态修复项目，治理金沙江及赤水河沿线10公里范围内矿山 380 座，修复总面积 2 万余亩，截至 2020 年底已全部完成主体工程建设。全力推进绿色矿山建设。全省共有 25 个矿山被自然资源部列入全国绿色矿山名录，昆明和个旧两市上榜全国 50 个绿色矿业发展示范区名单。

4. 生物多样性保护走在全国前列

云南拥有除海洋、沙漠外的所有生态系统类型，是中国 17 个生物多样性关键地区之一，也是全球生物多样性热点地区的核心和交汇区域。云南省委、省政府高度重视生物多样性保护，高位推动相关工作，取得了一系列丰硕成果。

建立完善生物多样性保护法规体系。云南先后出台《云南省人民政府关于加强滇西北生物多样性保护的若干意见》《滇西北生物多样性保护行动计划（2008—2012 年)》《滇西北生物多样性保护规划纲要（2008—2020 年)》等文件，先后发布了丽江宣言、腾

南滚河自然保护区亚洲象数量不断增长

世界濒危水鸟——紫水鸡

冲纲领、版纳约定，在全国较早颁布实施《云南省生物多样性保护战略与行动计划（2012—2030年）》和三年实施方案，实施争当生物多样性保护排头兵“六个一行动”，在全国率先发布省级《云南省生物物种名录（2016版）》《云南省生物物种红色名录（2017版）》《云南省生态系统名录（2018版）》《云南省外来入侵物种名录（2019版）》《云南的生物多样性（白皮书）》《云南新物种新记录种名录（1992—2020）》等。同时，在全国率先出台生物多样性保护地方性法规《云南省生物多样性保护条例》，使生物多样性保护法规体系更加完善。

建立生物多样性保护体系。云南自1958年建立西双版纳第一个自然保护区以来，以就地保护为主、迁地保护和离体保存为辅的生物多样性保护网络体系日趋完善，先后建立自然保护区166处。云南还率先在全国开展国家公园新型保护模式探索，努力构建以国家公园为主体的自然保护地体系，颁布了中国大陆首部国家公园地方性法规《云南省国家公园管理条例》，出台了中国大陆第一批国家公园管理政策与建设标准，全面完成了普达措国家公园体制试点任务，全省共划建各级各类自然保护地 11 类 362 个，保护面积占全省面积的 14.32%，形成了国家公园建设的云南模式。

率先在全国开展极小种群物种拯救保护和野生动物肇事补偿。“十三五”以来，全省实施极小种群野生植物拯救保护项目 120 多个，建成了 30 个保护小区（点）、13 个近地和迁地基地（园）、5 个物种回归实验基地，巧家五针松、华盖木、滇桐、云南金钱槭等 67 种野生植物种群得到有效保护和恢复。国家一级保护动物亚洲象从 20 世纪 80 年代的 150 头增长到 300 头左右，滇金丝猴从 2000 年的 1400 多只增长到 3000 多只，越冬黑颈鹤从 1996 年的 1600 多只增长到 3000 多只。

创新建立较为完备的林业种质资源保存体系。建成亚洲最大、中国首个国家级野生生物种质资源库，与英国“千年种子库”、挪威“斯瓦尔巴全球种子库”等一起成为全球生物多样性保护的领跑者。建立各类林木种子生产基地 5551 个，建成国家和省级重点林木良种基地 28 个，初步建成云南特色乡土树种保障性苗圃体系，建成全球保存深纹核桃种质资源数量最多的基因库。建立镇沅千家寨、双江勐库等 13 处野生茶树和古茶树种质资源原生境保护区和保护点，国家种质勐海茶树分圃已成为中国大叶茶种质资源保存的重要基地和世界大叶茶树资源保存数量最多的资源圃。

创新开展跨境生物多样性保护。与老挝、缅甸、越南等毗邻国家联合开展资源保护联防、生物廊道建设、自然保护区共建等跨境生物多样性保护，成为澜湄合作新亮点；加强与英国、荷兰、德国等国家以及联合国环境规划署、开发计划署、亚洲开发银行、全球环境基金等国外机构和组织的交流，合作开展了一批生物多样性保护项目。

经过努力，全省 90% 的典型生态系统和 85% 的重要物种得到有效保护，生物资源可持续利用水平明显提升，云南生物多样性相关指标位居全国第一，对确保自然生态系统稳定、提升生态环境质量、筑牢西南生态安全屏障、维护生态安全起到了至关重要的作用，为联合国《生物多样性公约》第十五次缔约方大会（COP15）在昆明召开奠定了良好条件。

（四）践行“两山”理念推动绿色发展

习近平总书记在云南考察时指出：“推动经济高质量发展，决不能再走先污染后治理的老路。只要坚持生态优先、绿色发展，锲而不舍，久久为功，就一定能把绿水青山变成金山银山。”云南省牢记总书记嘱托，坚持以“两山”理念为引领，坚定不移走生态优先、绿色发展之路，大力培育绿色发展新动能，走出了一条绿色发展、生态富民的发展路径。

1. 深入推进循环经济试点示范

云南积极响应国家号召，大发展循环经济，在重点行业、重点园区、重点领域和市县开展了循环经济试点工作，不断提高资源利用的经济效益、社会效益和生态效益。

2006 年，云南确定将昆明钢铁控股有限公司等 20 个单位作为首批循环经济试点。2007 年，云铜和云天化两家单位被列入全国第二批循环经济试点单位。这一年，云南启动 10 个县（市、区）和 30 户企业的工业循环经济试点示范工作。在钢铁、有色、化工、电力、建材、轻工等行业选择 11 户重点企业作为试点。把昆明高新技术产业开发区、楚雄经济技术开发区、华坪经济技术开发区作为重点产业园区试点，把开远市工业示范区、丘北县普者黑旅游示范区、洱源县农业示范区、丽江滇西北再生资源回收利用中心以及曲靖市和安宁市作为重点领域试点，加快推进循环经济型社会建设。

近年来，云南印发了《云南省循环经济发展评价指标体系(2017 年版)》，研究制定了云南省循环经济发展瓶颈指标及计算方式。印发了《关于加强园区循环化改造的通知》，园区产业和空间布局不断优化。出台了《云南省“十三五”秸秆综合利用实施方案》《云南省 2019—2020 年度秸秆综合利用实施方案》，明确重点发展秸秆肥料化和饲料化利用，构建秸秆综合利用长效机制。同时，加快推动昆明滇池、玉溪抚仙湖—星云湖、大理洱海等旅游循环经济试点建设。

通过制定一系列发展循环经济的政策措施，实施节能减排，推行清洁生产，云南循环经济试点示范深入推进。普洱市、曲靖市、易门县、祥云县等国家循环经济示范城市（县）建设成效明显。昆明高新技术产业开发区获得“国家循环化改造示范试点”称号，祥云财富工业园区、东川再就业特色产业园区、个旧市特色工业园区、文山马塘工业园区被列为国家园区环境污染第三方治理试点。丽江市、大理市餐厨废弃物无害化处理和资源化利用试点顺利通过国家验收。景谷林产工业园区被列为全国绿色产业示范基地。个旧市被列为国家资源综合利用“双百”工程示范基地，大理市被列为国家资源循环利用基地，牟定县被列为国家大宗固体废弃物综合利用基地，个旧市工业固体废物综合利用基地建设被列入工信部首批工业资源综合利用示范基地名单。

“十三五”期间，云南省培育创建了省级以上绿色工厂 85 家、绿色园区 11 个、绿色供应链管理示范企业 15 户、国家级绿色设计产品 64 种，省级及以上工业产品绿色设计示范企业 3 家，有 5 个项目列入国家绿色制造系统集成项目。

普洱市是全国第一个也是目前唯一一个国家绿色经济试验示范区。自 2013 年国家发展改革委批准同意普洱市建设国家绿色经济试验示范区以来，普洱市着力推进四大绿色产业基地、八大试验示范工程建设，绿色产业渐成体系、绿色经济实力稳步提升，成为全球最大的普洱茶种植基地和全国咖啡种植面积最大、产量最高、品质最优的“中国咖啡之都”，成为西电东送、云电外送的重要清洁能源基地，连续 3 年上榜中国康养城市 50 强，逐步向集文化旅游、养生养老为一体的国际性旅游休闲度假养生基地迈进。

2. 全力打造世界一流“三张牌”

云南持续推动产业结构向开放型、创新型和高端化、信息化、绿色化“两型三化”转型发展，全力打造世界一流绿色能源、绿色食品、健康生活目的地“三张牌”，构建市场导向的绿色技术创新体系，强化产品全生命周期绿色管理，让绿色成为产业转型升级、经济高质量发展的基本底色。

打造世界一流“绿色能源牌”。持续提高绿色清洁能源装机占比，着力做优做强绿色能源产业，积极延伸绿色能源产业链。深入推进绿色能源与绿色先进制造业深度融合，积极打造以绿色能源为驱动的绿色铝材、绿色硅材清洁载能产业，大力发展新能源汽车、石油炼化、高新技术产业。2020 年，云南省绿色能源装机、发电量占全省比重分别达到 85.4%、88.1%，分别高出全国平均水平约 46 个、67 个百分点。非化石能源占一次能源消费比重达 42%，居全国首位，高出全国 27 个百分点。乌东德、白鹤滩水电站投产发电。山东魏桥、神火铝业、腾冲隆基、晶龙电子单晶硅片等绿色制造项目建成投产，一批加工企业落户绿色铝创新产业园，以绿色能源为驱动的绿色铝材、绿色硅材等清洁再生能源产业布局基本形成，绿色能源成为云南第一大支柱产业。

打造世界一流“绿色食品牌”。按照“大产业 + 新主体 + 新平台”的发展思路，落实落细“抓有机、创名牌、育龙头、占市场、建平台、解难题”六项措施，全力推进重点产业转型升级和提质增效，重点产业已由以茶叶、花卉、水果、蔬菜、坚果、咖啡、中药材、肉牛 8 大产业为主向“8+N”拓展和延伸。在云南率先对茶产业实施绿色有机认证和基地建设奖补，连续 3 年举办“10 大名品”和绿色食品“10 强企业”“20 佳创新企业”评选活动，对投资绿色食品产业的主体实施奖补，美国卓莓公司、广东温氏集团、中粮集团等一批大企业、大集团落地云南。云南省农产品出口连续多年稳居西部省（区、市）第一。“十三五”期间，全省农林牧渔业总产值年均增速 5.9%，高于全国年均增速 2.4 个百分点，绿色成为云南农业发展的鲜明底色。

打造世界一流“健康生活目的地牌”。瞄准国际化、高端化、特色化、智慧化发展方向，聚焦以“文、游、医、养、体、学、智”为主要内容的全产业链，以大滇西旅游环线、澜沧江沿岸休闲旅游示范区、昆玉红旅游文化带为支撑，建设国际康养旅游示范区。全省旅游业辐射带动作用持续增强，接待海内外游客从2015年的3.29亿人次增加到2020年的5.29亿人次，旅游总收入由3281.79亿元增加到6477亿元，年均增长率19.47%。康养产业不断升级，云南被列为全国区域医疗中心建设8个试点省份之一，国家心血管病区域医疗中心、国家呼吸区域医疗中心、国家中医区域医疗中心3个项目落地云南并加快建设，云南省阜外心血管病医院纳入首批国家区域医疗中心，滇东北（昭通）、滇南（红河）、滇西（大理）和曲靖4个省级区域医疗中心启动并加快建设。

3. 广泛建“绿色银行”富民强村

习近平总书记考察云南时指出，必须要厚植地方发展的优势，踏实做好绿色文章，让绿水青山成为贫困地区发展的永续增长点。脱贫攻坚以来，云南省创造性地将生态文明建设与扶贫开发相结合，在全国较先提出“生态扶贫”新思路，坚持在生态保护中发展生产，在生产中保护生态，通过生态修复、环境保护、产业致富、民生改善、人地和谐等各项工作，因地制宜打造出一个个助农稳定脱贫、可持续增收致富的“绿色银行”，加快了贫困地区健康永续发展的进程。

坚持抓精准出实效，推进“绿色扶贫”。积极开展生态保护扶贫，全省从建档立卡贫困群众中选聘生态护林员18.3万人，居全国第一，人均年管护收入9000余元，带动超过78万贫困人口稳定增收。高黎贡山之畔的独龙江乡共选聘生态护林员195名，带动整族增收致富。积极开展生态治理扶贫，全省脱贫攻坚重点地区5年共完成营造林2973万亩，其中，建档立卡贫困户实施新一轮退耕还林237.4万亩，惠及37.7万户、151.6万人，补助期内户均可获得现金补助7560元。积极开展生态产业扶贫，推动“树上摘金、林下种金、坡上生金、风景变金”，涌现出了云南核桃、临沧坚果、鲁甸花椒、怒江草果、昭通竹笋等一批助农增收、强村富民效果明显的地方特色林产品。“十三五”期间，全省公益林生态补偿面积1.38亿亩，年补偿金21.1亿元。

坚持抓产业惠民生，共享“绿色财富”。深入践行“绿水青山就是金山银山”理念，聚焦打造世界一流“绿色食品牌”“健康生活目的地牌”，始终把林草产业作为群众增收致富的重要抓手，念好“山字经”，唱好“林草戏”，努力打通绿水青山向金山银山转化的通道。目前，全省核桃种植面积达到4303万亩，年产量148万吨，年产值412亿元；澳洲坚果353万亩，年产量7.48万吨，年产值38.26亿元，云南已成为全国乃至全球坚果种植面积和产量最大的地区。全省打造国家林下经济示范基地51个，国家森林康养基地5个。野生菌资源年蕴藏量100万吨左右，年采集利用约20万吨，产值超过100亿元。全省林草领域有国家级龙头企业15户、省级龙头企业762户，10家坚果类经营主体被评为“世界一流绿色食品牌”省级产业基地。云南林草生态产品走进长三角、珠三角、京津冀等地区。

坚持抓改革促发展，增添“绿色动力”。深化集体林权制度改革，全省2.7亿亩集体林地确权到户，840万户林农通过林地承包经营权获得更多财产权利，深刻改变了农村的生产关系，激发了全社会积极发展林草产业的动力。深化国有林场改革，备案国有林场优化整合为141个，分流安置富余职工1612人，职工人均月工资由改革前的4078元增加到7484元，管理林地由4074万亩增加到

6187 万亩。大力推进林草投融资机制创新，以国家储备林建设为抓手，“十三五”期间，全省累计利用开发性和政策性贷款开展林业生态建设项目 22 个，审批贷款 155 亿元。

4.“两山”理念引领经济社会发展

创建生态文明建设示范区和“绿水青山就是金山银山”实践创新基地，是践行习近平生态文明思想的具体体现。云南高度重视生态文明建设示范区和“两山”基地创建工作，将其作为争当全国生态文明建设排头兵的重要抓手，推进生态环境高水平保护和经济社会高质量发展的重要检验。

“十三五”期间，云南累计建成 10 个国家生态文明建设示范市县，包括西双版纳州、保山市、楚雄州、怒江州、昆明市石林县、玉溪市华宁县、昭通市盐津县、大理州洱源县、红河州屏边县、保山市昌宁县；建成 5 个“两山”基地，包括保山市腾冲市、红河州元阳哈尼梯田遗产区、怒江州贡山县、楚雄州大姚县、丽江市华坪县。云南还先后建成了 1 个省级生态文明州、21 个省级生态文明县（市、区）、615 个省级生态文明乡镇（街道）。

通过实施示范创建，被命名地区在协同推进高质量发展与高水平保护中取得了明显成效，对全省生态文明排头兵建设起到了很好的示范引领作用。华坪县通过打造金沙江百里芒果长廊、实施石漠化综合治理及水土保持生态修复工程等措施，闯出了一条“矿业转型、矿山转绿、矿企转行、矿工转岗”的“四转”新模式，实现了生态环境修复、环境质量提升和群众增收致富的良性循环。全县森林覆盖率达 75.5%，境内的金沙江流域年均输沙量大幅度减少，金沙江水质稳定达到功能区划要求，水质达标率为 100%。

南涧无量山樱花谷

“两山”理念引领云南经济社会发展，不仅直观体现在全省各族人民对山水林田湖草等生态系统的直接保护中，还深刻反映在人们生产生活的方方面面。

加大节能减排力度，推进能源资源全面节约。强化能源和水资源消耗、建设用地等总量和强度“双控”行动，实行最严格的耕地保护、节约用地和水资源管理制度。实施工业节能增效，深化重点用能单位节能管理，逐步提高终端用能产品能效标准和重点行业单位产品能耗限额标准。加快制定主要江河流域水量分配方案，完善水价形成机制，深入推进节水型社会和节水型城市建设。大力发展绿色建筑，大力推广清洁能源及新能源车使用，推动交通运输节能。昆明机场航站楼荣获国家绿色建筑三星标识。兰坪通用机场在节能建设方面作了有益尝试。“十三五”期间，云南每年新增更换的城市公交车辆中，新能源公交车比重均超过 50%。

引导公众绿色生活，培育生态文明良好风尚。制定出台《云南省绿色生活创建行动实施方案》，倡导简约适度、绿色低碳的生活方式，反对奢侈浪费和不合理消费。开展创建绿色家庭、绿色学校、绿色医院、绿色社区、绿色餐馆、绿色商场等行动。强化绿色消费意识，在衣、食、游、住、行等各个领域加快绿色转变。推广绿色居住，鼓励绿色低碳出行。“十三五”期间，云南持续开展 2 个批次节约型公共机构示范单位创建及能效领跑者遴选工作，共创建 84 个国家级节约型公共机构示范单位，命名绿色学校超过 1000 所。

（五）努力建设中国最美丽省份

进入新时代，云南立足省情和未来发展方向，作出把云南建设成为中国最美丽省份的重大决策部署。省委办公厅、省政府办公厅印发了《关于努力将云南建设成为中国最美丽省份的指导意见》，以生态美、环境美、城市美、乡村美、山水美为切入点，将中央对生态文明建设的顶层设计转化为最美丽省份的施工蓝图，谱写好美丽中国的云南篇章。“边疆、民族、山区、美丽”正成为新时代云南省情的新内涵。

1. 书写云岭大地“五美”篇章

把云南建设成为中国最美丽省份，是云南省深入贯彻落实习近平生态文明思想和习近平总书记对云南工作重要指示精神的生动实践，是贯彻落实全国、全省生态环境保护大会精神的具体行动。全省各族人民团结一心，从“五美”来领会把握最美丽省份的具体内容，从最高标准、最严制度、最硬执法、最实举措、最佳环境“五最”来领会把握最美丽省份的基本要求，坚决扛起建设最美丽省份的时代责任。

涵养生态美。生态美是最美丽省份的基础和载体，是建设最美丽省份的基石。对于生态美，重点和核心在守护，守护云南生态原真自然之美、生物多姿多彩之美、文化原生厚重之美。坚持人与自然和谐共生，加强重要生态系统以及生物多样性保护优先区域、重点领域的保护。

创建环境美。打赢蓝天保卫战，打好九大高原湖泊保护治理攻坚战、以长江为重点的六大水系保护修复攻坚战、水源地保护攻坚战、城市黑臭水体治理攻坚战、农业农村污染治理攻坚战、生态保护修复攻坚战、固体废物污染治理攻坚战、柴油货车污染治理攻坚战等。督促各级党委、政府和各部门切实履行环保责任解决生态环境污染和破坏等问题。深入开展重点区域、重点领域、重点行业专项督察，推动环境保护督察向纵深发展。

提升城市美。更加注重城市宜居和历史文脉传承，塑造城镇形态，优化城镇品质，改善城镇生态，创建文明城市，着力提升具有时代特征、民族特色、云南特点的绿色城镇之美。以《云南省进一步提升城乡人居环境五年行动计划（2016—2020年）》提出的建设“七彩云南、宜居胜境、美丽家园”为主题，在城市全面实施治乱、治脏、治污、治堵，改造旧住宅区、旧厂区、城中村，拆除违法违规建筑等行动。

塑造乡村美。以村庄规划管理、农村垃圾污水治理、“厕所革命”、村容村貌提升为主攻方向，做优集镇、做美村庄、做特民居，出台《云南省农村人居环境整治三年行动实施方案（2018—2020）》《云南省美丽乡村评定工作方案》，着力塑造规划布局美、环境整洁美、乡风文明美的美丽乡村。2018—2020 年，各级财政累计投入全省农村人居环境整治资金 500 亿元以上，为工作推进提供了有力的资金保障。同时，将农村人居环境整治考核纳入乡村振兴战略实绩考核。

展现山水美。坚持山水林田湖草是生命共同体，精心装扮做美每一条道路、每一条河流、每一个湖泊，着力展现云南群山叠翠、四季飞花、清水绿岸的秀美山水。以滇池、抚仙湖、洱海、泸沽湖为重点建设一批最美湖泊，以独龙江、瑞丽江、盘龙江、思茅大河为重点建设一批最美河流。以怒江“美丽公路”，昆明—丽江、昆明—西双版纳高速公路，昆明主城区—昆明长水国际机场道路等为重点建设一批最美公路。建设大滇西旅游环线，打造公路服务区升级版。以沪昆客专、南昆客专、昆楚大铁路为重点建设一批最美铁路。

云南各地区各部门认真领会建设最美丽省份的深刻内涵，将其与本地区国民经济和社会发展融合推进，在制定政策、规划、计划和方案时充分体现建设最美丽省份的时代要求，将其融入乡村振兴和“美丽县城”、特色小镇建设等具体工作之中协调推进。围绕“五美”目标，在基础设施、城镇化建设、乡村振兴、生态环保、城乡人居环境综合整治等领域谋划包装项目，把建设最美丽省份落实到具体的项目上。

2. 因地制宜建设美丽城镇

为加快推进县城改造提升，促进全省新型城镇化和县域经济高

弥勒·太平湖森林小镇

质量发展，助力云南省争当全国生态文明建设排头兵和建设中国最美丽省份，2019 年 2 月，云南省人民政府制定出台了《关于“美丽县城”建设的指导意见》。

《指导意见》按照“干净、宜居、特色、智慧”的要求，提出通过 3 年的努力，在全省打造形成一批特色鲜明、功能完善、生态优美、宜居宜业的“美丽县城”。

云南各地着眼满足人民对美好生活的需要，坚持以人民为中心的发展思想，不断提高思想认识、强化组织领导、明确责任分工、形成工作合力，努力把“美丽县城”建设作为一项重大民心工程、民生工程高标准推进实施。

2020 年 1 月，腾冲市、安宁市、巍山县、西盟县、水富市、屏边县、凤庆县、建水县、石林县、镇沅县、新平县、石屏县、大姚县、昌宁县、景谷县、沧源县、瑞丽市、剑川县、香格里拉市、罗平县 20 个县（市）获得云南省“美丽县城”称号。2021 年 3

月，云南又命名了弥勒市、澄江市、双江县、孟连县、永平县、双柏县、开远市、禄丰市、鹤庆县、嵩明县、宁洱县、永胜县、陆良县、绥江县、威信县、龙陵县16个县（市）为“云南省美丽县城”。

“特色小镇”和“美丽县城”都是最美丽省份的重要载体，建设“美丽县城”和“特色小镇”是推进最美丽省份建设的重要抓手。云南省瞄准“世界一流、中国唯一”创建目标，严守“不触碰生态红线、不占用永久基本农田、不通过政府违规举债来建设、不搞变相房地产开发”4条底线，聚焦“特色、产业、生态、易达、宜居、智慧、成网”七大要素，按照田园牧歌、民族风情、历史文化、特色产业、绝妙景观5种类型，高标准、高质量推进全省特色小镇创建工作。

坚决保护好田园风光，做建设的减法，做生态的加法，打造阡陌有序、田园共融的田园牧歌型特色小镇。用水雕刻的丘北・普者黑水乡、山青景翠的弥勒・太平湖森林小镇、童话梦幻般的寻甸・凤龙湾小镇和云海悠长的元阳・哈尼小镇向来自世界各地的人们诉说着田园牧歌的前世今生。

充分发挥云南省少数民族众多、民族风情多样的独特优势，发展有文化脉络、地域风貌、民族特点的民族风情型特色小镇。先后建成了弥勒・可邑小镇、宁洱・那柯里茶马古道小镇等一批充分展示云南多姿多彩民族风情的特色小镇。

高度重视历史建筑保护，尽量做到修旧如旧，避免拆真建假，维护古城镇原始风貌，适度开发和活化利用，有效提升历史文化型特色小镇的建设品质。先后创建了大理・喜洲古镇、腾冲・和顺古镇等一批历史文化型特色小镇。

立足特色产业的市场等各种优势，促进特色小镇集产业发展、人才集聚、设施完善等一体化发展，充分发挥特色产业型特色小镇的集聚效应。先后建成了弥勒·红河水乡、建水·西庄紫陶小镇等一批特色产业型特色小镇。

依托云南特有的自然景观和优美的生态环境，顺应自然，巧借山水，科学合理规划布局特色小镇的生产、生活和生态空间，打造优美宜人的绝妙景观型特色小镇。先后建成了大理·双廊艺术小镇、香格里拉·巴拉格宗小镇等一批绝妙景观型特色小镇。

“十三五”期间，全省共有24个小镇获得云南省级奖补支持，21个小镇被省政府授牌命名为“云南省特色小镇”。2021年3月，省政府又命名了安宁·温泉小镇、腾冲·银杏小镇、禄丰·黑井古镇、剑川·沙溪古镇、瑞丽·畹町小镇、德钦·梅里雪山小镇等6个“云南省特色小镇”。

3. 持续发力打造美丽乡村

建设中国最美丽省份离不开广大乡村，云南要成为中国最美丽省份，乡村必须美起来。一直以来，云南省积极推进城镇化与美丽乡村建设良性互动。早在2014年，云南省委、省政府就制定出台了《关于推进美丽乡村建设的若干意见》，在做好县域城镇体系规划和村庄整治规划编制的基础上，按照“培育中心村、提升特色村”的要求，着力建设秀美之村、富裕之村、魅力之村、幸福之村、活力之村，打造升级版新农村。从2015年起，每年推进500个以上以中心村、特色村和传统村落为重点的自然村建设，全面推进环境整治、基础设施建设和公共服务配套，建设周期不超过2年。

截至2017年，云南已拥有20个国家级美丽宜居村庄和633个绿色村庄。通过典型示范、串点成线、连线成片，有效带动了全省新农村建设，在全省的中心村、特色村和传统村落建成了一批富有云南特色的“宜居宜业宜游”美丽乡村。

持续出台系列政策，保障美丽乡村建设深入推进。制定实施《云南省进一步提升城乡人居环境五年行动计划（2016—2020年）》《云南省农村环境综合整治规划》《云南省农村能源建设管理办法》《云南省农村人居环境治理实施方案（2016—2020年）》等规划和规定，坚持从农村环境连片整治、农村饮用水安全、农业农村面源污染防治等着手，重点治理农村饮用水水源地污染、生活污水和垃圾污染、畜禽养殖污染等方面的突出环境问题。坚持以现代化农村建设为基本主题，在广大农村地区积极推进能源结构调整，保证农村百姓得到真正的实惠，让人民群众安居乐业。

在此基础上，云南省委、省政府制定出台的《云南省乡村振兴战略规划（2018—2022年）》，进一步提出了持续改善农村人居环境的工作要求，为全省美丽乡村建设描绘了蓝图。结合云南省建设中国最美丽省份、打造世界一流“健康生活目的地”等要求，《规划》突出示范引领，提出实施“美丽乡村建设万村示范行动”。建设过程中，具体抓好强化村镇规划、保护传统村落、做强做精产业、完善村镇基础设施、提升乡村服务功能、挖掘特色和文化6项任务，力争到2022年，全省完成10000个示范村（自然村）建设任务，引领整体推进，到2035年，生态宜居的美丽乡村全面实现。

同时，注重彰显云南乡村的文化特色和独特魅力，遵循乡村生态、生产、生活空间自然肌理和文明形态的发展规律，顺应自然、尊重历史、突出乡土、彰显特色，打造具有乡土气息、民族特色、边疆特点、云南特质、现代文明特征的村庄和民居。深入挖掘乡村历史文化资源，加大历史遗迹遗存文化保护传承力度，总结推广弥勒可邑、剑川沙溪、建水西庄、腾冲和顺、凤庆安石等模式，结合历史文化型特色小镇等项目建设，2019—2022年，每年在“美丽乡村建设万村示范行动”对象中，确定100个传统村落进行保护恢复示范，推动美丽乡村建设由“风景好”向“底蕴深”提档升级。

云南还制定印发了《云南省美丽乡村评定工作方案》，扎实推进美丽乡村建设，省财政对省级美丽村庄给予一次性奖补，用于巩固和提升完善建设成果，努力让云南美丽乡村成为中国最美丽省份的亮丽名片。2019年度，石林县圭山镇糯黑村等664个村庄（覆盖自然村5061个）获评云南省美丽村庄，其中，省级美丽村庄87个，州（市）级美丽村庄211个，县级美丽村庄366个。2020年度，晋宁区二街镇鲁黑村等983个村庄（覆盖自然村7186个）获评云南省美丽村庄，其中，省级美丽村庄97个，州（市）级美丽村庄417个，县级美丽村庄469个，相比上一年度呈全面增长态势。通过美丽乡村评定，促进全省农村基础设施不断完善，农业产业化不断增强，农村人居环境不断改善。

4. 系统编织美丽路网水网

最美交通最能带来最美观感。云南省以建设最美公路为抓手，制定实施了《云南省“美丽公路”示范路创建实施方案》，围绕设施美、绿化美、路域美“三美”目标，在全省国省干线和农村公路上打造一批“美丽公路”示范路。

高标准打造昆明—丽江、昆明—西双版纳、昆明主城区—昆明长水机场3条“美丽公路”，通过大规模建绿、补绿、增绿，打造沿线高品质绿化带、景观带，营造绿色长廊、鲜花大道的景观氛围，

怒江“美丽公路”

打造最美丽省份的展示窗口。麻昭、香丽、小磨、武易4条高速公路入选部级绿色公路试点建设示范工程。怒江“美丽公路”于2019年底建成通车，通过高水平建设好绿道和驿站，让广大游客在旅途中能够与自然融为一体，充分体验彩云之南的独特魅力，被誉为“路在江边走、车在画里行、人在景中游”的怒江大峡谷最美公路。

打造全长约1600公里的大滇西旅游环线，把滇西片区高山、峡谷、雪山、高原、草地等独特的自然景观和丰富的历史文化资源串联起来，建设一条具有吸引力、广受欢迎的自驾游线路，打造世界独一无二的旅游胜地，以旅游产业发展助力沿线州（市）经济社会提速发展。

全面改造提升全省高速公路服务区，实现车加油、人休闲、路添彩。全省先后有165个服务区完成了改造提升，106个新建和改扩建的服务区投入使用，读书铺等 26 个服务区被评为全国百佳示范服务区或全国优秀服务区。

按照“一线一主题、一站一风景”的思路，精心打造最美铁路。以沪昆客专、南昆客专、昆楚大铁路以及在建的玉磨铁路为重点，根据铁路沿线地理位置、气候条件、景观需求等，合理选择方案，明确美化效果，实现与周边环境的协调融合。对于客运车站、城区范围、风景区等重点段落，进行专题设计，增强景观效果，实现铁路与周边环境的协调融合。大力开展铁路沿线造林绿化，加强铁路沿线林木管护，对昆广提速、楚大新线进行了绿化补强。新线开工后，要同步建设绿色通道，确保新线宜林地段绿化率达到 100%。

根据建设一批最美湖泊、最美河流的要求，云南省先后研究制定出台了《云南省美丽河湖评定指南（试行）》和《云南省美丽河湖建设省级以奖代补工作实施方案》，从 2021 年起，连续 4 年对美丽河湖建设各项任务完成较好的州（市）进行奖补，奖补规模为每年 1 亿元，促进各地加大美丽河湖建设力度。2020 年，全省共评定县级美丽河湖 400 个、州（市）级美丽河湖 287 个、省级美丽河湖 116 个。116 个省级美丽河湖包括河流（河段）类、湖泊类、水库类、水利风景区类 4 类，其中，河流（河段）类有昆明市洛龙河、捞鱼河、盘龙江（盘龙区段）等 42 个，湖泊类有玉溪市抚仙湖、丽江市泸沽湖等 11 个，水库类有昆明市凤龙湾水库、临沧市漫湾电站库区等 58 个，水利风景区类有曲靖市南盘江（沾益炎方珠江源段）、楚雄州蜻蛉湖水库等 5 个。

一条条最美公路、最美铁路、最美河流和一个个最美湖泊编织成的美丽路网水网，遍布七彩云南的山川大地，成为最美丽省份的一道道亮丽风景线，让美丽云南更出彩。

三、亲诚惠容·开放云南

云南地处中国经济圈、东南亚经济圈和南亚经济圈的接合部，是中国连接南亚东南亚的国际通道，有着“面向三亚、肩挑两洋、通江达海沿边”的独特区位优势，是中国西南面向世界开放的重要窗口和门户。

改革开放以来，云南历届省委、省政府带领全省各族人民勇于探索、大胆创新，“打开南门、走向亚太”“建设绿色经济强省，民族文化大省，中国连接东南亚、南亚国际大通道”，走出了一条独具特色的开放发展之路。

2015 年 1 月，习近平总书记考察云南，要求云南“主动服务和融入国家发展战略，闯出一条跨越式发展的路子来，努力成为我国民族团结进步示范区、生态文明建设排头兵、面向南亚东南亚辐射中心，谱写好中国梦的云南篇章”。2020 年 1 月，习近平总书记再次考察云南时，对云南的对外开放进一步强调指出：“要主动服务和融入国家重大发展战略，以大开放促进大发展，加快同周边国家互联互通国际大通道建设步伐。要加强同周边国家文化交流工作，促进民心相通。”

云南认真贯彻落实习近平总书记考察云南讲话精神，加快面向

曼德勒“胞波情深”联欢晚会

南亚东南亚辐射中心建设，认真贯彻中央“亲诚惠容”周边外交理念，积极推动构建中国与南亚东南亚命运共同体。坚持主动服务和融入国家发展战略，以开放促改革、促创新、促发展，将云南建设成为沿边开放新高地。

当前的云南，正从祖国西南的末梢变为沿边开放的前沿，成为“一带一路”建设和长江经济带的交汇点。背靠中国西南腹地，面向南亚、东南亚地区，北连陆上丝绸之路，南连海上丝绸之路，东接长江经济带，与成渝经济圈、大湾区经济圈和印度洋周边经济圈融合程度不断加深，对内对外开放深度广度不断拓展。

（一）建设面向南亚东南亚辐射中心

建设面向南亚东南亚辐射中心，是党中央统筹国内国际两个大局、把握时代发展背景，为云南确立的新坐标、明确的新定位、赋予的新使命。党的十八大以来，云南深入贯彻落实习近平总书记考察云南重要讲话精神，牢记总书记“努力在建设面向南亚东南亚辐射中心上不断取得新进展”的嘱托，持续加强与南亚东南亚国家在政策、设施等方面的交流合作，全力打造区域性国际经济贸易中心、科技创新中心、金融服务中心、人文交流中心。

1. 持续深化政策沟通

政策沟通是开展各方面务实合作的基础，也是云南省建设面向南亚东南亚辐射中心的重要保障。改革开放以来，云南与南亚东南亚国家之间不断强化高层交往与机制建设，拓展合作平台，促使双边政策沟通不断深化，政治互信不断加强，取得了丰硕成果。

（1）强化高层交往，深化睦邻友好

为加强与南亚东南亚国家之间的务实合作，给双方重大合作项目实施提供政策支持，云南省于 2015 年 7 月印发了《关于成立云南省建设我国面向南亚东南亚辐射中心领导小组的通知》，成立云南省建设面向南亚东南亚辐射中心领导小组及办公室。先后出台《关于加快建设我国面向南亚东南亚辐射中心的实施意见》《“一带一路”建设云南实施方案和行动计划》《云南省建设我国面向南亚东南亚辐射中心规划（2016—2020 年)》《云南省人民政府关于印发云南省参与建设孟中印缅经济走廊规划（2016—2020 年)》《云南省人民政府关于印发中国—中南半岛经济走廊规划（2016—2020 年)》等文件，强化面向南亚东南亚辐射中心建设政策支撑。

认真落实中央“与邻为善、以邻为伴”和“睦邻、安邻、富邻”的周边外交方针政策，坚持“亲诚惠容”理念，云南深入开展与南亚东南亚国家的高层交往，组织安排省级领导出访。自 2015

年习近平总书记到云南考察指导工作以来，云南省委、省政府主要领导6次率团出访，足迹遍布南亚东南亚9个国家，出访效果显著，有效巩固了云南与南亚东南亚国家传统友谊，增进彼此了解和相互信任，促进了双方在经贸、旅游、人文、教育、医疗卫生和双边合作机制建设等领域的务实合作。制定中国与老挝、柬埔寨命运共同体行动计划及中老、中缅经济走廊合作框架等双边合作纲领性文件，推动中老、中柬、中缅等周边国家命运共同体建设。

此外，云南多次接待外国高级别代表团访滇，顺利完成老挝、缅甸、越南等周边国家领导人访滇接待，积极向来宾介绍改革开放以来取得的辉煌成就，为深化睦邻友好，推动构建周边国家命运共同体凝聚共识、增添活力。

（2）强化机制建设，推动务实合作

在高层交往推动下，云南与南亚东南亚国家双边合作机制不断深化，合作平台不断拓展。截至2020年，云南省建立的双边合作机制，已实现澜湄5国全覆盖；国际友城关系增至101对，遍布5大洲36个国家，其中与南亚东南亚国家缔结友城46对，有效巩固了与南亚东南亚国家传统友谊，促进了与南亚东南亚多国全方位、多层次、宽领域务实交流合作。

云南积极服务和融入中国—中南半岛经济走廊、孟中印缅经济走廊建设、大湄公河次区域（GMS）经济合作、澜沧江－湄公河合作（LMC）。经滇老双方16年的共同经营，中国云南—老挝北部合作工作组机制在推动滇老合作中发挥了突出作用，已成为云南省对外双边合作机制典范。云南—泰国（北部）合作工作组会议机制、云南—越南北部五省联合工作组机制都是推进与周边国家交流与合作的创新之举，为云南省与周边国家搭建了政策沟通、项目对接、企业合作、民众参与的良好平台。

（3）强化创新引领，拓展合作平台

通过成功举办各类区域性国际会议、论坛、商品博览会等，云南积极引入著名品牌展会、国际经贸峰会、高端商务论坛等大型交流活动，进一步提升了南博会、昆交会、旅交会等现有展会的国际影响力，进一步加大了与南亚东南亚多国沟通交流力度，提高了合作交流水平。

1993年，第一届中国昆明出口商品交易会（简称“昆交会”）在昆明国际贸易中心举办。经过20多年的发展，昆交会已成为我国西南地区乃至南亚区域规模最大的综合性国际经贸盛会，成为我国扩大开放，与世界各国，特别是与南亚东南亚国家经贸往来的重要窗口，也是云南对外开放的一个缩影。

南博会上印度参展商在热情展示特色工艺品

2013 年 6 月 6 日至 10 日，首届中国—南亚博览会暨第 21 届昆交会在国际会展中心举行，同期举办南亚国家投资促进会、中国—南亚商务论坛、中国—南亚部长级磋商会、中国—南亚智库论坛等一系列大型活动。首届中国—南亚博览会举办以来，中国与南亚各国借助博览会平台，深化各领域务实合作，特别是“一带一路”框架下的合作，取得了丰硕成果。

2020 年 12 月，“永不落幕的南博会”在线展启幕。作为“在线展”系列活动中最为重要的一项内容，启动仪式获得了南亚、东南亚国家的大力支持，巴基斯坦、斯里兰卡、老挝、缅甸、越南 5 国商务部的部级官员以视频致贺或连线方式参加启动仪式。在线展会、线上线下相结合的方式，打破时间与空间的限制，实现了疫情防控期间足不出户“逛南博”的需求，推进了南博会在举办模式、服务模式、功能模式等方面的创新。

2. 着力加强互联互通

云南对外开放历史悠久，是我国最早开通跨国铁路的地区，也是我国最早有通商口岸的省份之一。2000 年 10 月，《中共中央关于制定国民经济和社会发展第十个五年计划的建议》出台，并决定实施西部大开发战略。云南主动抢抓西部大开发战略机遇，把基础设施建设作为带动经济发展的重要抓手，始终以加快推进与周边国家互联互通大通道建设为先行。如今，“七出省五出境”高速公路主骨架网、“八出省五出境”铁路骨架网、“两出省三出境”水运通道、“两网络一枢纽”航空网基本成型，跨境物流体系逐渐形成，能源合作稳步推进，国际通信能力大幅提升。

（1）跨国交通基础设施持续改进

公路方面。昆曼国际公路于 2008 年 12 月正式开通。2013 年，连接老挝会晒和泰国清孔的会晒大桥正式贯通。至此，从云南昆明到泰国首都曼谷，横跨三个国家，全长 1800 余公里的中国第一条国际高速公路，昆曼大通道正式全线无缝连接。中越、中老、中缅国际通道高速公路紧随其后，现已实现境内段全线贯通。

铁路方面。2014 年，蒙（自）河（口）铁路正式开通运营。作为中越国际铁路通道（泛亚铁路东线）国内段的重要组成部分，其投入运营标志着中越国际铁路通道国内段全线贯通。目前，中越铁路境内段已实现全线准轨电气化。中缅国际铁路通道（泛亚铁路西线）大理—临沧铁路已建成通车。中老泰铁路（泛亚铁路中线）取得重大成果。2021 年 12 月，连接昆明和万象、全线采用中国标准的中老国际铁路通道开通运营，老挝自此迈入现代化铁路运输时代。

水运方面。云南的出境国际航运网络逐步完善，已经初步确立了澜沧江－湄公河水运通道、中越红河水运通道和中缅水运通道“三出境”国际大通道发展格局。2001 年，中国、老挝、缅甸、泰国协商决定，四国商船于 6 月底正式通航，此举标志着云南省建设连接东南亚、南亚国际大通道、打通出海口跨出了重要一步。2016 年 11 月，澜沧江景洪水电站水力式升船机投入试运行，2018 年 6 月，该升船机第一次试验性减载过坝顺利完成，意味着因景洪电站修建被截断 13 年之久的澜沧江对外航道实现了真正意义上的重新贯通，实现了澜沧江－湄公河航运集装箱运输零的突破。

航空方面。昆明长水国际机场已成为我国辐射南亚东南亚通航点最多的机场。截至 2020 年，云南共运营民用运输机场 15 个，

中欧班列开通

开通客货运航线 666 条，国内外通航城市 169 个，累计开通南亚东南亚客货运航线 55 条，通航城市 33 个，居全国第一，基本实现南亚东南亚首都航线全覆盖。2020 年 3 月，柬埔寨暹粒新国际机场动工建设，作为中柬命运共同体建设、澜湄合作的重要项目，柬埔寨暹粒新国际机场项目，对于推动当地经济社会发展具有重要意义。

（2）跨境物流体系不断完善

经过多年的建设，当前的云南，已形成中缅通道以瑞丽口岸为核心、中越通道以河口口岸为核心、中老泰通道以磨憨口岸为核心的跨境物流体系。国际道路运输便利化工作稳步推进，分别与老挝和越南开通了 19 条和 10 条国际道路客货运输线路。跨境多式联运体系加快建设，已面向南亚东南亚国家开通昆明至达卡、德里、孟买、马德拉斯、班加罗尔、加德满都、迪拜、卡拉奇等 8 条国际货运航线，建成公铁联运无轨站 16 个。

2017年，沪昆、南昆、成昆三个方向6条铁路正式接入昆明东站“三级六场”，标志着云南省最大铁路枢纽正式投入使用。基于此，云南继续完善路网结构，提升运输能力，致力于将昆明打造成为我国内地与南亚东南亚国家的物资交换、中转和集散中心，更好服务和融入国家“一带一路”建设。

随着中老铁路开通运行，位于泛亚铁路中线和东线“Y”字形交叉口的中国西南·玉溪国际物流港加快规划建设。目前，物流港范围内已累计引进腾瑞科技现代国际物流综合服务体系、交运冷链物流、路通物流配送中心等9个物流建设项目，玉溪保税物流中心（B型）项目已取得可研批复，玉磨铁路研和站商品汽车物流基地完成布局。

（3）能源与通信合作成为新引擎

目前，云南已建成13条跨境电力联网通道，与越南、老挝、缅甸实现局部电力联网。由云南企业投资建设的印尼泗水垃圾热

车辆在磨憨口岸排队等候出境

解气化发电项目，于2021年1月正式并网发电。该项目是印尼首座建成发电的垃圾发电项目，也是亚洲最大的垃圾热解气化发电项目。

中缅油气管道全线贯通运行，成为我国第四大能源陆路进口通道。2020年11月30日，中老合资的老挝石油炼化项目投产，成为老挝国家首个工艺技术成熟先进、安全可靠、绿色环保，各项指标均达到世界先进水平的现代化炼油厂。

此外，云南省与澜湄五国成功建立水资源合作机制，与湄公河国家分享澜沧江全年水文信息，共建澜湄水资源合作信息共享平台，共同保护沿河生态资源，水资源合作已成为澜湄合作能源开发的重要内容。

经过多年的发展，云南与南亚东南亚跨国通信基础设施持续改善，质量水平不断提升。中国电信、移动、联通3家运营商，均在昆设置区域性国际通信业务出入口局，具备国际语音、国际数据专线、国际互联网业务转接服务能力，建成跨境对接陆缆13条。昆明成为我国继北京、上海、广州3地后，第4个齐聚三大基础电信企业国际通信出入口局的城市。中老、中缅实现网络设施互联互通，云南省国际通信服务覆盖周边8个国家。

3. 推进四大中心建设

四大中心，即建设面向南亚东南亚的区域性国际经济贸易中心、科技创新中心、金融服务中心和人文交流中心。推进上述四大中心建设，是云南建设面向南亚东南亚辐射中心的主要内容。改革开放以来，凭借优越的地理位置，云南逐渐成为我国面向南亚东南亚区域性国际经济金融、文化科技、贸易等中心。党的十八大以来，建设四大中心的作用有效发挥，面向南亚东南亚的交通、物流、信息、能源枢纽基本建成，对周边国家辐射力、带动力、影响力显著提升。

（1）建设面向南亚东南亚区域国际经济贸易中心

2017 年，云南省人民政府印发《云南省建设面向南亚东南亚经济贸易中心实施方案》。有关政策举措的落实，推动云南商贸要素资源不断聚集、辐射能力显著增强，经济贸易主体国际化、多元化格局基本形成。经济贸易配套服务水平全面提升，区域性商贸中心、物流中心、国际航空枢纽、国际通信枢纽、电子商务中心、会展中心功能体系更加完善。

经贸流通体系日益完善，开放水平明显提高，辐射带动能力进一步凸显。云南不断改善外贸营商环境，出台了一系列促进外贸回稳向好的政策措施，推动加工贸易快速发展，同时加大对云花、云茶等传统产品出口的扶持力度。不断优化国际市场布局，东盟、南亚等传统市场得到巩固，中东、中欧等新兴市场不断开拓。大力支持有条件的州（市）和企业加快发展外贸综合服务、跨境电商等新兴贸易业态。为建立健全服务贸易促进体系，出台了《云南省人民政府关于加快发展服务贸易的实施意见》等文件，有序推进服务业对外开放。

利用外资质量明显提高，坚持引资引技引智并举，积极拓展利用外商直接投资渠道。“十三五”期间，昆明市累计批准设立外商投资企业 577 户，实际利用外资 28.91 亿美元。其中，“一带一路”沿线国家来昆设立外商投资企业 106 户，实际利用外资 7275 万美元。自贸试验区昆明片区成为利用外资主阵地，2020 年共设立 55 家外商投资企业，实际利用外资 2.6 亿美元，占全市的 39.3%。

同时，云南加速推进与南亚东南亚国家产能合作，在钢铁、水泥、农林业、旅游地产、矿产开发、经济合作区建设等领域进行了深度对接。昆钢越南、老挝钢铁项目，农垦集团缅甸农产品种植项目等顺利推进。为进一步提升口岸通关便利化水平，推动建立云南与周边国家相关部门间通关便利化合作机制，推出加强口岸工作推进大通关建设的实施意见，打通线上通关服务平台，推进了瑞丽、磨憨、河口、昆明机场等通关便利化综合改革试点。

一系列措施的实施，云南建设与面向南亚东南亚辐射中心相适应的现代综合交通运输体系进一步完善，互联互通取得新进展。中老磨憨—磨丁经济合作区，中缅、中越边境和跨境经济合作区等有序推进，开放载体引领带动作用明显增强。对外合作机制日益完善，招商引资工作成效明显，法治化、国际化、便利化营商环境逐渐形成，区域性国际贸易中心建设正稳步推进。

（2）建设面向南亚东南亚区域国际科技创新中心

2016 年，云南省人民政府发布《建设面向南亚东南亚科技创新中心专项规划》。2020 年，制定《关于贯彻〈关于加强科技创新能力开放合作的若干意见〉的实施意见》，对建设面向南亚东南亚科技创新中心进行全面系统的规划布局。

云南区域性国际科技创新环境得到较大改善，组建了云南省科学技术院、西南生物多样性实验室，实施“建设创新型云南行动计划”，对全省科技创新平台建设进行了全面部署，科技研发投入力度加大，科技合作持续加强。

经过多年努力，云南国际科技合作平台建设成效显著。自主搭建的“中国—东盟科技论坛”被纳入“中国—东盟科技伙伴”总体规划，成为云南乃至全国与东盟开展科技交流与合作的有效平台。

成立了“中国—南亚技术转移中心”“中国—东盟创新中心”“中国昆明南亚东南亚科技服务业合作中心”等，为我国与东盟之间的科技交流与合作营造了更加有利的环境，成为支撑面向南亚东南亚区域性国际科技创新中心建设的重要载体，为不断推动务实合作奠定了坚实基础。

与南亚东南亚国家科技合作项目逐渐增多，涉及新能源与可再生能源开发利用、共建创新孵化器、太阳能光伏提水系统示范与联合研究、农业技术、生物多样性保护、医疗服务、矿产资源开发、水电站建设等多个方面。除此之外，云南积极开展海外国际科技合作实验示范基地建设、援外专业技术培训活动等，加强云南与南亚东南亚国家科技合作，促进了相关国家科技应用水平的提升。

（3）建设面向南亚东南亚区域性国际金融服务中心

以建设昆明区域性国际金融中心为目标，云南加快沿边金融综合改革试验区建设，不断提升金融服务实体经济水平，金融开放程度不断提高，与南亚东南亚国际金融合作关系更加密切。

云南省跨境人民币业务不断扩大，货币交易的“云南模式”初步形成。2013 年，瑞丽次区域跨境人民币金融服务中心成功开展个人本外币特许业务兑换和人民币与缅币兑换等试点，正式挂牌交易缅币汇率，填补了我国缅币挂牌的空白。截至 2021 年 3 月，全省跨境人民币累计结算金额超过 6000 亿元，与境外 106 个国家和地区建立了跨境人民币业务，其中“一带一路”沿线国家 40 个，对已建交的南亚东南亚国家实现全覆盖。

跨境支付结算渠道进一步畅通，人民币跨境支付系统（CIPS）在云南实现推广应用，实现了边民互市业务跨境汇款、收款、账户管理、国际收支申报的“全流程、电子化、一站式”综合金融服务。多层次区域货币交易模式基本形成，推出全国首例人民币对泰铢银行间市场区域交易，搭建了云南省两个越南盾现钞直供平台和西南地区第一条泰铢现钞直供平台，建立了中老双边现钞调运通道。推动设立4家银行区域专业化服务中心，提升了区域性金融服务水平。

开创地方金融机构“走出去”全国先例，积极引进外资金融机构入滇发展。2013年，太平洋证券老挝合资证券公司、富滇银行与老挝外贸银行合资的老中银行先后挂牌开业，分别成为我国首家境外合资法人证券公司、合资法人商业银行。同时，在北京、香港、台湾和东盟等境内外举办多场金融招商合作活动，加大了金融机构“引进来”和“走出去”。截至目前，云南共有8家外资银行（含一家外国银行代表处）入驻，数量在西部省区市中排名第3。

（4）建设面向南亚东南亚区域国际人文交流中心

为充分发挥文化在云南建设面向南亚东南亚辐射中心方面的作用，2016年，云南省委、省政府出台《云南建设面向南亚东南亚人文交流中心规划（2016—2020年）》，在文化艺术、新闻出版广播电视、教育、卫生、体育、旅游、文化产业、智库等领域，构建了多种手段并举、多个平台互补、多种渠道联动的人文交流合作机制。

致力于建设面向南亚东南亚人文交流中心和我国与南亚东南亚之间的文化贸易重要通道，云南坚持不断扩大“朋友圈”，打造一批魅力十足的“滇字号”国际知名人文品牌。经教育部批准备案，云南开办了一批合作办学项目，形成了云南民族大学中印瑜伽学院等一批合作成果。周边国家来滇留学生规模不断扩大，孔子学院建设和汉语推广工作进一步加强。文化交流与合作日趋活跃，民间文化艺术团体频繁往来。旅游合作成效凸显，与越南、老挝、缅甸等国家共创跨境旅游合作区。

成立中国（昆明）南亚东南亚研究院，与泰国、缅甸、老挝、巴基斯坦等国家智库机构签订合作备忘录，并通过交流互访、合作举办学术会议等加强了交流合作。坚持办好缅文《吉祥》、泰文《湄公河》、老挝文《占芭》以及柬文《高棉》四大外宣刊物，与南亚东南亚多个国家媒体建立友好合作关系和合作机制。

积极推动构建人类卫生健康共同体，为周边国家携手抗击新冠肺炎疫情提供力所能及的帮助，向20余个国家捐赠防疫物资和设备。与多个国家医疗机构签署《医疗卫生合作的谅解备忘录》，持续多年、先后派出多批眼科医疗队到周边国家举办“光明行”公益医疗活动。

与南亚东南亚国家妇女合作日益紧密，成立中国首家驻缅的非政府组织——瑞丽市妇女儿童发展中心驻缅办公室，多次举办中国—南亚女企业家国际会议。成功举办上合（上海合作组织）昆明国际马拉松赛、“一带一路·七彩云南”国际汽车拉力赛等体育赛事，成为推动云南与南亚东南亚国家开展人文及经贸交流的重要助力。

（二）主动服务和融入国家发展战略

改革开放以来，云南省委、省政府坚持解放思想、实事求是，坚决贯彻落实党中央重大决策部署，扎实推动各项工作稳中求进，全省综合经济实力大幅提升，城乡居民生活水平显著提高，取得了人民群众有目共睹的飞跃和成就，闯出了一条切合云南实际的跨越式发展新路子。

党的十八大以来，云南积极按照习近平总书记关于“主动服务和融入国家发展战略”的指示，抢抓机遇、换挡提速，主动服务和融入“一带一路”建设及长江经济带等国家重大战略。不断加强省内开放平台机制建设，形成了内外联动的对外开放新格局，推动云南与南亚东南亚国家深入交流合作，为加快建设面向南亚东南亚辐射中心奠定坚实基础。

1. 主动服务和融入“一带一路”建设及长江经济带

“云南经济要发展，优势在区位、出路在开放。”按照习近平总书记有关指示要求，云南省委、省政府积极谋划部署，把深度融入新发展格局同共建“一带一路”和长江经济带发展等国家重大战略有机衔接，寻找发展机遇。

（1）主动服务和融入“一带一路”建设

2013 年，习近平总书记在出访中亚和东南亚国家期间，先后提出共建“丝绸之路经济带”和“21 世纪海上丝绸之路”重大倡议。党的十九大报告指出，要以“一带一路”建设为重点，坚持“引进来”和“走出去”并重，遵循共商共建共享原则，加强创新能力开放合作，形成陆海内外联动、东西双向互济的开放格局。现如今，“一带一路”建设已从理念转化为行动，从愿景转变为现实。

自“一带一路”倡议提出以来，云南抢抓国家扩大开放重大战略机遇，以南亚东南亚为重点，围绕政策沟通、设施联通、贸易畅通、资金融通、民心相通，全面提升开放合作层次和水平。充分发挥云南作为我国与南亚东南亚双向开放重要门户的作用，提升服务内陆省（区、市）走向南亚东南亚的水平，在国际区域合作进程中不断迈出新步伐。同时，依托南博会、商洽会等平台，全面展示开放发展优势和“一带一路”建设成果，为参展企业搭建务实合作平台，在各方共同努力下，推进云南与“一带一路”沿线各国及地区的共商、共建、共享。

为进一步理顺云南对外开放工作，强化机制引领功能，2018年2月，云南省委、省政府成立了云南省推进“一带一路”建设工作领导小组及办公室，与云南省建设面向南亚东南亚辐射中心领导小组办公室合署办公，全方位开展云南对外合作工作。先后印发《关于新时代扩大和深化对外开放的若干意见》《“一带一路”建设云南实施方案和行动计划》等政策性文件，并细化出台了15个专业合作领域的实施方案，搭建起推进辐射中心建设的“四梁八柱”政策体系，为云南深入贯彻“一带一路”倡议、全面深化对外开放提供了强有力政策支持。

昆曼国际大通道景洪小勐养至勐腊磨憨口岸高速公路

为更好地服务和融入“一带一路”倡议，云南积极参与中国—中南半岛经济走廊和孟中印缅经济走廊建设，加速我国面向南亚东南亚辐射中心建设。云南与南亚东南亚国家在旅游文化、农业发展、轻工业产品、绿色经济和人文交流等重点领域取得丰硕合作成果，全面提升双边合作层次和水平。

（2）积极融入长江经济带，建设陆海新通道

长江经济带横跨中国东、中、西三大区域，是中央重点实施的“三大战略”之一，是具有全球影响力的内河经济带、东中西互动合作的协调发展带、沿海沿江沿边全面推进的对内对外开放带，也是生态文明建设的先行示范带。推动长江经济带发展，是以习近平同志为核心的党中央作出的重大决策，是关系国家发展全局的重大战略，对实现“两个一百年”奋斗目标、实现中华民族伟大复兴的中国梦具有重要意义。

云南地处长江上游，是“一带一路”建设和长江经济带发展的重要交汇点，在实施长江经济带发展战略中具有独特地位。作为长江经济带重点建设的 11 个省份之一，云南处在重要的生态保护屏障区，具有连接内陆和南亚东南亚的区位优势和通道优势。

为更好融入长江经济带建设，云南对接《长江经济带发展规划纲要》，印发了《长江经济带发展云南实施规划》，制定出台了云南省长江经济带森林和自然生态保护与恢复、长江岸线（云南段）开发利用与保护等专项规划，以及推动落后产能退出实施方案等一系列文件。

持续加强云南与周边省份和长江中下游省份的合作。在保护长江生态环境、构建综合立体交通走廊、创新驱动产业转型升级、推进新型城镇化和城乡一体化、促进区域协调发展等方面努力探索，致力于将云南建设成为长江上游重要的生态安全屏障和重要经济增长极。

深度融入陆海新通道和成渝经济圈。2019 年 8 月，国家发展改革委印发了《西部陆海新通道总体规划》。西部陆海新通道位于我国西部地区腹地，北接丝绸之路经济带，南连 21 世纪海上丝绸之路，衔接长江经济带，在区域协调发展格局中具有重要战略地位。为对接相关规划、抢抓发展机遇，云南加强组织领导，深化协商合作，建立完善信息共享机制，落细落实各项任务，推动西部陆海新通道建设取得积极成效。

作为实施长江经济带和“一带一路”建设的重要支点，成渝双城经济圈位于长江上游，地处四川盆地，东邻湘鄂、西通青藏、南连云贵、北接陕甘，是我国西部地区发展水平最高、发展潜力较大的城镇化区域。云南通过积极融入成渝经济圈建设，将资源、区位优势转化为贸易和产业优势，以大开放带动大发展，强化了“战略压舱石”作用，为经济社会发展赋能添彩。

2. 大湄公河次区域经济合作与澜湄合作成效明显

以建设中国面向南亚东南亚辐射中心为引领，云南深入融入、持续加强和深化湄公河次区域经济合作与澜湄合作，实施更大范围、更宽领域、更深层次的开放，全力构筑对外开放新高地。

（1）深度融入大湄公河次区域经济合作

大湄公河次区域处于东南亚、南亚和中国大西南的接合部，涉及澜沧江－湄公河流域内的中国、缅甸、老挝、泰国、柬埔寨和越南 6 个国家。次区域拥有丰富的生物多样性资源、农业资源、水能资源、矿产资源、土地资源、人力资源、人文资源和旅游资源，区位优势明显，在资源和市场方面具有较强的互补性，发展潜力极大。

1992 年，在亚洲开发银行倡议下，中国、缅甸、老挝、泰国、柬埔寨、越南六国举行首次部长级会议，共同发起了 GMS 经济合作机制。该机制是一个通过加强经济联系，促进次区域经济社会发展的务实机制，合作范围涉及交通、电信、能源、旅游、环境、人力资源开发、贸易、投资和农业 9 个领域。

自 GMS 经济合作机制建立以来，发展势头稳定，在基础设施建设、次区域经济一体化等领域合作务实、成效显著、运作成熟，既加快了各个国家经济社会发展和民生改善，也为区域国际社会的繁荣稳定提供坚实基础。

云南是中国参与 GMS 经济合作的主体省份，自 GMS 合作机制建立以来，云南紧紧抓住政策机遇、深化合作领域，把本省经济社会发展与 GMS 合作紧密结合，与次区域国家在交通、电力、旅游、环保、卫生、教育、贸易投资便利化等领域开展务实合作。

2005 年，昆明成功举办 GMS 第二次领导人会议，会议通过了《昆明宣言》，决定在加强基础设施、改善贸易投资环境、加强环境与社会发展以及筹资和深化伙伴关系四个关键领域深化合作。

2008 年，首届“GMS 经济走廊论坛”在昆明举办，参会各方达成《GMS 经济走廊发展战略行动计划（昆明共识）》，提出建立 GMS 贸易投资便利化电子商务平台等倡议，推动 GMS 经济合作向更深、更广领域发展。

随着合作进程的不断深入，六国之间的经济联系不断增强，大湄公河次区域经济合作区域投资框架 2014—2018 年执行计划优先项目清单涉及云南的项目有 25 个，项目融资 140 多亿美元，占中方项目的 90% 以上，合作成果丰富。

2019 年，第 11 届 GMS 经济走廊活动周在昆明举行。其间举办了 2019 年 GMS 经济走廊省长论坛、第 5 届大湄公河次区域（GMS）跨境电子商务合作平台对话会暨中国（昆明）数字经济与跨境电子商务高峰论坛等活动，GMS 跨境电商合作站上了发展的“风口”。

（2）持续深化澜沧江－湄公河合作

2016 年 3 月 23 日，中国与湄公河五国（缅甸、老挝、泰国、柬埔寨和越南）在海南三亚举行澜沧江－湄公河合作首次领导人会议，发表了《三亚宣言》《澜湄国家产能合作联合声明》，正式启动“澜沧江－湄公河合作机制”，即澜湄合作。

推进澜湄合作是构建人类命运共同体理念在云南周边国家的具体实践，也是对“亲诚惠容”周边外交理念的积极践行，旨在促进次区域发展与繁荣、建立互利互惠与合作共赢的关系。澜湄合作以政治安全、经济可持续发展、社会人文为三大合作支柱，以互联互通、产能合作、跨境经济、水资源、农业和减贫为优先方向，进一步深化睦邻友好关系，促进成员国经济社会发展，缩小地区发展差距，推动东盟共同体建设和区域一体化进程，打造应对非传统安全挑战的南南合作新典范。

自澜湄合作机制启动以来，云南充分发挥地缘、人缘、文缘优势，将澜湄合作融入经济社会发展和对外开放的总体布局，打造了一个全区域覆盖、多主体参与、各层面互动的澜湄合作立体平台，不断深化同湄公河国家在政治、经贸、旅游、农业、人文等领域的交流与合作，不断加强国际大通道、沿边金融综合改革试验区、边

（跨）境经济合作区、边境口岸等合作通道和平台建设，合作成效显著。

为深化合作，云南省委、省政府高度重视有关组织领导和机制建设工作。2017 年 6 月，云南省成立了澜湄合作中国秘书处云南联络办公室，成为首个且唯一在省级层面设立的澜湄合作联络机构。同时，推动澜湄职业教育基地、云南澜湄合作中心、云南澜湄研究院、澜湄开放学院、澜湄综合执法安全合作中心、澜湄环境合作云南中心、澜湄国家高等教育联盟等相继落地云南，形成了多个全省群策群力、各方广泛参与的澜湄合作大平台。

2019 年 3 月，随着滇柬合作工作组的成立，云南省与湄公河国家实现了双边合作机制全覆盖，一套共商共享、运转有效、承上启下、联通内外的政策沟通机制日渐成熟。

自合作机制成立以来，澜湄合作取得了丰硕成果，体现了“澜湄速度”和“澜湄效率”，培育了平等相待、真诚互助、亲如一家的澜湄文化，成为发展中国家新型次区域合作的典范。目前，澜湄合作已由 2016 年的“培育期”进入了 2020 年的“成长期”，形成了“3+5+X”合作框架，为促进流域内经济增长、改善人民生活，保持地区和平稳定作出了积极贡献。

2020 年，在新冠肺炎疫情蔓延、全球经济低迷的背景下，云南与湄公河国家始终守望相助、互施援手，双边贸易保持逆势增长，进出口贸易额达 160.4 亿美元，同比增长 3.7%，用实际行动诠释了建设面向和平与繁荣的澜湄国家命运共同体的宗旨和内涵。

3. 建好用好各类国家级开放发展新平台

沿边开放是我国实施全方位开放的重要组成部分。作为我国重要沿边省份，构建面向南亚、东南亚开放经济区的承接带和支点，打造沿边开发开放平台是云南深化改革、扩大开放、实现跨越式发展的重要举措。近年来，得益于国家政策支持，云南形成了以自贸区为引领、滇中新区为核心、经济技术开发区和综合保税区为支撑的开放发展新格局。

（1）中国（云南）自由贸易试验区建设成效显著

中国（云南）自由贸易试验区（简称“云南自贸试验区”）自2019年8月30日挂牌成立以来，突出沿边跨境、云南首创的特点进行探索尝试，在开放发展中书写新答卷。云南自贸试验区涵盖昆明、红河、德宏3个功能明确、各有优势、各具特色的片区，总面积119.86平方公里。截至2021年9月，仅占全省面积0.03%的云南自贸试验区新设企业36287户，占同期全省新设企业的12.4%；完成外贸进出口1780.7亿元，占同期全省外贸进出口的30.8%；实际使用外资4.87亿美元，占同期全省使用外资的42.3%。

作为首批沿边自贸试验区，云南自贸试验区最大的特点是“沿边”，最大的特色是“跨境”。昆明、红河、德宏片区签署合作联动协议，不断完善信息共享、协调创新、联动发展机制。在“沿边跨境”方面创新开放亮点突出：德宏片区、省司法厅、省高级人民法院首创的“边境地区涉外矛盾纠纷多元处理机制”，成功入选全国自由贸易试验区第四批最佳实践案例，向全国复制推广。昆明片区、省能源局首创的“面向南亚东南亚跨境电力交易平台”，由国务院自由贸易试验区工作部际联席会议简报通报宣介。构建跨境金融保障新体系，探索建立中缅双边银行互开账户＋网银清算＋人民币对缅币撮合报价的“小同城”业务模式。

招商引资是自贸试验区产业发展的重中之重。围绕高端制造、

德宏瑞丽试验区综合展示中心

航空物流、跨境电商等自贸试验区重点产业，云南自贸试验区编制产业发展规划和招商引资指引，充分利用南博会、进博会等展会招商，同时开展精准招商、产业链招商。昆明片区出台了招商引资“黄金十条”等一系列政策，引进普洛斯环普产业园、河南保税跨境电商等重大产业项目。红河片区推进河口口岸北山国际冷链物流（智慧方舱）等项目开工建设。德宏片区编印相关投资指南，与华侨城、云南文投等10余家国内知名企业签订投资协议。

（2）滇中新区圆满完成“五年大跨越”

2015年9月7日，国务院印发了《国务院关于同意设立云南滇中新区的批复》，同意设立国家级新区——云南滇中新区，打造中国面向南亚东南亚辐射中心的重要支点、云南桥头堡建设重要经济增长极、西部地区新型城镇化综合试验区和改革创新先行区。

面对复杂多变的国际环境和国内经济下行压力，新区坚决贯彻落实新发展理念，致力于打造国家赋予新区"一点一极两区"的四大战略定位。坚持规划引领、基础先行，连片开发、梯次推进，内培外引、产业集聚，产城融合、一体发展的发展思路，空间上形成以空港经济区为核心，嵩明县、安宁市为东西两翼的"一核两翼"发展格局。

经济上，形成聚焦汽车及现代装备制造、生物医药及医疗器械、电子信息、石化和新材料、现代服务业等互促共进的产业格局，圆满完成"一年打基础、三年见成效、五年大跨越"的目标。截至2020年，新区GDP达到866.55亿元，增长72.96%，占昆明市GDP的比重达到12.87%，比2015年增加了1.3个百分点。在全国19个国家级新区中，GDP排名从第15位上升至第13位。

通过实施"432"战略，全面开展特色产业集群培育、产城融合平台建设、大循环双循环融入、一流营商环境升级四大行动，高水平打造小哨国际新城、东盟产业城、空港国门商旅区三大标志性新城，全力构建嵩明—空港特色城镇群、安宁特色城镇群两大特色城镇群。滇中新区开启了高质量发展新征程，着力打造云南高质量发展的标杆和样板，努力成为云南经济发展的发动机、改革创新的新引擎、开发开放的新高地。

（3）综合保税区建设稳步推进

红河综合保税区于2013年12月16日经国务院正式批准设立，规划建设面积3.29平方公里，是云南省首个获批的综合保税区，2015年5月正式封关运行。红河综保区以涉外加工贸易为核心，以保税物流、跨境电商、保税商品展示交易为重点，大力发展电子信息产业、大宗商品交易、物流配送等。在推动区域发展等方面发挥了积极作用，是促进外向型经济发展的重要支点，成为红河州和云南省对外开放发展的重要“引擎”。

2020年，红河综合保税区累计实现外贸进出口总值23.91亿美元，占红河州的41.2%、占全云南的6.99%，实现加工贸易进出口值22.36亿美元，占红河州的90%、占云南省的50%以上；实现工业总产值182.09亿元。2020年，红河综合保税区外贸进出口总值，在海关公布的97个综合保税区中排名第27位。

2016年2月3日，昆明综合保税区经国务院正式批准设立，总规划面积为2平方公里，分为经开片区和空港片区。昆明综保区自2017年封关运行以来，经开片区依托云南自贸试验区昆明片区的产业配套能力和经济发展带动力，已开展航空培训，药材、天然橡胶仓储为主的保税服务、保税物流、跨境电商等产业；空港片区依托航空口岸优势，已开展国际标准金、食用糖、饲料加工为主的保税加工、跨境电商等产业。

2020年，昆明综合保税区（空港片区）跨境电商业务累计完成清关303.93万个包裹，进出口货值破亿元，率先突破跨境电商业务300万大关。目前，昆明综保区已陆续开通曼谷、旧金山、达卡、德里、新加坡、吉隆坡、金边多条电商货运新航线，出口业务进入全国前列。

（4）国家级经济技术开发区建设提挡加速

云南省现有昆明、曲靖、蒙自、嵩明杨林和大理五个国家级经开区。最早的昆明经开区始建于1992年5月。2000年2月，经国务院批准为国家级经济技术开发区。2010年6月，国务院办公厅批复曲靖经济开发区升级为国家级经济技术开发区。2013年1月，国务院办公厅分别批复云南蒙自经济开发区、云南嵩明杨林工业园区升级为国家级经济技术开发区。2014年2月，国务院办公厅批复云南大理经济开发区升级为国家级经济技术开发区。

国家级经开区是云南省推动开放型经济发展，促进工业化、城镇化进程，实现区域发展战略的重要支撑。目前，昆明经开区已成为云南省最大的新型工业化基地、招商引资和对外贸易的重要平台、推动城市化进程的重要力量和体制机制创新的试验示范区。

2020年12月，云南省出台《云南省人民政府关于推进国家级经济技术开发区创新提升打造改革开放新高地的实施意见》，要求提升开放型经济质量、赋予更大改革自主权、打造现代化产业体系、完善对内对外合作平台功能、加强要素保障和资源集约利用、完善机制保障，以推进云南省国家级经济技术开发区改革创新发展，打造改革开放新高地。

4. 构筑西南沿边开放新高地

建设边境经济合作区、跨境经济合作区、重点开发开放试验区、境外合作园区，是党中央、国务院就沿边开放作出的重要决策。改革开放以来，云南坚定创新发展、开放发展，主动担当作为，努力构筑沿边开放新高地，推动双边合作有序开展。

（1）边境经济合作区发展态势良好

在商务部等国家有关部委指导支持下，云南省委、省政府高度重视边境经济合作区建设，加速推进瑞丽边境经济合作区、畹町边境经济合作区、河口边境经济合作区以及临沧边境经济合作区四个合作区建设。

1992年6月，国务院批准设立瑞丽边境经济合作区，该经济合作区主要构建以国际农畜产品加工、进出口加工、国际仓储物流、天然气清洁能源为主导，重点打造大牲畜精深加工、现代农业和旅游文化等产业。

畹町边境经济合作区则充分利用中缅两国原料和市场，从事内外贸、边贸、边贸加工、农业资源开发、国际经济劳动技术合作和旅游业开发等。

河口边境经济合作区紧扣“一带一路”建设及长江经济带等国家和省州发展战略，努力建设成为云南最具活力的沿边开发开放示范区。

临沧边境经济合作区自批准设立以来，加大了交通基础设施投入，水、电、路、通信、口岸等基础设施得到改善，为边合区发展打下了良好基础。

此外，中国猴桥—缅甸甘拜地和中国临沧孟定—缅甸清水河滚弄 2 个中缅边境经济合作区，被纳入《云南省建设我国面向南亚东南亚辐射中心规划（2021—2025)》。

（2）跨境经济合作区建设惠及双边

跨境经济合作区，是指在沿边地区两国或多国政府间共同推动的享有出口加工区、保税区、自由贸易区等优惠政策的次区域经济合作区。目前，云南正加快推进中国老挝磨憨—磨丁经济合作区、中缅瑞丽—木姐边境经济合作区以及中越河口—老街跨境经济合作区建设。

中国老挝磨憨—磨丁经济合作区按照重点监管区（1+2）、核心发展区和“区镇合一”三个发展层级开发建设。中缅瑞丽—木姐边境经济合作区中方区域由“1 个核心区 +1 个配套区”组成，核心区为姐告国际商务核心区，配套区为畹町国际产能合作区。中越河口—老街跨境经济合作区位于中国河口县坝洒和越南老街市、巴刹县相邻区域，规划总面积21平方公里，其中中方区域11平方公里。

此外，中国陇川—缅甸八莫与中国泸水—缅甸葡萄2个中缅跨境经济合作区已被纳入《云南省建设我国面向南亚东南亚辐射中心规划（2021—2025）》。

（3）重点开发开放试验区建设加快

经国务院批准同意，先后在云南沿边地区设立了瑞丽国家重点开发开放试验区和勐腊（磨憨）重点开发开放试验区。

2013年，云南省政府出台《关于加快推进瑞丽重点开发开放试验区建设的若干政策》，全面推进瑞丽重点开发开放试验区建设。瑞丽重点开发开放试验区以瑞丽为核心，以邻近的芒市、陇川县为两翼，重点布局跨境经济合作区、国际物流仓储区、国际商贸旅游服务区、进出口加工区、特色农业示范区和生态屏障区六大功能区。2020年上半年，瑞丽市地区生产总值达81.8亿元，同比增长7.7%，增速分别超全国、全省、全州4.5%、7.2%、1.7%，增速排名全省第6位。

2015年7月，国务院批准设立云南勐腊（磨憨）重点开发开放试验区，这是我国第5个、云南省继瑞丽重点开发开放试验区之后的第2个国家级重点开发开放试验区。勐腊（磨憨）试验区东、南、西南三面与老挝相连，西北面与缅甸隔江相望，国境线长623公里，区内人口约28.68万，少数民族人口约占75.6%。

云南勐腊（磨憨）重点开发开放试验区，重点发展特色农业和生物产业、进出口加工、商贸物流、文化旅游等四大产业，并力争到2025年，将试验区建设成为中老战略合作的重要平台、联通我国与中南半岛各国的综合性交通枢纽、沿边地区重要的经济增长极、生态文明建设的排头兵、睦邻安邻富邻的示范区。

（4）境外合作园区建设有序推进

皎漂特区深水港和工业园项目，是中缅两国共建“一带一路”和中缅经济走廊框架下的重点项目。2018 年 11 月 8 日，皎漂经济特区深水港项目建设框架协议正式签署，成为中缅经济走廊首个正式签约启动的大型项目。项目由中缅双方共同成立的缅甸当地公司以特许经营方式开发建设和运营，皎漂深水港项目中方占股 70%，缅方占股 30%。皎漂深水港项目期限为 50 年，对于促进缅甸经济发展和社会进步、深化中缅两国经贸合作和传统友谊具有重要意义。

中柬文化创意园项目被列入国家发展和改革委员会首批中柬合作重点项目、云南省文化产业“十三五”发展规划重点项目。创意园项目利用云南省与东南亚国家接壤地缘和文化相似的优势，转型升级打造集演艺、历史文化展示、文化交流、餐饮文化等于一体的大型文化综合体，旨在实现“中国创意”与“柬埔寨元素”的深度融合。该项目被文化和旅游部评为 2019 年度“一带一路”文化产业和旅游产业国际合作重点项目，被商务部、宣传部、财政部、文旅部和广电总局评为“国家文化出口重点项目”。

赛色塔综合开发区项目位于老挝首都万象，占地 11.49 平方公里，是老挝第一个国家级综合开发区，也是中国在老挝唯一的境外经济贸易合作区，项目被写入《中老命运共同体行动计划》，承载工业园区和万象新城的功能。近年来，赛色塔综合开发区积极响应“一带一路”倡议，全力开展招商工作，入驻企业数量呈现飞跃式递增。截至 2020 年 8 月，已有 83 家中外企业入驻，涵盖老挝、泰国、日本、美国、马来西亚、新加坡、中国 7 个国家。产业涵盖仓储物流、能源化工、电子产品制造、生物医药、农产品加工、纺织品加工、总部经济、商贸服务、大健康等。

（三）以开放促改革、促创新、促发展

根据云南的区位优势和省情实际，发展开放型经济是务实的选择。改革开放以来，云南认真贯彻落实中央关于对外开放的决策部署，从对内对外开放两个维度，以开放促改革、促创新、促发展，大力发展外向型市场经济，健全完善相关体制机制，培育特色优势产业。坚持合作共赢、可持续发展理念，推进经济贸易主体国际化、多元化，全面提升经济贸易配套服务水平，与南亚东南亚国家贸易和投资合作增长迅速，边境贸易欣欣向荣，开放发展迸发勃勃生机。

1. 贸易畅通水平不断提升

云南地处祖国西南对外开放的前沿，一直以来，与南亚东南亚国家保持着良好的经济贸易关系。党的十八大以来，云南认真贯彻落实习近平总书记考察云南重要讲话精神，积极开展面向南亚东南亚辐射中心建设，深化中国—南亚东南亚命运共同体建设，贸易畅通水平不断提升，对外经济贸易成果更加丰硕。

（1）贸易伙伴更趋多元

中国加入世界贸易组织以后，云南因为独特的区位优势，对外贸易呈现出较快发展势头。特别是自 2004 年外贸经营权审批改为备案登记后，云南外贸发展出现井喷之势，外贸经营主体迅速壮大。近些年来，云南不断深化国际贸易合作，与老挝、缅甸、柬埔寨、印度尼西亚、马来西亚、斯里兰卡、韩国等国家贸易往来持续加强，领域不断拓展。截至 2020 年，云南对外贸易伙伴已拓展至 200 多个国家和地区。

2010 年 1 月 1 日，中国—东盟自由贸易区正式全面启动，为云南进一步拓展与东盟国家的经贸合作带来重大机遇。2020 年，东盟首次成为中国最大贸易伙伴。多年来，东盟长期保持云南第一大贸易伙伴地位。截至 2020 年 12 月，云南与东盟贸易总额达 178.52 亿美元，同比增长 7.7%。

此外，云南与澜湄五国贸易合作呈现出良好发展态势。2020 年，在新冠肺炎疫情导致全球经济低迷的背景下，云南与澜湄五国贸易仍保持增长，进出口贸易额达 160.4 亿美元，同比增长 3.7%。

（2）外贸结构不断优化

近年来，云南出口产品初步实现由资源型产品为主，向技术密集型和劳动力密集型产品为主的转变。磷化工产品、机电产品、农产品出口持续增长，有色金属出口持续下滑，高科技、生态农业成为云南发展的方向。

据统计，2020 年，机电产品仍是云南省重点出口产品，出口 506.1 亿元，增长超 60%；劳动密集型产品出口 207.7 亿元，增长 168.8%；农产品出口 360.7 亿元，增长 8.9%。机电产品、农产品进口保持增长，原油、天然气、金属矿砂等大宗商品进口增减互现。

21 世纪以来，云南就深化与周边国家经贸往来制定了一系列政策举措，进一步加强和巩固了云南与南亚东南亚国家贸易往来的主体地位。经过不断的探索和实践，形成了以滇泰贸易、滇老贸易、滇缅贸易、滇越贸易、滇柬贸易等为代表的稳定且独具特色的云南对外贸易发展模式。

（3）贸易方式更加多样

随着互联网技术的进步，国际电子商务的发展，云南因为与南亚东南亚地缘相近、人缘相亲、商缘相连，近些年来，在面向南亚东南亚跨境电子商务方面发展迅猛。为进一步推动与南亚东南亚国家的贸易合作，云南适时出台相应政策，推进跨境电商成为外贸新增长点，实现外贸创新发展。

云南与南亚东南亚国家的贸易方式主要包括一般贸易、加工贸易以及边民互市贸易。据海关统计，2020 年，云南省一般贸易进出口 1891.6 亿元，增长 19.7%，拉动云南外贸整体增长 13.4 个百分点，外贸结构实现进一步优化。加工贸易进出口 233.3 亿元，在昆明综合保税区、红河综合保税区等对外开放平台以及诸多创新监管政策支撑下，增长势头明显。边民互市贸易进出口 290.7 亿元，增长 6.9%。

值得一提的是，边民互市贸易作为云南沿边开放的特色经济，在促进边境地区经济社会发展和边疆繁荣稳定方面作出了重要贡献。中国—缅甸边境经济贸易交易会、临沧边境经济贸易交易会、中国—越南河口边境经济贸易交易会、中老越三国（普洱）边境商品交易会等边境贸易交易会有效助推了边民互市贸易的发展。

（4）口岸经济亮点纷呈

口岸是与周边国家开展贸易往来、促进经济发展的重要渠道。既然沿边，就要做好口岸经济的文章，抱持着这样的思路，云南逐渐由口岸大省发展为口岸强省，口岸经济迸发强劲活力，为加快建设面向南亚东南亚辐射中心提供有力支撑。通过不断改革，提升口岸通过便利化水平，云南口岸整体通关时间显著压缩，处于全国领先水平。

云南目前共有 27 个国家一、二类口岸，其中，陆路口岸 18 个、铁路口岸 2 个、航空口岸 4 个、航运口岸 3 个。此外，云南还有 90 个边民互市通道和 19 个边贸互市点，形成了陆、水、空齐全，全方位开放的口岸格局，成为全国口岸大省和对东南亚开放的前沿，在促进对外交往、与周边国家开展贸易合作方面发挥了重要作用。

昆明长水国际机场空运口岸是我国对外开放较早的五大航空口岸之一，瑞丽口岸是通往缅甸最繁忙的陆运口岸，河口陆运（铁路）口岸已成为云南周边贸易、旅游增长亮点，磨憨陆运口岸是中老边境最繁忙的国家级口岸，昆明—曼谷国际大通道从该口岸通过。景洪港、思茅港、关累港水运口岸是澜沧江－湄公河“一江连六国”、通往东南亚最便捷的水运通道。

2. 跨境经济合作不断升级

改革开放以来，云南深入贯彻落实党中央、国务院有关决策部署，充分发挥区位优势，抓住有利时机，深化与南亚东南亚跨境经济合作，推进改革开放和外向型经济发展不断提质增效升级。党的十八大以来，云南对外投资结构不断优化提升，在国内国际双循环，服务和融入国家“一带一路”建设，推进建设我国面向南亚东南亚辐射中心取得新进展等方面，发挥了重要作用。

（1）合作企业不断增加

跨境经济合作市场主体不断扩大，南亚东南亚成为滇企对外投资的一片热土。云南企业以直接投资、工程总承包、技术合作以及政府与社会资本合作等多种方式实施国际产能合作。截至 2020 年 12 月，云南省设立境外投资企业 888 家，累计直接投资 121.62 亿美元，涉及 61 个国家和地区。

就具体成效而言，目前，河口钢铁、云南建胜、昆明立恒、昆

中国（云南）自由贸易试验区红河片区综合服务中心

药集团等一批企业，沿“一带一路”国家投资建设了钢铁、水泥、汽车装配、生物制药厂等。昆钢控股、云南铜业集团、云南铜业、云南铝业等企业，在资源条件和市场潜力较好的国家建设钢铁、有色等优势产业生产基地，实现优势产能转移，带动成套设备出口。

云天化集团、云南农垦集团等企业结合自身行业优势，实施境外资源开发和产能合作，在建材、现代农业等重点领域为云南省推进国际产能合作作出示范，极大地推动当地经济社会发展和民生改善。

云南建投、云投集团投资建设的老挝万万高速、中老铁路、柬埔寨暹粒吴哥国际机场，成为中国连接东盟的陆上通道、空中走廊，云南企业投资建设的老挝万象赛色塔综合开发区、老挝磨丁专区等境外经贸合作区，成为境外产业聚集的重要平台。

2018 年，由云南能投集团投资建设的仰光达克鞳燃气蒸汽联合循环电厂一期 106MW 发电项目竣工。在“一带一路”合作框架下，该项目成为中缅合作的典范，开辟了滇缅能源合作新前景。2020 年和 2021 年，在新冠肺炎疫情影响下，达克韀公司坚持疫情防控与安全生产两手抓，紧紧围绕年度工作目标，保障电厂安全运营生产，树立了中国企业在海外发展的良好形象。

2021 年 1 月 8 日，由云南水务投资建设的亚洲最大垃圾热解气化发电项目，在印度尼西亚泗水市并网发电。该项目成为印度尼西亚首座建成并成功发电的垃圾发电项目，也是云南参与绿色“一带一路”建设，为东南亚国家提供领先城镇环境综合服务的又一成功实践样本。

（2）合作机制逐渐完善

党的十八大以来，云南积极通过 GMS 经济走廊省长论坛、中国—南亚博览会国际产能合作论坛等搭建区域内主体经贸平台，加强政府间交流协调以及与相关国际和地区组织的合作。

2015 年，云南省政府与国家发改委签署《关于建立推进国际产能和装备制造合作委省协同机制的合作框架协议》，率先成为首批建立推进国际产能合作部省协同机制的省份，云南省国际产能合作机制建立。

2016 年，《澜沧江－湄公河国家产能合作联合声明》签署后，云南参与国际产能合作深度不断拓展。“以周边为重点，重点推进电力、装备制造、冶金、化工、建材、轻工、物流各领域的国际产能合作”，当年便实现 16.1 亿元对外实际投资。借助南博会平台，云南在全国首次举办以国际产能合作为主题的展馆，向外传递出“积极主动融入‘一带一路’国家建设，着力推进国际产能合作”的美好愿景。

此外，云南不断完善与相关国家在投资保护、金融、税收等方面的合作机制，为国际产能合作提供全方位支持和综合保障。通过完善信息共享制度，引导企业加强联动等，形成境外投资产业集群。引导省内企业加强行业及产品与国际标准体系相适应，为企业“走出去”提供全方位综合信息支持和服务。

（3）合作范围不断拓展

2015年12月17日，云南省政府与国家发改委在北京签署《关于建立推进国际产能和装备制造合作委省协同机制的合作框架协议》。根据框架协议，国家发改委将在建设多双边合作机制、制定国际产能合作重点国别规划、争取金融机构融资支持等工作中对云南省予以支持。“框架协议”签订以来，云南围绕南亚、东南亚、北美等重点区域和农业、钢铁、有色、建材、铁路、电力、化工、轻纺、通信、工程等重点领域，积极推动本省企业开展国际产能和装备制造合作。

“一带一路”沿线国家是云南开展国际产能合作的重点区域。2020年，云南省对全球18个国家和地区实现非金融类直接投资10.17亿美元，同比增长6.85%。对“一带一路”沿线国家直接投资6.6亿美元，占对外直接投资总额的64.94%。近年来，云南结合打造世界一流绿色能源、绿色食品、健康生活目的地“三张牌”，鼓励企业“走出去”，以多种形式参与南亚东南亚国家基础设施、资源能源、园区开发等投资建设，特别是与老挝、缅甸、越南、孟加拉国、柬埔寨、斯里兰卡等南亚东南亚国家开展国际产能合作。

石油、天然气、盐及多种有色金属等资源开发，是云南省与南亚东南亚国家开展国际产能合作的重点领域。党的十八大以来，云南与南亚东南亚国家在矿产合理开发与有效保护等领域进行深入对接，不断强化国际矿产资源合作项目投资和产能互补，推动南亚东南亚国家不断提高矿产资源综合开发利用水平。云南充分发挥国内技术和产能优势，加强资源开发和产业投资，建设石化、化肥、农药、轮胎、煤化工等生产线，延伸产业链，建设绿色生产基地，带动国内成套设备出口。

此外，双边农业产能合作硕果累累。与老挝、柬埔寨、缅甸、孟加拉国、斯里兰卡等南亚东南亚国家签署项目合作协议；成立了大湄公河次区域农业科技交流合作组、南亚东南亚农业科技创新联盟、云南—东南亚农业培训中心；深入开展农业技术推广、示范；大力开发名特优产品，通过举办农博会、茶博会，专场推介，“云系列”产品畅销南亚东南亚。云南以南亚东南亚国家作为农业“走出去”重要突破口，在辐射带动有关国家提高农业生产水平、促进经济发展等方面成效显著。

3. 开放型金融体系不断完善

党的十八大以来，云南不断扩大金融对外开放，提升金融服务层级和水平，构建多元化金融组织体系、多层次金融市场体系、多功能金融服务体系，改善金融发展环境，稳步推进沿边金融综合改革试验区和面向南亚东南亚金融服务中心建设，加快推进自贸试验区金融开放创新。

（1）在滇金融机构纷纷“走出去”

云南开创地方金融机构“走出去”全国先例。中国人民银行昆明中心支行与老挝、泰国央行建立紧密合作关系，开启了与缅甸央行合作新纪元。太平洋证券到老挝设立老中证券公司，是中国证监会批准在境外设立的第一家合资证券公司。

中国农业银行、中国银行、中国建设银行等金融机构相继设立跨境金融、沿边金融、离岸业务等创新合作服务中心，与南亚、东南亚国家银行机构建立了跨境人民币结算合作关系，形成清算行、代理行等多种结算模式，开发“东盟七国产品体系”“越老缅产品体系”“南亚国产品体系”等跨境业务产品体系，大大提升了跨境人民币结算便利化水平。

2009 年，中国建设银行云南省分行与缅甸经济银行签署了《人民币代理结算协议》。协议中达成的中缅汇票业务，为进出口企业向缅甸支付保证金提供了便利。2014 年，富滇银行与老挝大众外贸银行合资成立老中银行，成为地方性商业银行率先走出国门的典范。作为首家中老合作的银行，老中银行立足老挝本土，通过一系列接地气的金融产品和服务，为中国“走出去”的中小企业和老挝当地的中小企业解决“融资难、融资贵”的难题。

支持在滇金融机构“走出去”的同时，云南加大“引进来”的力度，积极引进外资金融机构入滇发展。截至 2020 年，在云南的外资银行数量达到 8 家（含 1 家外国银行代表处），分别是恒生银行、汇丰银行、东亚银行（中国）有限公司、渣打银行、泰国泰京银行大众有限公司、马来西亚马来亚银行有限公司以及大华银行（中国）有限公司和泰国开泰银行。

（2）跨境人民币业务不断创新

我国最早的边境贸易本币结算始于 20 世纪 90 年代，由中国农业银行云南省分行与越南商业银行互开本币账户为标志，预示着边贸本币结算业务的产生。其中，由云南首创的“河口模式”，也成为中国最早的边贸本币结算模式。

2010 年，云南获批成为全国第二批开展跨境贸易人民币结算试点地区。作为开展跨境人民币结算试点较早的省份，云南在扩大人民币跨境使用量上取得了较大成效，尤其是沿边金融综合改革试验区建设以来，云南省跨境人民币业务实现了跨越式发展。在国家“一带一路”倡议的推动下，中国与“一带一路”沿线国家的金融交流合作日益扩大，云南省跨境人民币业务成果丰硕。

在全国首批试点个人经常项下跨境人民币业务；跨境人民币双向贷款试点实现零的突破；成功启动跨国企业集团跨境人民币资金集中运营；首创经常项下人民币与缅币特许兑换业务，德宏、红河、文山成功对外发布人民币兑缅币和越南盾的“瑞丽指数”“YD指数”；银行柜台挂牌币种已涵盖周边国家货币。

多层次区域货币交易模式基本形成，实现了与周边国家本外币现钞跨境调运模式。搭建了越南盾和泰铢现钞直供平台，建立中老双边货币现钞调运通道，丰富和拓展了人民币、非主要国际储备货币跨境调运路径。推广人民币跨境支付系统（CIPS）在云南的应用。

截至2021年3月，全省跨境人民币累计结算金额突破6000亿元，与境外106个国家（地区）建立了跨境人民币业务，其中“一带一路”国家达40个，对已建交的南亚东南亚国家实现全覆盖，人民币在东盟和南亚国家的影响力和辐射力逐步增强。

（3）跨境保险业务跨上新台阶

1993年开始，人保财险云南省分公司与越南安仙保险公司老街省公司签订了“双代”（即互为代查勘、代定损）合作协议，合作区域仅限于河口县境内。此后，双方分别于2003年和2013年进行了两次会商。

党的十八大以来，云南省跨境保险业务取得显著成效，跨境保险合作有效推进。充分发挥政策性出口信用保险作用，“十三五”

期间，中国信保云南分公司承担全省企业外经贸风险规模 192.63 亿美元，其中承担海外投资风险规模 49.34 亿美元，支持企业境外承包工程和成套设备出口风险规模 6.44 亿美元，帮助企业解决新增融资 170.05 亿元，帮助企业调查海外买方资信 7400 余次，累计赔付 2.69 亿元人民币。

商业保险服务创新发展不断加快，引导保险机构在边境口岸设置保险综合服务点，为经贸活动提供“一揽子”保险解决方案。截至 2020 年末，8 家财险公司跨境车险业务覆盖天保、磨憨、河口、南伞等 12 个口岸，积极为出入境车辆提供保险保障。为德宏等州（市）外籍务工人员提供意外伤害保险，为临沧等地外籍学生提供学生平安保险等跨境保险业务。

跨境保险业务合作不断推进。比如，人保财险云南省分公司与越南保越保险总公司约定，在中国云南省境内及越南老街省、河内市、海防市、广宁省境内开展 7×24 小时的代查勘工作。

4. 开放型经济发展势头强劲

全球化时代，各国经济社会发展日益相互联系、相互影响，推进互联互通、加快融合发展成为促进共同繁荣发展的必然选择。改革开放以来，云南主动参与和推动经济全球化，发展更高层次的开放型新经济，探索多种经济发展模式，推动形成全面开放新格局。

开放型经济发展环境持续优化。外贸企业得到的各类服务越来越“贴心”，2016 年，云南检验检疫局与云南省商务厅在昆明地区试点启动检商“三证合一”工作模式，将检验检疫报检企业备案、原产地证申报企业备案和商务部门对外贸易经营者备案“三证合一”，为外贸企业提供便利化服务。2017 年，昆明经开区获国务院

中国河口口岸

办公厅批准为全国第二批大众创业万众创新示范基地，昆明综合保税区一期、昆明高新保税物流中心（B 型）通过国家验收并封关运行，腾俊国际陆港保税物流中心（B 型）通过国家验收。目前，红河综保区、都龙口岸、大理机场、腾冲机场等配套基础设施均投入使用，为云南省外贸进出口发展创造了良好环境。

开放平台和体制机制不断完善。云南大力推进跨境电子商务、市场采购贸易、海外仓等外贸新业态和新模式。首个跨境物流大数据平台和具备国内领先水平的云南国际“现代物流云”公共信息服务平台上线运营。一批重大物流项目加快实施，滇老、滇泰、滇越、滇缅等境外跨境物流公司先后落地，水产品跨境冷链物流贸易网络建设步伐加快。坚持以“五通”为抓手，扎实推进与周边国家互联互通，深化农业、产能、经贸、金融、旅游、教育、科技、文化、卫生、体育、环保、媒体、智库、司法等领域的合作。统一规范沿边各类经济区，学习借鉴国内自由贸易试验区相关经验，支持沿边开放重点地区及海关特殊监管区实施贸易投资便利化政策。

形成中国向西南开放新格局。改革开放以来，云南对内加强与长江流域、泛珠三角区域、京津冀、成渝经济区和周边省区的交流合作，对外面向南亚东南亚和印度洋周边经济圈，积极主动参与中国—中南半岛经济走廊，孟中印缅经济走廊，中缅、中老、中越经济走廊，以及中国—东盟自贸区、澜湄合作机制建设，构建内外统筹、全面开放新格局。经过多年的不懈探索，云南从封闭半封闭状态迈向全方位、多层次、宽领域的对外开放格局，从小规模的边境贸易、小额贸易到建设中国面向南亚东南亚辐射中心，对外开放从末端变为前沿，在主动服务和融入国家发展战略中，形成了全范围、多领域的对外开放新格局。

（四）构建中国与南亚东南亚命运共同体

改革开放以来，云南坚决贯彻中央关于周边外交的方针政策，坚持“亲诚惠容”理念，持续加强与南亚东南亚国家交流交往，为巩固中国与南亚东南亚国家的外交关系、传统友谊作出了应有的贡献。

党的十八大以来，云南积极落实习近平总书记关于“构建人类命运共同体”的主张，立足云南实际，在推进中国与南亚东南亚命运共同体构建中持续用力，不断深化同南亚东南亚国家在教育、医疗、文旅、科技、友城、智库、媒体等方面交流合作。

1. 区域国际教育合作成效显著

党的十八大以来，云南以推进“一带一路”高质量发展、建设好“面向南亚东南亚辐射中心”为目标，进一步扩大教育对外开放，加强与南亚东南亚国家教育交流与合作，提高教育国际化水平。通过加强涉外办学合作，推进教育重大合作平台建设，促进师生双向留学，搭建起云南对外教育交流合作的新桥梁、新纽带。

在加强社会办学合作方面。发挥云南开展区域交流的优势和特色，一方面大力引进海外优质教育资源落地云南办学；另一方面积极走出去到南亚东南亚国家办学，创新人才培养模式，提升涉外办学能力，促进区域教育交流与合作。在双边共同努力下，形成“云南民族大学中印瑜伽学院”“云南财经大学曼谷商学院”等一批合作成果。截至 2020 年，我国经教育部批准备案的合作办学项目共 32 个，在南亚东南亚国家设有 12 个境外办学机构、3 个境外办学项目。

在推进教育重大合作平台建设方面。大力支持并鼓励云南各类学校与国外学校合作申办孔子学校，积极开展汉语教学、文化推广、学术交流等活动。2016 年 12 月 10 日，第十一届全球孔子学院大会在昆明举行，来自 140 个国家和地区的大学校长、孔子学院代表共 2200 多人出席大会，推动孔子学院发展再上新的台阶。定期在昆明举办云南—南亚东南亚教育合作论坛，2018 年和 2019 年两届论坛，共计 8000 人次参加，共签署 16 个合作协议。此外，云南立足地缘优势、高校办学特色，积极组建国际教育合作联盟，支持云南大学建设“南亚东南亚大学校长联盟”，昆明理工大学建设“云南—泰国大学联盟”“澜湄大学生体育运动会”，云南民族大学建设“澜湄职业教育联盟”，红河学院建设“红河流域大学校长联盟”，不断深化务实合作，推动多领域务实合作。

在促进师生双向留学方面。鼓励出国留学与招收留学生结合，国际合作办学规模不断扩大。云南早在1986年便设立了“云南省地方公派出国留学奖学金”，每年通过各类公派留学渠道选派千余名学者赴国外研修学习，为云南省经济建设、社会发展和教育改革培养大批有国际化视野的高层次人才。2019年云南省高校共招收外国留学生16573人，学历生占留学生总数的58.2%，较2018年增长17.2%。

2. 跨境医疗卫生合作多点开花

长期以来，云南与南亚东南亚国家在医疗卫生领域保持着良好的合作关系。新时代以来，云南坚决贯彻中央关于建设南亚东南亚辐射中心的要求，不断提升跨境医疗健康服务辐射能力，积极参与共建“一带一路”国家医疗卫生和传染病联防联控合作，主动融入健康丝绸之路建设，积极参与重大传染病防控及其他公共卫生领域、传统医药领域的国际合作，打造“健康周边”，推动构建周边卫生健康共同体。

立足于打造辐射南亚东南亚的对外开放医疗高地、区域国际公共卫生中心，云南持续加强与周边国家在医疗卫生政策、经验、技术等方面的国际交流，开展对外援助医疗卫生人员教育培养。持续推动药品、医疗器械及保健食品等产业国际合作，在疾病预防控制、重大公共卫生事件处置、医药产业发展、科研人才培训、跨境医疗服务等方面开展合作。不断完善边境地区疾病联防联控机制，加强重点传染病、热带病监测与信息交换，建立跨国监测预警、分

柬埔寨先心病患儿抵昆接受免费救助

级响应、联合应急处置机制。

医疗卫生国际合作与交流，有效推进了“一带一路”卫生领域学术交流、人员往来和项目合作。2016 年，首届中国云南—南亚东南亚国家医院院长论坛召开期间，云南 18 所医院和南亚东南亚 10 国 20 所医疗机构签署了《关于医疗卫生合作的谅解备忘录》。2019 年 7 月，南亚东南亚医学教育与医疗卫生联盟成立，8 月，中国—缅甸中医药中心在缅甸曼德勒揭牌。此外，中国东盟“10+1”中老医疗卫生服务合作体建设项目、澜沧江－湄公河传统医药学术交流及中医药适宜技术培训项目等，不断拓展云南与南亚东南亚开展医疗卫生合作的层次和水平。

值得一提的是，云南连续多年组织专家团队赴缅甸等国家开展中医或中西医联合治疗服务，为当地民众送医送药，受到当地民众广泛赞誉。2018 年开始启动“爱心行”项目，为受援国的儿童进行先天性心脏病筛查并实施手术。先后派出 22 批眼科医疗队实施“光明行”公益活动，2019 年共派遣 6 支医疗队赴老挝、缅甸、越南、柬埔寨 4 国为 890 名患者实施了白内障复明手术。截至 2020 年，已为柬埔寨、缅甸等国的 50000 余名儿童进行筛查，成功实施手术 80 余例。向孟加拉国派遣援外医疗队，为当地居民和安置营中的缅甸若开邦避难群众提供医疗服务。

2020 年，自全球新冠肺炎疫情暴发以来，云南坚持服务国家外交大局，积极支持帮助南亚东南亚周边国家和地区抗击新冠肺炎疫情，向缅甸、老挝等国家派出多支中国援外防控专家组并援建核酸检测实验室。在缅甸、老挝、越南 3 个国家 22 个边境县建立了重大传染病境外联防联控试点区域，建成“澜湄流域重大虫媒传染病大数据监测与预警服务平台”。同时，在昆明、红河、德宏 3 个自贸片区组建国际诊疗保健合作中心联盟，面向南亚东南亚健康辐射能力进一步增强。

3. 文化和旅游合作深入推进

云南和南亚东南亚国家地缘相近、人文相通，深化文化和旅游交流合作空间广阔。依托政府引导，以民间交流为主体，各种社会力量并举，形成云南与南亚东南亚国家多层次、多渠道、多形式的对外文化交流新格局。

文化旅游合作内容多样、丰富多彩。官方文化交流活动，主要通过推动实现与南亚东南亚国家互访对话，推动项目实施、制定交流合作发展规划等实现。民间交流主要体现在民间文化艺术团体频繁往来，尤其是沿边州（市）利用地缘和人文优势，举办形式多样的文艺演出、体育赛事及节庆活动。

比如，“欢乐春节”“文化中国·七彩云南”“七彩云南·文化周边行”等品牌活动，澜沧江－湄公河流域国家文化艺术节、亚洲微电影艺术节、中缅胞波狂欢节、中老越三国丢包狂欢节、目瑙纵歌节等活动，对促进双边文明交流互鉴、民心相通起到了很好的作用。

文化贸易成为云南人文交流的新亮点。云南将一批具有云南特色的广电、演艺、新闻出版、民族手工艺等文化产品与服务成功推向国际市场，基本形成全省各文化产业均有代表性企业在全国率先“走出去”的格局。

面向南亚东南亚国家旅游辐射能力不断增强。近年来，云南新开辟了 14 条国际航线，推动 8 国政府在昆明开设联合签证中心，5 国政府在昆明设立签证中心，旅游便利化水平不断提升。通过组织推广国际旅游节、亚洲艺术节、中泰文化旅游友好行、澜湄文化行、中国—老挝旅游年、中国—柬埔寨文化旅游年、千名游客游神奇王国——柬埔寨等活动，不断丰富文化和旅游合作的形式。

随着“一带一路”建设的全面推进，云南借助地缘优势和依托“口岸—通道—腹地”条件，积极推进磨憨—磨丁、瑞丽—木姐等沿边跨境旅游合作区建设和西双版纳勐腊（磨憨）、保山腾冲、红河河口等边境旅游试验区的“两区”建设。“边贸会”以及跨境民族节庆，不断加深与周边国家的往来，提升云南旅游国际化水平，为沿边跨境旅游发展提供重要支撑，推动跨境旅游蓬勃发展。

4. 国际友城合作亮点纷呈

国际友城在发挥半官方性质民间外交作用的基础上，服务于国家总体战略，特别是在文化传播、经济科技交流合作、人才培养等方面具有独特作用。深入开展国际友城合作，是促进南亚东南亚各国经贸合作和民心相通的重要途径，对于构建南亚东南亚地区人类命运共同体具有重要意义。

立足于加强与南亚东南亚国家民心相通，近年来，云南的国际友城合作范围和深度不断拓展，促进城市外交向宽领域、深层次、高水平迈进。2017 年 6 月 13 日，第二届昆明国际友城合作与发展研讨会通过《昆明倡议》，提出要进一步推进各国际友城务实合作与发展，各国际友城应保持政府层面经常性沟通，加强企业层面经贸合作与交流，推动民间层面经贸合作与交流，促进投资贸易便利化，建立友好城市之间常态化交流机制。

2018 年 12 月，在埃及开罗举行的“2018 国际花园城市竞赛”总决赛中，昆明凭借城市建设成果的出彩展示和比赛中答辩环节的出色发挥，战胜了俄罗斯索契、埃及亚历山大、印度孟买等国际名城，夺得了“国际花园城市”城市类最高级别（E 类）金奖。昆明成为云南第一座“国际花园城市”。

在 2018 年中国国际友城大会上，云南省和昆明市荣获“国际友好城市交流合作奖”，云南省对口友城捷克奥洛莫茨州、临沧市对口友城俄罗斯杜布纳市荣获“对华友好城市交流合作奖”。昆明市与国外城市的友好关系取得长足发展，截至 2020 年底，云南共与 36 国缔结国际友好城市 101 对，昆明国际友城及友好交流城市数量位居全国前列，西部第三，与南亚东南亚国家正式缔结友城数量稳居全国第一。

5. 国际智库合作务实高效

加强云南与南亚东南亚国家智库交流与合作，是建设辐射中

万象收费站

心，提升文化辐射力的重要方面，也是构建中国与南亚东南亚命运共同体，促进人文交流、民心相通的题中之义。通过与南亚东南亚国家合作组建智库网络联盟、举办智库论坛与学术会议、共同推进项目研究、促进研究人员交流互访等，有效搭建起云南与对象国智库间交流合作平台。

2018 年，“孟中印缅经济走廊智库合作网络”和“澜沧江－湄公河合作机制智库合作网络”在昆明揭牌。近年来，云南充分发挥两个智库联盟合作网络的作用，汇聚智库联盟信息，并将信息资源进行重新整合，促进了国际智库机构之间的沟通交流。通过举办系列智库论坛，特别是中国—南亚东南亚智库论坛，初步建立了中国与南亚东南亚国家智库和专家学者的联系网络。

2019 年，第七届“中国—南亚东南亚智库论坛”在云南昆明举行。来自中国和南亚东南亚等 19 个国家和国际机构的 200 多名专家、学者、政要参加本次论坛，其中包括国外智库机构官员学者 62 位，国内官员学者 161 位。论坛深入探讨中国—南亚东南亚国家次区域合作与经济走廊建设、文化交流与民心相通、相互开放与企业合作、减贫经验分享、与环印度洋国家经贸合作以及推动中国面向南亚东南亚辐射中心建设等问题，深化了专家学者和智库间的交流。

中国（昆明）南亚东南亚研究院自 2015 年 9 月成立以来，积极开展与南亚东南亚智库机构的合作交流，与泰国、缅甸、越南、巴基斯坦、老挝等国家智库机构签署了合作备忘录，并通过合作举办学术会议等有效搭建智库间的交流平台，加强了对外合作交流。比如，研究院与相关国家智库合作，成功举办了纪念中泰建交 40 周年学术研讨会、中越建交 65 周年学术研讨会、孟中印缅地区经济合作论坛等智库论坛活动。

6. 跨国媒体合作成果丰富

媒体在信息传播、增进互信、凝聚共识等方面发挥着不可替代的重要作用。改革开放以来，云南省面向南亚东南亚国家的媒体活动频繁而有代表性，通过广播、电视、报纸、期刊、互联网等媒介，宣传覆盖了大部分周边地区，对宣传中国改革开放发展成就、中华优秀传统文化，以及云南独具特色的少数民族文化起到了非常好的推动作用。

创办了一批面向南亚东南亚地区的报纸期刊。由国务院新闻办公室主管、云南省人民政府新闻办公室主办、云南日报报业集团承办的缅文《吉祥》杂志、老文《占芭》杂志、柬文《高棉》杂志、泰文《湄公河》杂志，努力在让目标受众“看得懂、听得懂、记得住、能管用”上下功夫。《吉祥》《占芭》《高棉》都是当地发行量最大的杂志之一，重点聚焦高端对象，《湄公河》杂志成为中泰两国中文、泰语学习者的必读物。云南日报报业集团先后与印度尼西亚、马来西亚、缅甸、柬埔寨、孟加拉国、泰国、印度等当地主流媒体建立长期合作关系，以中文、英文、缅文、泰文、柬文、印尼文等多种语言文字合作开办了十多份“中国·云南”新闻专刊，成为南亚东南亚各国人民了解中国和云南的重要窗口。

广播、电视覆盖了大部分周边地区。1986 年，云南的对外广播以“香格里拉之声”命名，以越语、华语两种语言播出，覆盖了中越、中老、中缅云南省边境地区和以越南河内、泰国曼谷为中心的大部分南亚东南亚国家与地区；2020 年，香格里拉之声广播呼号调整为云南国际广播。此外，云南广播电视台实施的“中国地面数字电视标准（简称 DTMB）走出去”项目，在老挝、柬埔寨的成功落地，开创了以中国标准带动我国广播电视国际传播能力提升的新模式。云南广播电视台国际频道已落地老挝、柬埔寨、泰国和缅甸，是老挝境内第一个使用老挝语播出的外国频道，也是第一个在泰国整频道落地覆盖的中国电视频道。2018 年，经国家广电总局批准，呼号变更为“云南澜沧江湄公河国际卫星电视频道”，简称“云南澜湄国际卫视”。该国际卫视频道通过卫星和 DTMB 技术手段，覆盖 21 个国家和地区，覆盖范围内的卫星自由接收用户达 3000 多万户。

翻译经典图书，建立书店，边境地区对外传播能力建设得到加强。1992 开始，《云南画册》《中国云南》等一批具有权威性的统一对外宣传资料开始发行。2009 年，瑞丽姐告国门书社成立，截至 2020 年，云南已在中缅、中老、中越边境口岸开办 19 家“国门书社”，成为边民文化交流的重要阵地。此外，云南省与中国外文局合作，共同推进《习近平谈治国理政》缅甸、印度、尼泊尔、孟加拉国、老挝等国家文种的翻译出版工作，为南亚东南亚国家提供一批全方位了解云南及中国的优秀文化资料。

互联网平台对外传播作用得到有效发挥。由国新办支持指导，云南创办的外宣网站——云桥网，使用老挝语、缅语、泰语、越语等多个语种对外传播。西双版纳、德宏、怒江等边境州（市）的新闻网站开通了英文、缅文频道，使用傣文、哈尼文、傈僳文、景颇文等少数民族语言文字播出。《吉祥》《高棉》《占芭》《湄公河》杂志社均开通社交媒体账号。截至目前，《湄公河》杂志社开设并运营 11 个社交媒体账号，是国内专门针对湄公河流域最活跃、粉丝数最多、影响力最大的社交媒体账号矩阵，成为与 Z 世代受众对话的主要渠道。

云南与南亚东南亚国家媒体之间不断加强交流合作，人员互访频繁。举办“南亚东南亚国家主流媒体云南行”等活动，与周边国家多个传媒机构建立了长期稳定的合作机制，并通过录制专题节目增进合作的深度及相互了解的程度。其中，云南文投集团打造的大型旅游演艺节目《吴哥的微笑》被柬埔寨政府授予“旅游特殊贡献奖”。《木府风云》《舞乐传奇》《金太郎的幸福生活》等中国电视剧，在对象国播出后产生了良好反响。

7. 区域国际科技合作持续深化

通过与南亚东南亚国家共建联合实验室、开展科技园区合作、深化科技人文交流、加强科技人才引进培养等，云南与南亚东南亚国家科技合作范围、领域不断拓展，深度不断提升。

对外科技合作政策措施、平台基础不断完善。2016 年，出台《建设面向南亚东南亚科技创新中心专项规划》，配套制定了《面向南亚东南亚科技创新中心建设实施方案》，并成立了相应的领导小组。在国际科技合作平台方面，争取了中国—南亚技术转移中心、中国—东盟创新中心和金砖国家技术转移中心等3个国家级创新平台，14个国家级国际科技合作基地，在巴基斯坦、尼泊尔、孟加拉国、斯里兰卡、阿富汗成立了5个中国—南亚技术转移中心分支机构，在印度成立了中印双边技术转移中心。

依托国家科技合作平台，云南不断加强省级国际合作平台建设。比如，设立中泰天文联合研究中心等69个省级国际科技合作基地，搭建具有云南特色的国际科技合作平台网络；支持建立面向南亚东南亚科技信息大数据中心等，29个面向南亚东南亚科技创新中心建设示范机构。

在共建联合实验室与科技园区方面。与南亚东南亚国家联合共

中老铁路国内段移动网络实现全覆盖

建了中老可再生能源开发与利用联合实验室、中老热带亚热带天然药物资源调查研究联合实验室、中斯特色植物资源研发实验室等 20 个联合实验室；共建了中老农业科技示范园、中越特色农产品科技示范园、中缅合作“双高”优质蔗糖基地等 10 个境外或跨境科技产业基地和示范园区。

在国际科技人才交流合作方面。2015 年以来，在境内外共举办先进适用技术和能力培训班 110 余次，培训人数超过 5000 人，覆盖南亚东南亚 18 个国家。通过举办中国—南亚技术转移与创新合作大会、云南国际人才交流会、中国—东盟科技论坛、中国—东盟创新论坛、东亚峰会新能源论坛、中国—东盟新能源论坛、中国—印度创新合作与投资大会、金砖国家科技创新创业伙伴关系工作组会议等活动，不断深化云南与南亚东南亚国家科技人才交流合作。

四、跨越发展·辉煌云南

经济发展是推进全面建成小康社会的物质基础和重要支撑，推动经济持续健康发展，才能筑牢国家繁荣富强、人民幸福安康、社会和谐稳定的物质基础。改革开放以来，云南历届省委、省政府在党中央坚强领导下，始终把经济建设放在最重要的位置来抓，经历了波澜壮阔的发展历程，取得了特色鲜明的辉煌成就。

党的十八大以来，云南坚持以习近平新时代中国特色社会主义思想为指导，以习近平总书记考察云南重要讲话精神为“纲”和“魂”，紧紧围绕“一个跨越”“三个定位”“五个着力”的要求，坚持稳中求进工作总基调，统筹推进稳增长、促改革、调结构、惠民生、防风险，抓好经济社会发展等各项工作，在决战决胜脱贫攻坚、全面建成小康社会的道路上迈出坚实步伐，走出了一条跨越发展之路。

（一）勇闯跨越式发展新路

1950 年 2 月，云南实现和平解放，历史翻开了崭新一页。自

滇池国际会展中心

此以后，全省各族人民听党话、感党恩、跟党走，矢志不渝心向党，与新中国共奋进，逐步摆脱落后、走向进步，摆脱封闭、走向开放，摆脱贫困、走向富裕。

在社会主义革命和建设时期（1949—1978）的云南经济建设，先后经历了“三年恢复”“‘一五’计划”“三年困难”“五年调整”等过程，呈现出曲折发展的特征。但从总体来看，经济建设仍然取得了巨大成绩，确立了以生产资料公有制为基础的社会主义经济制度，全省经济实力显著增强，基础设施日益完善，农业基础得到加强，工业经济不断崛起，城乡生活得到改善，为改革开放奠定坚实基础。

1978 年，党的十一届三中全会召开，开启了改革开放的伟大征程，云南经济建设也迎来崭新的发展阶段。云南省认真贯彻落实十一届三中全会精神，迅速实现拨乱反正和工作重心的战略转移，明确了改革开放是“利国、富民、安邦”之举，围绕以经济建设为中心，探索适应省情的发展之路，制定对外开放的方针政策，解放思想、锐意进取、勇于实践、敢于突破，不断推动经济体制改革，云南经济建设自此迈入正确、快速、健康的发展轨道。

党的十八大以来，习近平总书记高度重视云南发展，心系边疆各族人民，两次亲临云南考察指导并发表重要讲话，对云南工作作出一系列重要指示批示，为云南经济社会发展擘画蓝图、指引方向。在以习近平同志为核心的党中央坚强领导下，云南主动服务和融入国家发展战略，以改革开放为动力，落实高质量发展要求，适应经济发展新常态，在经济发展各个领域探索和创造着云南实践道路和改革经验，经济增速连续多年处于全国前列，经济总量和质量均迈上新台阶。

全省地区生产总值在2012年迈上1万亿元台阶后，2018年又跨上2万亿元新台阶，2021年达到27146.76亿元，比上年增长7.3%，位于西部前列，连续两年平均增速高于全国。经济总量突破2.7万亿元，稳居全国第18位、西部第4位，省会昆明经济总量突破7000亿元，县域经济迈上千亿台阶的增加到5个。

1. 基础设施建设实现历史性突破

云南交通的日趋完善，对于开展大三线建设、改善西南地区的交通状况、促进经济社会发展和民族团结等都具有重大意义。

新中国成立初期，云南交通状况十分落后。在中国共产党的领导下，1954年昆明至打洛公路修建完成；1956年昆明—曼德勒—仰光国际航线开通；1966年贵昆铁路建成通车；1970年成昆铁路建成通车……

改革开放以来，云南交通运输发展进入快车道。1978—2012年，云南公路通车里程翻了5倍，达21.9万公里；铁路运营里程

昆曼大通道西双版纳段

提高 1.38 倍，达 2350 公里；民用运输机场翻了 3 倍，达 12 个；水运通航里程翻了 3.35 倍，达 3374 公里，综合交通运输建设突飞猛进。

党的十八大以来，先后实施综合交通三年攻坚战、“五网”建设五年大会战、县域高速公路“能通全通”“互联互通”工程建设等，初步建成有效支撑云南发展、更好服务国家战略的综合基础设施体系。

截至 2020 年底，全省公路里程超 29 万公里，高速公路超 9000 公里，是 2012 年的 3 倍，110 个县（市、区）实现了通高速。铁路营运里程 4233 公里，是 2012 年的 1.8 倍；高铁从无到有，营运里程达 1105 公里。昆明国际航空枢纽建设稳步推进，民用运输机场达到 15 个，客货航线 666 条，国内外通航城市 169 个，基本实现昆明至南亚东南亚国家首都航线全覆盖。

全省水库库容量由 2012 年的 121 亿立方米，提高到 2020 年的 142 亿立方米；国家大型水电基地基本建成，金沙江、澜沧江水电基地已投产水电站 20 座，装机累计 4769 万千瓦；中缅油气管道及千万吨级炼油项目建成投产；建成 13 条与周边国家电力互联互通线路。

光缆线路长度达 222.2 万公里，建成 4G 基站 21.5 万个、5G 基站 1.92 万个，4G 网络实现全覆盖，5G 商用试点全面启动。邮政企业网点乡镇覆盖率 100%，快递网点乡镇覆盖率 99.7%。

2. 产业结构进一步优化调整

1978 年，云南第一产业占比最高，第三产业发展严重滞后，全省三次产业之比为 42.7 ∶ 39.9 ∶ 17.4。改革开放以来，第一产业增加值占国内生产总值的比重逐年下降，第三产业增加值的比重逐渐提高。

1987 年，第二产业首次超过了第一产业，1992 年第三产业也超过第一产业。2015—2020 年，云南三次产业结构由 15.1 ∶ 39.8 ∶ 45.1 调整为 14.7 ∶ 33.8 ∶ 51.5，其中第一产业和第二产业增加值占 GDP 比重分别下降 0.4 个和 6 个百分点，第三产业增加值占 GDP 比重提高 6.4 个百分点，第三产业占比有了较明显的提升。从对经济增长的贡献率来看，三次产业对经济增长的年平均贡献率分别为 14.4%、37.2% 和 48.5%。

“十三五”以来，全省农业总产值由 2015 年的 3383.1 亿元增长到 2020 年的 5920.52 亿元，年均增长 11.8%。其中，农业产值年均现价增长 9.5%，林业产值年均现价增长 6.2%，畜牧业产值年均现价增长 17.6%，渔业产值年均现价增长 4.9%。农业与畜牧业增速较快，其中农业中粮食比重下降，畜牧业中猪肉比重下降，经济作物与其他肉类占比上升，产品结构由单一向多元协调发展转变。

“十三五”期间，云南全部工业增加值由3925.2亿元增至5457.96亿元，年均增长8%，高于全国平均水平约2.7个百分点，其中规模以上工业增加值年均增长7.8%。工业严重依赖烟草的格局实现重大突破，烟草工业比重由近36%下降到25.8%。

能源工业迅速崛起，取代烟草成为全省第一大支柱产业；绿色铝、绿色硅产业快速发展，“中国铝谷”“世界光伏之都”正在形成。此外，云南还出台了《服务经济倍增计划（2017—2021）》，明确14个重点行业和5项重点工程作为支持，全省服务业迈上发展的快车道。

2020年，服务业对经济增长的贡献率比2015年提高6.5个百分点；“十三五”期间，服务业对经济增长的年平均贡献率比第二产业高11.3个百分点，比第一产业高34.1个百分点。

3. 全面深化改革成效显著

党的十八届三中全会开启了全面深化改革、系统整体设计推进改革的新时代，确定了“完善和发展中国特色社会主义制度、推进国家治理体系和治理能力现代化”的总目标，党的十九大将全面深化改革作为习近平新时代中国特色社会主义思想“八个明确”和“十四个坚持”基本方略的重要内容，并在党的十九届四中全会上进一步提出坚持和完善中国特色社会主义制度、推进国家治理体系和治理能力现代化的新时代“三步走”发展目标。

总体来看，党的十八届三中全会以来中央部署的改革任务在云南得到了全面贯彻落实，在各方面制度更加成熟更加定型上取得明显成效。全面深化改革实现从夯基垒台、立柱架梁，到全面推进、积厚成势，现已进入系统集成、协同高效的新阶段，许多领域实现历史性变革、系统性重塑、整体性重构，省级层面共出台改革方案3000多个，为人民群众解决了许多揪心事、操心事和烦心事，为全省经济社会发展注入活力和动力，为边疆民族地区治理能力提升提供了可靠的制度保障。

过去几年，云南省委深改委紧跟中央深改会议频率，共召开52次会议，坚持第一时间传达学习、深刻领会中央深改委会议精神。颁布实施《云南省民族团结进步示范区建设条例》《云南省创建生态文明建设排头兵促进条例》等地方性法规，制定民族团结进步示范区建设实施意见、生态文明体制改革总体方案、开放型经济体制改革工作总体方案等一系列制度机制，形成了一套系统的改革举措。

率先在全国实行行政许可目录省级集中管理；率先在全国深化电力体制改革，建立“市场交易＋分类补偿”新机制，在全国率先核定输配电价、建立电力价格市场化形成机制，成立全国首家省级配售电公司，市场化交易电量居全国前列。

同时，云南成为全国第一个实现林权管理信息化、开展林权社会化服务体系建设的省份。在全国率先设立驻外商务代表处26个，实现南亚东南亚国家全覆盖。在全国率先开展按疾病诊断分组（DRGs）付费方式改革、全面推广紧密型医联体和县乡村医疗服务一体化建设。

深入实施农业供给侧结构性改革，按照“大产业＋新主体＋新平台”的路子，深化农村集体产权制度、农业经营制度体系等改革，构建现代农业建设制度体系，不断改善农村生产生活条件，为全面推进乡村振兴奠定了坚实基础。

建立适应边疆民族地区特点的治理体系和治理能力现代化制度体系，率先创建党政军警民“五位一体”合力强边固防机制，不断筑牢祖国西南安全稳定屏障。在全国率先试行领导干部防止利益冲突规定，建立容错纠错机制、巡视巡察监督机制。

4. 区域经济发展日趋平衡协调

“十三五”时期，云南坚持新发展理念，按照主体功能明显、优势互补、高质量发展要求对区域经济进行布局。

2015—2020年，全省城乡居民收入比（以农村为1）由3.20 ∶ 1下降为3.06 ∶ 1。2020年城镇居民恩格尔系数为27.9%，农村居民比城镇居民多下降1.5个百分点，农村自来水普及率由77.7%增至94%，农村卫生厕所普及率由64.7%增至78.6%。从消费结构看，农村居民消费水平提高明显快于城镇居民。

“十三五”期间，云南地区经济社会持续保持协调发展的态势，各州（市）相对差距不断缩小，地区经济发展表现出巨大活力，全省16州（市）地区经济差异系数由43.4缩小为34.1。

重点实施了以昆明市与滇中新区“市区融合”推动滇中城市群建设，以大滇西旅游环线推动滇西、滇西北城镇群建设，以面向北部湾和越南的区域合作推动滇东南城镇群建设，以孟中印缅和中国—中南半岛经济走廊推动滇西南城镇群建设，以打造长江上游生态屏障示范区推动滇东北城镇群建设。

2015年，全省地区生产总值超过100亿元的县（市、区）35个，占全省地区生产总值的64.7%；超过300亿元的有7个县（市、区）。2020年，地区生产总值超过100亿元的县（市、区）达到79

个；超过300亿元的县（市、区）有19个，地区生产总值占到了全省地区生产总值的47.2%，强县、强区对经济增长的支撑作用十分突出。

2015—2020年，云南常住人口城镇化率由43.3%增至50%，提高了6.7个百分点。

5. 民生福祉得到有效保障

党的十八大以来，云南财政对教育、医疗、养老等方面的民生支出逐年增长，2020年达5151.3亿元，比2012年增加2536亿元，用财政过紧日子换来老百姓的好日子。

城镇常住居民人均可支配收入从2012年的21075元增至2020年的37500元，增长77.9%；农村常住居民人均可支配收入从2012年的5417元增至2020年的12842元，增长1.4倍。全省城镇新增就业人数357.52万人，城镇登记失业率一直保持在4.03%以内；覆盖城乡的社会保障体系基本建立，全省基本养老保险参保人数由党的十八大前的2511.23万人增加到2020年底的3151.52万人，工伤、失业保险参保人数由519.26万人增加到806.2万人。

截至2020年底，全省各级各类教育普及程度和发展质量得到大幅提升，全省学前三年毛入园率达88.79%、九年义务教育巩固率达96.15%、高中阶段教育毛入学率达90.98%、高等教育毛入学率达50.05%，129个县全部实现县域义务教育基本均衡发展。

健康云南建设成效显著，云南被列为全国区域医疗中心建设8个试点省份之一，全省医疗卫生机构数、拥有床位数、卫生技术人员数分别从2012年的23387个、19.47万张、16.68万人增至2020年的26626个、32.53万张、36.65万人。

武定县狮山镇西和村卫生室做好新型农村合作医疗服务

2019 年底，云南全面破除了实行 60 多年的“以药补医”机制，公立医疗机构全部实现药品采购“两票制”；2020 年，云南历史性地实现消除疟疾目标，艾滋病防控在全国率先实现“3 个 90%”的防治目标；居民健康水平持续提升，全省人均预期寿命达到 75.26 岁。

6. 书写中国减贫奇迹的云南篇章

党的十八大以来特别是 2015 年中央扶贫开发工作会议以来，云南省以脱贫攻坚统揽经济社会发展全局，坚持五级书记抓扶贫、党政同责促攻坚，层层签订“军令状”，全面落实“六个精准”要求，大力实施“五个一批”工程，组织动员百万贫困群众“挪穷窝”“斩穷根”，全力推动深度贫困地区发展，统筹推进东西部扶贫协作，全面解决“两不愁三保障”和饮水安全问题，书写了中国减贫奇迹的云南篇章。

截至2020年底，全省933.39万农村贫困人口全面脱贫、8502个贫困村出列、88个贫困县脱贫摘帽，150万人完成易地扶贫搬迁安置，11个“直过民族”和人口较少民族实现整族脱贫，困扰云南千百年的绝对贫困问题得到了历史性地解决。全面建成小康社会取得决定性成就，用实际行动兑现了“全面建成小康社会，一个民族都不掉队”的庄严承诺。

自改革开放以来特别是党的十八大以来，云岭大地发生了翻天覆地的变化，全省经济社会实现跨越式发展，经济总量迈上新台阶，基础设施建设实现历史性突破，民生保障水平大幅度提升，脱贫攻坚取得全面胜利，边疆各族人民过上了富足而美好的小康生活。

这些翻天覆地的变化，是以习近平同志为核心的党中央坚强领导的结果，是习近平新时代中国特色社会主义思想和习近平总书记考察云南重要讲话精神科学指引的结果，是全省广大党员干部和各族人民共同团结奋斗的结果。

党的光辉照边疆、边疆人民心向党。如今的云岭大地，各族人民爱党、爱国、爱社会主义的信念坚不可摧，感党恩、听党话、跟党走的意志历久弥坚。

（二）“旅游革命”旧曲谱新歌

云南具有得天独厚的优美自然风光、良好生态环境、优越气候条件、浓郁民族风情、深厚历史文化。自20世纪70年代后期开始，云南旅游业先后经历了起步发展、加快发展、支柱产业建设、旅游“二次创业”和旅游强省建设5个重要发展阶段，走出了一条符合云南实际的旅游发展道路。

总体来看，云南旅游业起步早、力度大、发展快，在旅游目的地打造、旅游景区建设、特色旅游产品开发、旅游品牌营销宣传等多个方面开创了先河，走在全国前列，形成了具有品牌效应和影响力的“云南旅游发展经验”，一度成为中国旅游业发展的领跑者和排头兵。

自“十三五”以来，随着全域旅游、大众旅游时代的到来，面对国内外旅游市场竞争日趋激烈的态势，云南旅游业既面临着难得的发展机遇，又面临着传统旅游产品转型升级缓慢、新业态培育不足、公共服务设施建设滞后、旅游服务质量和经济效益不高等突出问题。对此，云南省作出加快旅游文化产业转型升级和建设现代化产业体系的重大决策。

2017年以来，云南提出了加快推进旅游产业转型升级的发展战略，作出“一手抓旅游产业转型升级、一手抓旅游市场整治”的决策部署，先后制定了《云南省加快推进旅游产业转型升级重点任务》《云南省旅游市场秩序整治工作措施》等一系列政策措施。

2019年4月，云南又作出建设大滇西旅游环线的战略部署，先后推动实施“整治乱象、智慧旅游、无理由退货”的“旅游革命”“三部曲”战略，持续助推全省旅游文化产业转型升级。

2020年1月，习近平总书记考察云南并发表重要讲话，要求云南“要巩固依法整治旅游市场乱象的成果，推动旅游产业持续健康发展”。

近年来，云南以壮士断腕的勇气和来一场“旅游革命”的决心，重拳出击，整治旅游市场乱象，维护旅游市场秩序，坚决守好云南旅游的“金字招牌”。通过推进实施“旅游革命”，目前全省已初步形成“激励先进、鞭策后进、你追我赶、加快发展”的良好氛围，旅游转型升级步伐加快，并取得明显成效。

1. 打出整治旅游乱象组合拳

自 2017 年 4 月施行《云南省旅游市场秩序整治工作措施》（以下称“22 条”措施）以来，云南省各级党委、政府和相关部门始终高度重视，持续深入推动“22 条”措施落地落实。

针对旅游市场出现的新情况、新问题，云南在“22 条”措施的基础上，相继又出台了《关于加快推进旅游转型升级的若干意见》《云南省旅游从业人员“八不准”规定》等政策文件，建立旅游市场黑名单严管机制，严肃查处涉旅人员案件、推动“诉转案”“行转刑”，有力打击了低价团、强迫购物等各种旅游市场乱象，推动云南旅游市场走上依法治理的轨道。

其中，被称为云南旅游史上“最严厉的‘22 条’措施”中明确，取消旅游定点购物、严禁变相安排和诱导购物、禁止“不合理低价游”、建立旅行社“黑名单”制度、建立全省导游管理平台等 7 个方面 22 条措施，全方位推动云南旅游市场秩序整治工作。

2017—2020 年，仅昆明市文化和旅游局就立案处罚旅游行政案件 777 件，处罚金额 1062.536 万元，吊销旅行社经营许可证 70 家，吊销导游证件 29 人。截至 2020 年底，昆明市共完成 7 类涉旅企业诚信评价 59080 家，完成率达 94.84%。

2016 年，丽江市在全省率先成立旅游市场监管综合调度指挥部。经过不断探索总结，丽江陆续建立完善“1+5+14+X”旅游投诉处置工作、旅游市场多渠道暗访、旅游“红黑榜”、旅游购物退换货工作等机制。

根据全国旅游投诉平台 12301 的统计，2017 年、2018 年和 2019 年的云南旅游投诉量分别排在全国第 6 位、第 21 位和第 25 位，呈逐年下降趋势。2020 年，旅游投诉 24 小时办结率达 99%，是全国旅游投诉处置最快的省份。

2. 实现一部手机“游云南”

2017 年以来，云南下定决心，一方面重拳整治旅游市场秩序，另一方面积极探索“互联网 + 旅游”实践。与腾讯公司合作建设“一部手机游云南”平台，按“云南只有一个景区，这个景区叫云南”的全域旅游理念，着力重整旅游资源和产品，重构诚信和投诉体系，重建市场规则和秩序，重塑旅游品牌和形象，全力推动旅游

一部手机“游云南”

业全面转型升级，再造一个诚信、智慧、健康、便利的旅游生态。

自2018年10月正式上线以来，“一部手机游云南”平台已建成包含一个云南文旅大数据中心、一个旅游综合管理平台“一部手机管旅游”、一个旅游综合服务平台“游云南”App在内的“一中心两平台”，该平台还被列入文化和旅游部发布的2020年文化和旅游信息化发展典型案例。

“游云南”App依托物联网、云计算、大数据、人工智能、人脸识别、小程序、腾讯云、微信支付等多项核心技术，打通酒店、餐饮、景区、商业等旅游产业全链条，为游客提供游前、游中、游后的全过程服务，“一机在手，全程无忧”和“游客体验自由自在，政府服务无处不在”的目标已逐步变成现实。

2018年以来，云南对顺利接入“一部手机游云南”平台，且符合“一部手机游云南”建设标准、功能和进度的5A、4A、3A级景区，经省行业专家考核验收合格后，按照5A级景区400万元、4A级景区200万元、3A级景区100万元的标准予以奖补。

作为云南最全面最权威的旅游资讯平台，“一部手机游云南”汇聚了全省16个州（市）、129个县（市、区）1分钟视频简介以及482个景区旅游资讯服务信息、目的地名片、直播、游玩攻略等，对景区介绍、门票、交通、路线、适宜的观景时间等提供详细介绍。该平台还汇集了194家3A级以上景区手绘地图，接入29986座厕所和1070个景区停车场信息，上线宾馆酒店5438家，还可帮助游客快速识别花卉种类，识别种类多达6000多种。

截至2020年底，“一部手机游云南”平台累计下载量达2209万次，整个运营体系和服务体系为公众提供了1.8亿次服务，成为云南智慧旅游的“顶级流量”App。

3. 打造大滇西旅游环线

2019 年 4 月，云南省提出打造大滇西旅游环线，涉及大理、丽江、迪庆、怒江、保山、德宏 6 个州（市），全长约 1600 公里。2020 年 3 月，大滇西旅游环线扩容，将昆明、玉溪、普洱、临沧、楚雄、红河、西双版纳 7 个州（市）纳入其中，形成西北、西南两条环线，构建总长 3200 公里的“8”字形大环线，沿线分布有较高开发价值的旅游资源点 1079 个、国家级非物质文化遗产 107 个、国家级文物保护单位 139 个、高 A 级旅游景区 55 个。

通过打造大滇西旅游环线，对推动滇西旅游全面转型升级，推动人流、物流、资金流、信息流等经济要素自由流动，实现旅游、文化、科技等多项功能叠加，释放辐射带动发展的乘数效应，践行“绿水青山就是金山银山”理念，对推动滇西边境山区经济社会高质量跨越式发展具有十分重要的意义。

目前，云南省正加快形成以高速公路为主体的交通大环线，并依托现有国省县乡道路系统，打造不同体验的小环线。同时，加强与省内各地和周边省区的连通，形成内联外通的大滇西旅游交通路网。预计到 2025 年，大滇西旅游“8”字形环线将全线贯通。

作为建设大滇西旅游环线新产品新业态的重要抓手和引领性建设项目，云南正加快推进半山酒店建设，已初步确定 400 多个半山酒店选点。

2021 年，全省建成运营半山酒店 60 个以上，其中最美半山酒店力争 10 个以上；2025 年，力争全省建成运营半山酒店 300 个以上，其中最美半山酒店力争 60 个以上。

4. 重塑云南旅游新形象

自 2019 年 5 月起，云南创新推行“30 天无理由退货”，在全省 16 个州（市）和旅游重点县设立 123 个游客购物退货监理中心，全省机场、主要火车（高铁）站和游客集中区域共设立 130 个云南省游客退货中心服务点。

在开展试点的基础上，先后出台游客购物退货工作管理暂行办法和加强游客购物“30 天无理由退货”工作机制建设政策，规范退货流程，明确退货退款先行垫付制度等措施。

游客可选择线上退货、线下退货两种方式，线上退货通过“游云南”App 办理，线下退货则可在全省机场、主要火车（高铁）站、游客集中区域设立的云南省游客退货中心服务点办理，通过线上、线下相结合的方式，及时、高效、便捷地向游客提供退换货服务。

同时，云南建立健全“1+16+129+X”（“1”“16”“129”分别为省级、州（市）级、县级旅游市场监管综合调度指挥中心，“X”为涉旅企业）旅游投诉处置工作体系，以提升投诉者满意度为目标，全面提升投诉处置的效率和质量。

2019 年 5 月 1 日至 2020 年 12 月 26 日，全省退货成功 10861 起，退款金额 7819.77 万元。通过游客评价满意度调查，满意度达 99.9%。

自 2019 年 5 月推行“30 天无理由退货”以来，昆明市建立起 1 个游客购物退货监理中心、18 个县级游客购物退货监理分中心，以及“昆明长水国际机场服务点”“昆明南站服务点”2 个退货服务点和 100 个退货咨询点的三级购物退货体系，为游客提供便捷、高效的退货服务。

丽江市挂牌成立了丽江市旅游购物退货监理中心，出台《丽江市旅游购物退货监理中心退（换）货工作制度》，定期召开游客购物退货工作联席会议，分析研究游客购物退货方面存在的问题，建立回访制度，了解并消除游客的顾虑。

治是塑内魂，智是赋新能，质是强根基。在“只有一个景区叫云南”的“诗和远方”，这场旨在重塑旅游新形象的革命显得尤为重要。近年来，云南省通过深入推进三“zhì”（即“治理乱象”的治，“智慧旅游”的智，“质高品优”的质）“旅游革命”，旅游乱象得到有效遏制。

同时，全力打造大滇西旅游环线建设，助推全域旅游转型升级和高质量发展。为实现从“旅游大省”到“旅游强省”的转变，云南加快推进文旅产业转型升级，实现旧曲谱新歌，以国际化、高端化、特色化、智慧化为发展目标，锚定建设成为世界一流旅游目的地。

（三）数字云南培育新动能

身处数字时代，深入推进数字化发展是云南充分利用数字经济的后发性优势，是奋力实现后发赶超的千载良机。

长期以来，云南省始终以习近平总书记关于建设“数字中国”的重要论述为根本遵循，坚持科学谋划顶层设计、统筹部署高位推动，以“资源数字化、数字产业化、产业数字化”为主线，深入推进经济社会要素全面数字化，赋予经济发展、社会治理新的生命力，让建设“数字云南”成果服务国家发展、造福人民生活。

特别是“十三五”时期，云南以高度的历史使命感谋划建设“数字云南”，以数据作为关键生产要素、以数字技术为核心驱动力、以新基建为重要载体，数字潜力加速释放，数字基础不断夯实，数字技术持续创新，数字价值实现提升，数字经济的新业态、新模式、新技术不断涌现，产生了不少在全国叫得响的“单项冠军”，探索出一条“以资源引企业、以市场换产业、以应用促发展”的发展路子，数字经济已成为推动云南高质量跨越式发展的重要引擎，为谱写好实现中华民族伟大复兴中国梦的云南篇章提供了有力支撑。

自2016年启动“云上云”行动计划后，云南在信息化、数字化建设方面持续加码，出台系列政策文件、落实配套措施、加大创新研发、加速成果应用。2019年2月，成立建设“数字云南”领导小组；5月，发布《云南省数字经济发展规划（2019—2023年）》《云南省区块链产业发展规划（2019—2023年）》等政策文件；7月，举办首届“数字云南”区块链国际论坛。云南省数字经济发展规划的出台，为云南数字经济发展指明了方向：以资源数字化、数字产业化、产业数字化以及面向南亚东南亚辐射中心数字枢纽为统领，推动新一代信息技术与八大重点产业和世界一流“三张牌”融合创新发展，促进产业结构优化和传统产业转型升级。

2020年3月，全国首个省级区块链中心——云南省区块链中心挂牌成立，全国首个省级层面的区块链溯源商品码——“孔雀码”正式发布……随着一项项政策实施、一批批项目落地，云南信息基础设施能力持续提升，资源数字化步伐和产业数字化进程加快，数字经济核心产业蓬勃发展，“数字云南”蓝图已绘就，数字经济将成为云南省打造世界一流“三张牌”之后的又一张“王牌”。

1.“新基建”取得积极进展

云南省抢抓机遇，深入推进新型基础设施建设，在信息基础设施、数据中心、区块链、工业互联网等方面取得积极进展。

信息基础设施快速发展。全省行政村实现4G网络覆盖，自然村4G网络覆盖率达92%，截至2020年底，移动基站总数达33.1万个，较2015年的16.3万个净增长2倍，4G基站数“十三五”期间净增3倍，达21.5万个。同时，全省加快布局5G网络，建设5G独立组网核心网，实现独立组网商用能力，全省建成5G基站1.92万个，实现16个州（市）政府所在市主城区、县级以上重点区域覆盖。截至2020年底，全省光缆线路长度222.2万公里，是“十二五”末期（79.5万公里）的2.8倍。“十三五”期间，建成老挝、缅甸跨境陆地光缆共计13条，国际语音通信地位仅次于北、上、广三地。全省现有窄带物联网基站数达（NB-IoT） 2.7万个，连接数达590.8万个，物联网基本覆盖行政村以上区域。

数据中心初具规模。截至2020年底，云南已建成各类数据中心42个，机架总数超3万架，PUE值平均低于1.5，有效实现了节能减耗。中国移动（云南）数据中心、云上云·云南省信息化中心、浪潮、华为、紫光、奥飞等一批大中型数据中心相继落地。其中，云上云·云南省信息化中心（首期）已建成党建云大数据和云计算平台，并稳定运行3年，为云南各级党委、政府和旅游等行业提供了高效的云资源服务，实现省级数据平台与州（市）数据平台互相支撑。国家重要产品追溯西南中心、云南文化大数据中心、云南旅游大数据中心等一批功能性特色数据中心加快建设。

工业互联网有序推进。2018年，印发了《云南省工业互联网

数字云南　共享 5G

发展三年行动计划（2018—2020 年）》，以打造工业互联网平台，全面推进企业“三化”（数字化、网络化、智能化）改造升级为主线，深入推进互联网、大数据、人工智能与实体经济深度融合。重点建成了云南中烟工业互联网平台和冶金行业工业互联网平台，并基于平台开展产品状态监测、远程过程优化等应用。开展两化融合以来，共有 196 家企业启动国家两化融合贯标，有 64 家企业获证，两化融合贯标企业数排名从全国第 29 位跃升至第 19 位。开展评估诊断和对标引导的企业达 2629 户，全国排名第 16 位。

智慧交通设施更便捷。云南加快建设全省交通 GIS 一张图，综合利用公路普查专业数据、商业地图基础数据、卫星遥感影像数据以及数字化工程档案，大力推广 BIM 技术，建成了 25 万余公里数字化路网，整合 4000 余公里三维数字化路网模型、1114 幅高分辨率卫星遥感影像，以及澜沧江景洪电站下游 103 公里的电子航道。初步形成“智慧服务区综合管控平台”，实现全省250个高速公路服务区（含停车区）基础数据接入。城市交通领域完成了全省16个州（市）主要城市公交一卡通互联互通工作。

2. 数字经济发展扎实推进

“十三五”时期，云南数字经济呈现快速发展的良好态势，区块链产业取得新突破，传统产业数字化进程加快，农业、制造业、旅游业等传统行业实现“互联网+”的“云时代”全面转型升级，信息产业持续发展壮大，电信业从发展滞后跨入先进行列。

区块链发展取得突破。2020年3月，云南省区块链中心挂牌成立，成为全国首个省级区块链中心，发布云南区块链平台和区块链溯源商品码“孔雀码”。云南省区块链中心是建设“数字云南”的一次突破，该中心设置企业招商入驻服务机制，为企业提供一站式工商注册、专利申报、社保、税务等代办服务，首批入驻企业包括阿里巴巴等24家区块链企业。云南区块链平台主要包括“三平台一中心”，即区块链基础平台、区块链监管平台、云南省溯源商品码“孔雀码”运营管理平台及区块链产业运营中心。作为云南区块链特色名片，“孔雀码”是基于云南区块链平台打造的云南省区块链商品码，为每件商品赋予区块链标识，实现商品溯源“一品一码”。截至2020年底，首批贴有“孔雀码”标识的茶叶、蜂蜜、坚果、乳胶制品等10家企业、28种品类、32664余件商品进入流通市场。2019年7月，云南省联合腾讯开发“区块链+景区发票”应用，成功开具了全国首张区块链电子冠名发票，实现区块链应用于税务领域的新突破。截至2020年底，全省共开具区块链电子发票68.19万张。

“一部手机云品荟”提升消费体验。为助推“云品出滇”，“一部手机云品荟”按照“一站购买”“诚信服务”的要求，借助“云品库、云拼团、云新品、云供应、云采购、电商扶贫”等功能支撑，面向各类销售渠道提供名特优产品直供及供应链服务的农产品综合服务平台。目前，“一部手机云品荟”已在昆明建立了线下体验店，在广州、深圳设立展示馆，在镇雄、镇康等县试点开设线下体验店。截至2020年底，共有721家企业、748个品牌、10522个单品入驻平台并实现在线交易，5866个单品进入线下体验店。平台已实现生产端和消费端的信息高效对接和在线交易，成为全国具有影响力、引领中国农产品流通新模式的农特产品电子商务平台之一。

“一部手机云企贷”优化融资服务。立足云南农业、农企、农户实际，“一部手机云企贷”着力解决农企农户融资难、融资贵、融资慢等问题，是云南省与中国建设银行合力为乡村振兴提出的新金融解决方案，是“智慧政务”“数字云南”建设的又一重要场景应用和延伸。“一部手机云企贷”实现了三个首创，即首创省级政府“服务实体经济数字化综合平台”，提高政策红利与金融支持的易得性；首创“一网通+一站式”移动端金融支持，实现企业、个人贷款服务移动办、随处办，大中小企业及个人实现同一界面、统一申贷入口；首创“云信用”平台与金融的深度合作，通过会员制管理，为获奖企业、诚信企业增信，助推信用体系建设，逐步实现政府经济政策与银行信贷政策融合。该平台自2019年9月上线以来，累计访问量44.2万次，下载量5.3万次，注册用户40073个，用户覆盖全省4054户各级农业龙头企业、842户省级以上龙头企业、全省“10大名品”企业、国家级示范社、省级示范社和省级示范家庭农场等。累计授信金额72.4亿元，贷款余额53.5亿元。带动上游农户 25 万户，其中建档立卡贫困户 7587 户，带动小微企业及合作社 2140 家。

3. 数字政府建设实现突破

面对新形势、新要求，云南省坚持需求导向，聚焦企业和群众关心的问题，运用移动互联网、云计算、大数据、人工智能、区块链等新一代信息技术，不断创新政府治理和服务模式，有效提升行政管理和服务效率、政府公信力和执行力。

打造“一部手机办事通”新体验。采取省级统建、全省共用的模式，全力打造“一部手机办事通”，推进政务服务事项“掌上办”，构建“无处不在”的移动政务服务，打破空间阻隔，实现全省人民群众只要在手机有信号的地方均可办理线上服务事项，提升人民群众的获得感和幸福感。通过“一部手机办事通”，实现 1363 个事项“零跑腿”，其中突破性地上线了 600 个行政权力类事项。截至 2020 年底，该平台注册人数突破 2100 万人，办件量超过 1 亿件，连续两年获评全国省级优秀政务 App，荣获“2020 年度百度知道政务服务便民奖”。

开启云南“智慧党建”。云南结合边疆民族地区实际，将党建的传统优势与信息技术深度融合，先后实施“互联网 + 党建”“智慧党建”三年行动计划，在祖国边疆升起了一朵“党建红云”，创新构建出集“党务 + 政务 + 服务”“三位一体”，电视、电脑、手机“三屏互动”的基层党组织“云岭先锋”综合服务平台，实现省、州、县、乡、村五级网络全覆盖、平台全覆盖。“云岭先锋”综合服务平台、“云岭先锋”手机 App 是云南通过“智慧党建”走出的一条基层党建与信息技术深度融合的云南基层党建工作创新路径，是服务云南农村党员及群众，解决党务管理信息化、党员教育多样化、群众办事便利化等一系列利党利民的创新工程。

构建疫情防控新手段。面对突如其来的新冠肺炎疫情，为做好在滇、入滇人员的分类管理，方便公众填报信息，云南省及时推出“云南健康码”，从开发到完成上线，“云南健康码”仅用了3天时间。上线后，健康码对社区管理、企业复工、交通出行、学校开学、买药登记等使用场景进行覆盖，全面实现入滇人员无纸化申报个人健康信息。截至2020年底，健康码累计扫码1.75亿人次，累计扫码人数5000余万人，重点人员处置14余万人。2020年9月，由云南省开发的“疫情监测指挥系统和云南健康码系统”入选中欧数字化抗疫优秀案例，成为国际社会利用数字化手段抗击疫情的典范。

创建信用云南新载体。云南省以电子政务云平台为支撑，搭建“1+1+5+N”省州（市）县三级一体化“横向到边、纵向到底”的信用信息共享平台，建设省级和16个州（市）统一的“1+16”信用云南网站群。截至2020年底，全省开通部门账号9602个，省级59个部门、州（市）县5476个部门实现了数据实时报送，13家省直机关、5个自建平台州（市）实现自动对接，总计入库数据为超3亿条。通过“信用中国（云南）”网站向社会公示法人行政许可信息454.7万条，法人行政处罚信息11.1万条，法人激励名单信息15.28万条，法人惩戒名单信息7.42万条。

4. 数字社会发展全面深化

“十三五”期间，云南省积极构建智慧便民的数字社会，强化数字技术在教育、医疗、税务、人社等领域的应用，不断满足人民

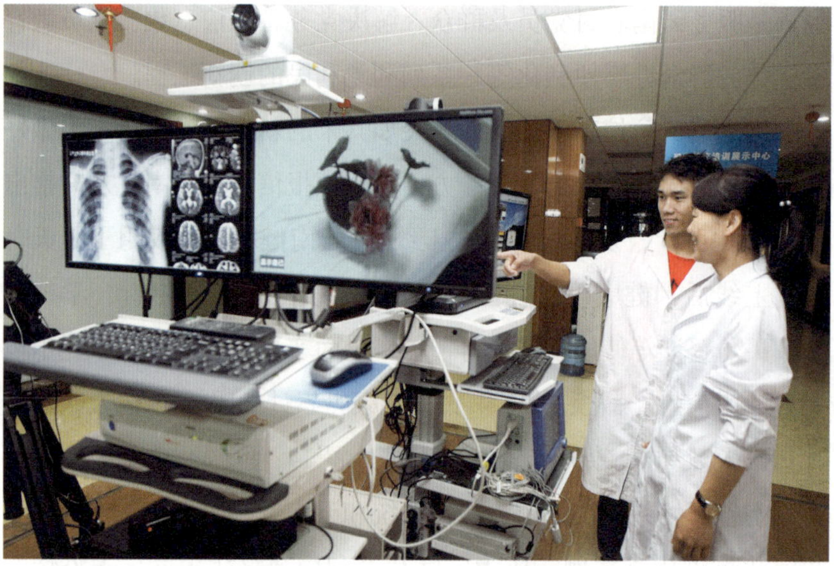

医疗多功能检查系统为边远山区提供远程服务

多层次多样化需求，加快推动公共服务便捷化，共建共治共享的社会治理新格局初步形成。“智慧教育”“数字医疗”等新技术的应用为全省各族人民的生活带来全新改变，“刷脸就行”开启智慧生活新模式、新体验，河湖、林业、自然资源等行业的数字应用，加快推进成为全国生态文明建设排头兵进程。

教育资源公平覆盖。“十三五”时期，云南加大省级统筹力度，优先建设高速光纤网络，实现宽带网络校校通。按照“万兆主干、千兆进校、百兆到班”的带宽标准，完成全省 129 个县（市、区）义务教育学校（含教学点）的网络建设，在西部率先实现学校宽带网络全覆盖。高速光纤网络覆盖所有教学班工作走在全国前列，有效解决了边远贫困地区 3000 多所学校教学点不通网络的问题。全省义务教育阶段学校 90% 的教学班级配备多媒体互动教学设备。提供各类教学资源超过 122 万个，组织“一师一优课”晒课 130 多万节，全省教师空间开通率达70%，建成包含1000多万名学生、60多万名教师、20000多所学校的教育基本数据库。

医疗服务普惠发展。云南已建成全员人口信息、电子病历、电子健康档案等基础数据库，完成省级平台和州（市）级平台（楚雄州）试点建设，全省分别有4所、43所、157所医院通过国家电子病历等级平台5级、4级、3级评审。通过“一部手机办事通——我要看病”联通全省16个州（市）的81所医院87个院区，方便群众“找到医院、找到科室、找到医生”，实现精准预约挂号。截至2020年底，云南省共有2734家医院、12022家药店上线医保电子凭证，通过在16个统筹区开展医保电子凭证应用工作，实现同时支持刷脸、扫二维码、医院诊间结算、建档立卡人员四重保障“一站式”结算就医购药服务等新体验。

“刷脸就行”服务升级。昆明市将“一部手机游云南”App与旅游业票务系统关联，在全市17家主要旅游景点开展了刷脸入园、刷脸支付等刷脸旅游服务。在五华区南屏街、正义坊步行街打造“刷脸支付一条街”示范点，截至2020年底，累计拓展“刷脸就行”商户630户，安装刷脸设备630台，累计交易金额3565.7万元，交易笔数21.68万笔。呈贡区洛龙湖社区米兰园小区实现从传统防范向科技防范转型，建设智慧安防社区，小区5个出入口均安装了2台人脸识别机，140个单元门也全部换成人脸识别机。

便民办税更加高效。云南省聚焦“放管服”要求，依托“互联网+”激发服务潜能，从纸质到电子，从“一厅通办”到“一网通办”，从“上门办税”到“指间办税”转变，着力打造智能化纳税服务新体验，开启智慧便民办税新时代。通过手机可实现包括区块链发票查询、社保费缴纳、车购税缴纳、车船税缴纳、增值税普通发票代开等110余项功能。2019年9月，云南省税务局办税移动平台在全省正式推广应用。截至2020年底，移动平台全省共办理业务4365.43万笔，缴纳税费款154.02亿元，率先在全国税务系统实现一部手机一个入口缴纳税费，实现“手机办税费，群众身边的税务局”的目标。

“十三五”时期，云南省委、省政府全力建设“数字云南”，并取得了令人振奋的突破性进展。通过实践证明，建设“数字云南”是践行新发展理念的有效路径，是主动顺应数字化发展趋势的迫切要求，是培育发展新动能的必然选择。

加快建设“数字云南”，有利于加快完善云南公共卫生体系建设，提高应对突发重大公共卫生事件能力和水平；有利于推动教育、医疗、税务、环保、交通等发展，实现公共管理、社会服务等方面的数字化转型；有利于推动社会治理方式的精准化智能化变革，不断提升云南的社会治理能力。

当前和今后一个时期，借助建设“数字云南”契机，通过运用数字技术融通信息、构建城市大脑提升社会智治水平，提高运转效率，是云南推进社会治理能力现代化的必由之路。

（四）新能源跑出云南速度

云南省能源资源丰富，资源种类较为齐全，水能，风能，太阳能，生物质能，煤炭，页岩气、煤层气等非常规天然气等资源较为富集，资源潜力巨大。云南能源绿色特征浓，具有无与伦比的资源优势。

白鹤滩水电站

1910年，中国大陆第一座水电站——石龙坝水电站在云南落地。1912年，中国第一条高压输电线路——23千伏石龙坝到昆明输电线路建成投产。1939年，中国人生产的第一根电线在昆明电缆厂诞生。但在积贫积弱的旧中国，云南能源工业基础十分薄弱，能源资源利用十分有限。1949年，云南电力装机仅1.45万千瓦，发电量仅0.51亿千瓦时。

新中国成立后，云南能源工业体系逐步建立健全，能源资源得到广泛开采利用，以电力为代表的现代能源开始走进千家万户，能源在经济社会发展中的地位与作用与日俱增。改革开放后，云南能源事业走进了万象更新的“春天”。云南开创性地走出了筹资办电模式，鲁布革电站、漫湾电站、大朝山电站等先后建成，云南水电优势迅速崛起。

20世纪90年代初，云南实现向广东送电，拉开全国“西电东送”的序幕。2001年，云南实现向越南送电，开创了中国电力输出的先河。

党的十八大以来，云南省委、省政府紧扣习近平总书记考察云南重要讲话精神，在2018年作出了打造世界一流的“绿色能源牌”的重要决策部署，成为推动全省经济高质量发展，闯出一条跨越式发展新路径的重要抓手。

云南立足于绿色能源资源丰富、开发潜力巨大的比较优势和“一带一路”建设、长江经济带发展两大国家发展战略的重要交汇点的区位优势，让能源成为全省经济增长的主要推动力，能源产业在2019年跃升为全省第一大支柱产业，以水电为主的绿色能源生产达到世界一流水平，初步建成清洁低碳、安全高效的现代能源产业体系。

1. 规划引领，壮大绿色能源优势

“十三五”期间，云南审时度势，制定印发《云南省能源发展规划（2016—2020年）》和《云南省能源保障网五年行动计划（2016—2020年）》，出台《做强做优能源产业的意见》以及《云南省五大基础设施网络建设规划（2016—2020年）》等文件，指导科学编制电力、油气等专项规划和配套政策措施。

多年来，围绕把云南打造成国家“西电东送”清洁能源基地的战略目标，配合国家先后完成了澜沧江中下游、澜沧江上游、金沙江中游、怒江中下游水电开发规划，组织完成中小河流水电开发规划。

目前，澜沧江、金沙江干流水电开发工作按照国家批复的规划开展，怒江水电规划已编制完成待国家审批，中小水电开发严格按经批复的规划开展；推动审慎稳妥在适宜地区适度发展风电、光伏等新能源，组织编制《在适宜区域适度推进新能源开发利用规划》。

着力延长能源产业链，增加能源就地转化率，提高能源对全省

经济的支撑带动，高水平、大手笔规划发展绿色铝材一体化、绿色硅材一体化、新能源汽车发展，制定打造“绿色能源牌”为第一张牌的宏大目标。

以充分发挥绿色能源优势，全面解决“弃水”问题为基础，全面规划“绿色能源牌”产业链。同时，云南坚持生态优先、绿色发展，严格按照“生态保护红线、环境质量底线、资源利用上线和生态环境准入清单”要求，优先发展大水电，科学、有序开发利用新能源，充分发挥水、风、光多能互补，有力有效解决汛枯矛盾等问题，稳妥推进全省绿色能源产业高质量发展。

在“十二五”大水电进入投产高峰期基础上，确保澜沧江上游苗尾、大华桥、里底、黄登、乌弄龙 5 座大型水电站按期投产，新增装机 830 万千瓦，新增年发电量 236 亿千瓦时；加快建设乌东德、白鹤滩、托巴水电站，中国第 4、世界第 7 的乌东德水电站首批机组顺利提前投产，习近平总书记专门发表贺信，祝贺乌东德水电站投产，到 2020 年末投产 680 万千瓦，发电超过 130 亿千瓦时，2021 年全部投产后年将新增清洁电力约 390 亿千瓦时，占全省总发电量的 10% 左右，极大提升了云南清洁电力保障水平；世界第二大、单机 100 万千瓦（世界第一大）的白鹤滩电站投产；积极争取到乌东德、白鹤滩水电站枯期留存云南电量 100 亿千瓦时 / 年，预计年可节约省内用电成本 3 亿元。

同时，加快建设省内 500 千伏主网架，将滇西北水电送往滇中负荷区，将滇东、滇东北、滇南的火电进入主网架保全省枯期用电，建设兰城、版纳等 500 千伏输变电工程，使交流 500 千伏电网形成“一中心三支撑”的格局，辐射延伸至滇南、滇西、滇西南、滇东北、滇西北等区域。220 千伏网架以昆明、曲靖、红河、玉溪等负荷中心为骨干，覆盖全省 16 个州（市）。强化互联互通，提升能源调剂裕度，充分利用“西电东送”作为云南电力消纳调节器的作用。

2. 结构调整，推动高质量发展

把握新时代云南区位角色特征，在主动服务和融入国家发展战略中寻求云南绿色能源发展新突破。以三江干流水电为主的国家级电力基地为支撑，强力推进中缅油气管道建设、中石油云南石化 1300 万吨 / 年炼油项目，填补云南无油气的能源空白；推动煤炭高质量发展，补充煤炭助力绿色能源稳定供应，使能源结构呈现历史性变化，也为全省产业结构实现历史性转变作出贡献。

增强能源供应能力。截至 2020 年底，全省发电总装机突破 1 亿千瓦，居全国第 7 位，比 2015 年增长 27%，绿色装机达 85%，领跑全国；煤炭产量从“十二五”末的 4031 万吨增至 2020 年的 5300 万吨左右，增长了 31%；中缅油气管道、炼油项目建成投产，彻底改变了云南无油无气状况，管道输送能力达到原油 2300 万吨 / 年、天然气 120 亿立方米 / 年。2020 年输送原油 1300 万吨、天然气 45 亿立方米，炼油能力 1300 万吨,2020 年生产成品油 800 万吨。能源供应能力从 2015 年的 1.33 亿吨，增加到 2020 年的 1.65 亿吨。

填补无油气的空白。依托中缅天然气管道，加快天然气支线建设，截至 2020 年底，全省已建成天然气干支线管道 29 条，累计超过 3000 公里。其中，中缅天然气管道（一干两支） 1221 公里，省内支线管道超过 1779 公里。目前，云南德宏、保山、大理、楚雄、昆明、曲靖等 12 个州（市）已通管道气。2019 年 1 月，云南率先在全国全面推广使用国Ⅵ（B）标准车用汽油、国Ⅵ标准车用柴油，推广工作总体进展顺利，有效减少车辆污染物的生成和排放，改善大气环境质量，有效保护云南的绿水青山、蓝天白云。

补上煤炭短板。针对煤炭产业发展“小散弱”短板和供应不足瓶颈，在推进煤炭供给侧结构性改革、淘汰落后产能的基础上，出台《煤炭产业三年高质量发展意见》，优化煤炭生产布局，全省产煤区由 12 个州（市）优化为 9 个州（市），以曲靖市、昭通市、红河州 3 个州（市）为重点，以楚雄州、大理州、文山州、丽江市等 4 个州（市）为补充，昆明市、普洱市 2 个市按照资源赋存条件、煤炭市场供求、环境承载能力等控制区域煤炭开发规模和开发强度。2019 年，批准成立云南省煤炭产业集团，支持该集团对全省煤炭企业进行了兼并重组，努力扭转煤炭产量供不应求的局面，煤

中国石油云南石化炼油工程项目

炭产量在多年低位徘徊后开始复苏，2020 年产量比 2015 年增长了 26.2%。

3. 融合发展，带动绿色先进制造

云南省委、省政府围绕打造世界一流“绿色能源牌”决策部署和建设绿色制造强省的决策部署，通过新一轮电力体制改革释放改革红利，市场化方式引导绿色铝材、绿色硅材等产业向云南转移。

发挥市场配置资源的决定性作用。充分发挥绿色能源优势，利用电价及电力市场化改革形成的电价洼地，制定引进绿色铝材一体化、绿色硅材一体化的电价政策，吸引国际、国内一流的铝、硅企业等市场主体选择云南、投资云南、落地云南，同时带动延长产业链的加工制造、配套的原辅料、耗材等向云南转移，真正实现市场驱动产业转移，市场培育产业链，市场选择产业走向高端化。从 2018 年启动绿色铝、硅产业布局以来，到 2020 年底，新增文山神火、大理其亚、云铝昭通鲁甸、云铝文山马塘、云铝大理鹤庆等 260 万吨铝材项目，隆基保山、楚雄、曲靖等 80 吉瓦硅材项目。

发挥政府政策组合作用。创新工作机制，组建非盈利性的政策性配售电公司，建立电量、电价平衡调节企业，并在国家出台支持“弃水”电量消纳政策的基础上，省级层面出台支持政策，由配售电公司为 6 家绿色铝和硅企业购售电、市场化购电，组合政策性支持——“弃水”电量免输电费、整合政府支持资金、部分“西电东送”与省内市场交易价价差、划转火电长期备用补偿等政策组合，使绿色铝和硅项目优惠电价政策落地，形成具有竞争力的招商引资协议电价，支撑绿色制造产业的发展。

引导绿色制造走向高端化。发挥绿色能源资源优势，引进国内

龙头铝、硅生产企业，围绕绿色铝、硅重点项目布局和投产时序，全力以赴、超常规推动500千伏天星、柳井、鹤城输变电工程等绿色铝硅项目供电保障工程前期工作和建设。加快构建绿色制造体系，在打造“世界铝谷”“世界单晶硅产业基地”的同时，带动上游可再生能源开发装备制造——风机、晶硅电池组件、电力装备制造，中游正反馈绿色能源强化提升——继续开发绿色能源、调整绿色能源结构解决丰枯矛盾、提高能源利用效率、发展智慧能源，下游扩展引导绿色制造和绿色服务——支持5G、大数据、电动汽车、现代交通、传统载能产业高端化、高原特色农产品加工等，培育绿色制造服务体系，建设绿色技术创新体系，把云南绿色能源优势转化为绿色制造优势，形成云南制造业核心竞争力，提升中国制造在全球产业链中的绿色化水平。

4. 厚积薄发，可再生能源跑出加速度

云南风能、太阳能资源丰富，全省风能可利用区4.52万平方公里，总储量为1.23亿千瓦，风能可开发总量近3400万千瓦，截至2020年底，仅开发880万千瓦。云南太阳能年平均日照时间达2200小时以上，年接收太阳能能量相当于731亿吨标准煤，居全国第8位，光伏发电资源可开发量约4500万千瓦，截至2020年底，仅开发近400万千瓦。

值得一提的是，云南生物质能资源也很丰富，原料种质居全国之首，拥有木本油料植物200多种，可用于开发生物柴油、燃料乙醇、固体成型燃料、生物质发电。地热资源丰富，温泉总数居全国之首，天然放热量居全国第2位。

云南抓住全省绿色能源大力发展的机会，提前谋划，在适宜

开发新能源的地区规划一批风电和新能源项目，为“十四五”可再生能源的发展奠定了坚实基础。截至目前，全省风电累计装机880万千瓦，新增装机250万千瓦，较2015年底630万千瓦增长40%；光伏累计装机400万千瓦，新增装机238万千瓦，较2015年底150万千瓦增长2.58倍。

同时，以资源优势和保护生态引导风电开发布局，认真贯彻落实可再生能源法，保证风电全额消纳，使云南风电年利用小时数多年来均位于全国前列。“十三五”期间，全省可再生能源新增装机2159万千瓦，其中水电新增1671万千瓦，风电新增装机250万千瓦，光伏新增装机238万千瓦；到“十三五”末，全省可再生能源装机8663万千瓦，其中水电装机7383万千瓦，风电装机880万千瓦，光伏装机400万千瓦。全省可再生能源电力装机占全省电力装机10161万千瓦的85%，位于全国前列。

文山风电

此外，云南还大力推动新能源汽车产业发展。目前，昆明市滇中新区杨林汽车产业园初步形成聚集发展态势，北汽昆明分公司、东风云汽、江铃昆明3个新建项目均已投产，其中北汽项目已取得新能源乘用车整车资质。航天神州、云南五龙、宝能等新能源汽车项目已经开工或即将开工建设。

截至2020年，云南共有4家整车企业和7家改装车企业，整车产能38.2万辆，7家企业取得新能源汽车生产资质。新能源汽车产能约每年6万辆，产品涵盖纯电动乘用车（轿车、SUV）、客车、厢式货车、专用车等。

2021年底前，云南以滇中城市群和大理、丽江、西双版纳等重点热点旅游目的地州（市）及高速公路为重点，新建各类充电桩不少于20万枪，其中公共充电桩不少于2.6万枪；全省高速公路主干线服务区，按照总功率不低于360千瓦的标准建设直流充电桩；所有5A级景区初步实现公共直流快速充电设施全覆盖，40%的4A级景区具备快速充电服务能力。

在绿色能源发展领域，云南省实现7个“全国第一”和5项指标达到世界一流水平。即绿色能源装机占比85%、绿色发电量占比90%上下、清洁电力市场化交易占比60%以上、非化石能源占一次能源消费比重42%，均位居全国第一。

云南是全国第一个全面推广使用国Ⅵ（B）标准车用汽油的省份，是全国第一家实施“西电东送”的省份，送电规模累计约1.2万亿千瓦时，“十三五”期间累计送出7000亿千瓦时以上，位居全国第1位；云南绿色能源装机占比85%，比全国平均水平约高45个百分点，比世界平均水平高50个百分点以上；绿色发电量占比90%左右，比全国平均水平约高60个百分点，比世界平均水平高

60个百分点以上；清洁能源市场化交易占比60%以上，位居全国第一，世界一流；非化石能源占一次能源消费比重42%，比全国平均水平约高27个百分点，也比世界平均水平高近27个百分点；国Ⅵ（B）标准车用汽油在全国（乃至比发达国家）率先生产并全面推广使用。

（五）创新引领激发新活力

科学技术是第一生产力，创新是引领发展的第一动力。党的十八大以来，以习近平同志为核心的党中央把科技创新摆在国家发展全局的核心位置，全面实施创新驱动发展战略，创新驱动发展的经济格局和崇尚创新的社会氛围基本形成。

2015年，习近平总书记考察云南时强调，要在提高创新能力上下功夫；2020年，习近平总书记考察云南时再次强调，要强化创新引领。习近平总书记的重要讲话精神，深刻阐明了科技创新在新时代云南高质量发展中的重要作用。

“十三五”以来，云南省委、省政府高度重视科技创新工作，深入贯彻习近平总书记考察云南重要讲话精神和关于科技创新的重要论述，坚持新发展理念，深入实施创新驱动发展战略，加快推进建设创新型云南行动计划，不断优化完善创新政策环境，强化企业创新主体地位，聚焦支撑产业创新发展，全省高新技术企业创新能力大幅提升，生物医药产业实现高质量快速发展，为创新型国家建设作出了积极贡献。

“十三五”期间，云南省综合科技创新水平指数提升2位。全社会研究与试验发展经费投入实现翻番，从2015年的109.4亿元提高到2019年的220.5亿元，全国排名从第23位提升到第19位，年均增长率达19.1%，年均增速全国排第4位。每万人口发明专利拥有量从2015年的1.61件提高到2019年的2.85件。每万名就业人员中研发人员数从2015年的13.14人／年提高到2019年的19.12人／年。技术合同成交金额从2015年的52.82亿元增长至2019年的82.82亿元。科技进步贡献率从2015年的45%提高到2019年的49.6%，公民科学素质的比例从2015年的3.29%提高到2020年的6.16%，创新型云南建设成效初现。

1. 高新技术企业发展实现新跨越

"十三五"以来，云南省制定出台《云南省高新技术企业培育库建设实施办法（试行)》，遴选创新意识强、科技成果转化水平高、管理规范、成长性好的科技型企业纳入省高新技术企业培育库，对入库和出库企业实施奖补政策。2020年，全省高新技术企业申报数、评审通过率、报备数、净增数和企业总数等5项指标创历史新高，高新技术企业获国家备案通过率居全国前列。全省高新技术企业总数达1679家，超额完成"十三五"科技创新规划提出的1500家目标任务。

同时，修订出台了《云南省科技企业孵化器认定管理办法》《云南省众创空间认定管理办法》《云南省科技型中小企业备案管理办法》等政策措施，建立了从双创载体建设、创新创业大赛举办、省科技型中小企业备案到高新技术企业培育认定的全流程服务体系。

2020年，全省科技企业孵化器达46家，其中国家级科技企业孵化器达15家、省级科技企业孵化器达31家。在孵企业达2383

家，比“十二五”末分别增长 214.29%、66.67%、480%、99.08%。拥有众创空间 165 家，总面积达 242.68 万平方米。

截至 2020 年，云南科技型中小企业总数达 8386 家；共举办 6 届创新创业大赛，累计接受企业报名总数 5248 家，在全国 37 个赛区位居前列，获奖企业超过 1400 家。

高新技术企业培育成效突出。“十三五”以来，全省高新技术企业主要发展指标实现高速增长，企业规模不断扩大，企业竞争力大幅提升。2020 年，全省高新技术企业实现工业总产值 3294.48 亿元、营业收入达 5367.66 亿元、高新技术产品（服务）收入达 4105.72 亿元、净利润达 358.42 亿元、实际上缴税费总额达 182.86 亿元，分别比“十二五”末期增长 55.71%、77.61%、118.57%、255.89% 和 39.65%。高新技术企业营业收入超 1 亿元的企业达 421 家，占比 25.22%；营业收入在 10 亿—100 亿元的企业达 101 家，占比 6.05%；营业收入超过 100 亿元的企业有 5 家，占比 0.3%；高新技术企业在上交所、深交所、港交所成功上市 17 家，取得了历史性突破。

高新技术企业科技创新能力取得新突破。“十三五”以来，全省高新技术企业创新主体地位更加突出，各类创新要素向企业更加集聚，科技创新投入大幅增长，创新能力全面提升，创新产出成效显著。2020 年，云南高新技术企业科技经费投入达 185.78 亿元，比“十二五”末增长 50.80%；拥有科研机构数量达 899 家，比“十二五”末增长 68.98%；拥有有效专利达 3.05 万件，比“十二五”末增长 194.05%；拥有有效发明专利达 5422 件，比“十二五”末增长 90.45%，占全省有效发明专利的 34.81%。

高新技术企业引领产业创新发展作用更加凸显。“十三五”以来，高新技术企业已成为云南培育新技术、新产品、新业态、新模式的主力军，全面推动云南重点产业向智能化、高端化、绿色化发展，充分发挥了引领支撑创新发展的重要作用。2020年，全省电子信息、生物与新医药、高技术服务、先进制造、新材料、资源与环境等六大高新技术领域的高新技术企业分别达310家、375家、316家、250家、163家、185家，涌现出了一批具有代表性的高新技术企业，如云内动力、贵研铂业、贝泰妮等。

2. 生物医药产业经济效益不断凸显

生物医药产业作为云南重点培育的千亿级战略性新兴产业，规模稳步扩大，创新能力显著增强，政策环境日益优化，经济效益不断提高，营业收入从2015年的1241.09亿元增加到2020年的2521.45亿元，年平均增长率达15.23%；增加值从2015年的365.87亿元增加到2020年的731.4亿元，年平均增长率达14.86%，实现了营业收入和增加值双翻番。2020年，云南中药材种植（养殖）业实现营业收入516.11亿元；生物医药制造业实现营业收入595.92亿元；生物医药商贸业实现营业收入1409.42亿元。

疫苗产业成为云南生物医药产业发展的亮点，“十三五”期间，年平均增长率超40%。云南已打造形成以疫苗为重点的生物技术药研发生产体系，以中成药、中药饮片、提取物、健康产品为特色的天然药物［中药（民族药）］全产业链发展体系。

以疫苗为重点的生物技术药产业取得突破性发展。2020年，云南以疫苗为代表的规模以上生物制品制造业实现营业收入53.57亿元，占云南规模以上医药制造业营业收入比重由“十二五”末的9%上升到“十三五”末的15.6%。疫苗产业成为云南生物医药产业发展中增长最快的亮点板块，“十三五”期间，年平均增长率超40%，2020年的营业收入达到48亿元。中国医学科学院医学生物所新冠灭活疫苗和云南沃森生物技术股份有限公司mRNA新冠疫苗正加紧推进临床研究工作，中国医学科学院医学生物所的新冠灭活疫苗已获批紧急使用。国内首个、全球第二个13价肺炎球菌多糖结合疫苗2020年1月上市，第一个年度就实现营业收入16.58亿元，市场前景可观。部分传统药企布局发展生物技术药，昆药集团的长效降糖药物——苏帕鲁肽注射液已获临床批件，赛诺制药开展人源化CD22抗体免疫毒素1.1类新药研究。

中药（民族药）产业形成规模。60个“云药之乡”、103个“定制药园”已成为云南打造中药材质量和品牌的主力军和生力军。2020年，云南省中药材种植（养殖）和产品加工实现主营业务收入约916亿元，其中，中成药、中药饮片、提取物、健康产品等规模以上中药材加工制造业实现营业收入约400亿元，占规模以上生物医药工业主营业务收入比重超70%。中药材种植面积近900万亩，三七、重楼、石斛、砂仁、木香等15个中药材品种种植面积突破10万亩，中药材标准化种植基地面积146万亩，其中，获绿色认证基地2.2万亩、有机认证基地12.6万亩。

生物医药科技创新成效明显。在科技创新的推动下，云南生物医药产业正逐步走上高质量发展轨道。Sabin株脊髓灰质炎灭活疫苗、EV71型肠道病毒灭活疫苗、13价肺炎球菌多糖结合疫苗等拳头产品相继上市，部分品种正在开展世界卫生组织（WHO）预认证工作；新型冠状病毒肺炎灭活疫苗、F基因腮腺炎减毒活疫苗、九价人乳头瘤病毒（HPV）疫苗、轮状病毒灭活疫苗、四价脑膜炎球菌多糖结合疫苗等10余个品种处于临床研究阶段，为“十四五”疫苗产业高质量跨越式发展提供了强有力的支撑。治疗缺血性脑卒

发展良好的云南生物医药产业

中天然药 1 类新药注射用冻干粉针、中药 6 类新药断金戒毒胶囊、长效降糖药物苏帕鲁肽注射液、金环蛇毒抗菌肽 1.1 类新药等 10 个创新药获国家药物临床批件。三七和天麻中药材、三七种子种苗 3 个标准通过国际标准认证；三七总皂苷、灯盏花素通过美国食品药品监管局（FDA）认可的一般认为安全（GRAS）认证，三七药材进入美国植物药原料目录；痛舒胶囊、血塞通软胶囊获 FDA 批准开展Ⅱ期临床研究；以云南道地药材为主要原料的“薇诺娜”系列产品发展成为我国重要的功效性护肤品牌。

3. 创新型云南大格局基本形成

通过全省上下的共同努力，创新型云南大格局已基本形成。到 2025 年，优势特色领域科技创新能力达到国内领先水平，科技创新驱动经济社会高质量发展取得新突破，创新型云南基本建成。

科技创新助力全省产业结构实现历史性转变。“十三五”期间，云南围绕发展八大重点产业、打造世界一流“三张牌”、构建现代化产业体系等开展技术创新，累计突破重大核心关键技术800余项，研发具有自主知识产权的重大新产品540余个。持续推进云南省稀贵金属材料基因工程等项目，立项实施滇中引水关键技术研究、绿色硅材料产业发展关键技术研究及应用等一批重大项目。一批先进的绿色铝材、硅材一体化项目相继开工建设或投产运行，铝基新材料研究与开发项目新增精深加工产能18万吨。新能源车桩大数据平台及应用示范被《中国能源报》评为“十三五”能源高质量发展优秀典型案例。选育出第一个适应云南酸性黏重土壤的油橄榄砧木优良无性系。早秋小麦大麦高产高效栽培技术体系构建及应用总体技术水平国内领先，近3年累计示范推广540.04万亩，新增产量2.86亿千克。

基础研究与应用基础研究融通创新发展。成功实现月球激光测距，发布全国首个生物物种目录。首次发现寒武纪节肢动物化石中枢神经系统，成功破解金丝猴适应高海拔环境遗传机制。利用体外培养的树鼩精原干细胞获得世界首只转基因树鼩。复杂天然产物全合成研究取得新突破。灵长类动物胚胎着床后发育调控取得重要进展，首次系统解析了灵长类动物胚胎着床后的分子与细胞生物学事件，研究成果分别在*Science*和*Nature*发表。国家植物博物馆、中国科学院天元数学中心、120米脉冲星射电望远镜等重大科学研究基地（平台）落地云南。启动首批云南省野外科学观测研究站建设工作，申报国家野外科学观测研究站取得重要进展。

科技支撑高原特色现代农业发展成效明显。大力推进“大产业+新主体+新平台”发展模式，突出种业和农产品深加工2个关键环节，强化高原特色现代农业科技创新，突破多项农业领域核心关键技术。滇型杂交粳稻“滇禾优615”荣获2019年全国优质稻食味品质鉴评金奖；“丽粳9号”百亩连片平均亩产创造了水稻种植最高海拔单产纪录；选育出国内外独创的热带及亚热带高油玉米种质；自主培育出中国第一个肉用黑山羊新品种“云上黑山羊”；育成的滇池金线鲃“鲃优1号”实现了云南省水产新品种零的突破；作物多样性控制病虫害技术体系研究处于国际同类研究的前沿；建立了食用菌种质资源鉴定评价和高效育种技术体系。全省累计申请农业植物新品种保护900余件，获得授权约500件。累计完成水稻新品种示范推广67万亩，带动新增产值4.8亿元。花卉新品种数和种类居全国第1位，拥有自主知识产权的大宗鲜切花新品种占全国总数的90%以上。

科技创新不断增进民生福祉。组织实施水资源高效利用、生态修复与保护、土壤污染治理、固废资源化、食品安全、应对气候变化、城市地下工程、节能减排技术、禁毒反恐等社会发展领域的科技项目，支撑生态文明建设排头兵、最美丽省份和平安云南建设。在全国率先建立了省级自然资源时空信息基础支撑平台。在“九湖”水污染综合防治、社会治理、生物疫苗等方面科技创新成效显著，滇池、程海湖水质恶化趋势得到遏制，全湖水质稳定在Ⅳ类。中西医结合治疗新冠肺炎取得重要成效，快速核酸检测、云南健康码等为云南疫情防控发挥了显著作用。清瘟解热合剂和健体抗疫合剂在云南、湖北广泛使用并援助缅甸、老挝等国。疫情防控期间紧急立项的新冠病毒灭活疫苗研发项目即将开展Ⅲ期临床研究。国家禁毒大数据云南中心等为平安云南建设发挥了不可替代的作用。以“时代楷模”朱有勇院士为代表的科技扶贫工作者深入农村带动贫困群众增收脱贫，实现科技特派员对全省8502个贫困村科技服务和创业带动全覆盖，澜沧科技扶贫模式成为全省脱贫攻坚样板。

科技人才高地初步形成。通过构建领军人才、高端科技人才、中青年学术技术带头人和技术创新人才、创新团队、创业人才、院士专家工作站等多层次的科技创新创业人才培育与引进体系，创新创业人才规模不断扩大。“十三五”期间，增选“两院”院士4位；选拔培养科技领军人才17位；培育创新团队132个；引进高层次人才46位、高层次创新创业团队21个；选拔培养省中青年学术技术带头人后备人才及省技术创新人才培养对象635位。截至目前，全省累计入选国家科技领军人才55位；引进高端外国专家60人；建设院士专家工作站408个，服务范围实现州（市）全覆盖。

云南特色区域创新体系基本建成。云南实验室建设加速推进，中国工程科技发展战略云南研究院、北京航空航天大学云南创新研

究院、北京理工大学昆明产业技术研究院、上海交通大学云南（大理）研究院、浙江大学红河创新技术研究院等一批新型研发机构落地运行。滇中地区创新能力持续提升，成为全省科技创新高地。临沧市获批建设国家可持续发展议程创新示范区，楚雄省级高新区升级为国家高新区，玉溪市国家创新型城市建设、通海县国家创新型县建设深入推进。

科技开放合作为创新发展赋能。“科技入滇”成功引入全国优势资源和创新力量助力云南发展。启动实施服务国家“一带一路”科技创新行动计划，面向南亚东南亚科技创新中心建设取得重要进展，中国—南亚技术转移中心、中国—东盟创新中心、金砖国家技术转移中心等一批国际科技合作平台落地云南，与南亚东南亚国家共建中老可再生能源开发与利用联合实验室等20余个创新合作平台，与科技发达国家、金砖国家合作的“朋友圈”不断扩大。

昭通水电铝项目园区

根据发展规划，“十四五”期间云南将继续重点支持生物医药产业发展，以增加优质品种、做强龙头企业、补齐平台短板、提升“云药”品牌影响力为抓手，加快创新药物研发和产业化，加强高端仿制药和首仿药研发，支持中药（民族药）提质升级，加大以疫苗为代表的生物技术药研发力度，实现生物技术药领先发展、现代中药转型发展、仿制药突破发展。

强化重点领域科技创新，围绕八大重点产业、打造世界一流“三张牌”和数字云南建设，着力培育先进制造、文化旅游、高原特色农业、现代物流、健康服务等若干万亿级产业和绿色能源、数字经济、生物医药、新材料、环保产业、金融服务业等若干千亿级产业重大科技需求，统筹推进若干重大科技项目，开展关键核心技术攻关，加快布局形成新的产业链集群，为建设现代化经济体系和产业体系提供有力支撑。

围绕生态环保、民生科技、人口健康、公共安全保障等领域，加强应用基础研究和共性关键技术研究，支撑“健康云南”“美丽云南”“平安云南”建设。优化科技创新体系，聚焦前沿与重大战略需求，支持建设云南实验室，形成云南创新体系的核心和龙头；重组重点实验室体系，形成布局合理、治理有效、创新能力强的专业化分工布局；高标准推进产业技术创新平台建设，提升现代产业技术创新能力；引导经济开发区、工业园区转型升级，推动省级高新区向国家级高新区、工业园区向省级高新区升级。

五、民生改善·温暖云南

云南被誉为“诗的远方，梦的故乡”。但由于历史、自然等多个方面的原因，云南贫困面广，贫困程度深，脱贫攻坚难度大，是我国脱贫攻坚主战场之一。党的十八大以来，4700多万云岭儿女同心同向，用坚定决心铺平追梦之路，如期完成了新时代脱贫攻坚目标任务。

今天的云岭大地，城乡面貌发生了巨变、人民群众收入大幅增加、生产生活条件明显改善，幼有所育、学有所教、劳有所得、病有所医、老有所养、住有所居、弱有所扶逐步实现，各族群众获得感、幸福感、安全感持续提升。

（一）脱贫攻坚取得全面胜利

党的十八大以来，特别是2015年中央扶贫开发工作会议以来，云南省委、省政府坚定不移贯彻落实习近平总书记关于扶贫工作的重要论述和考察云南重要讲话精神，坚持以脱贫攻坚统揽经济社会发展全局，切实把脱贫攻坚作为重大政治任务、头等大事和第一民

剑川县学校学生生活条件得到全面改善

生工程来抓，坚持党政“一把手”负责制、五级书记抓扶贫，尽锐出战、攻坚克难，全省脱贫攻坚取得全面胜利。2020 年末，全省实现 933 万农村贫困人口脱贫，8502 个贫困村出列，88 个贫困县脱贫摘帽，解决了区域性整体贫困问题，困扰云南千百年的绝对贫困问题历史性地得到解决。

1. 牢记嘱托、强化担当、尽锐出战

集边疆、民族、山区、贫困于一体的云南，脱贫攻坚的特殊性、复杂性、艰巨性十分罕见，是全国脱贫攻坚主战场之一，也是打赢脱贫攻坚战必须要啃下的“硬骨头”。贫困面积广，贫困程度深，脱贫难度大，让云南迈出贫困走向小康的步伐显得那么沉重。

中国共产党的成立特别是新中国成立，为云南人民摆脱贫困创造了根本政治条件。新中国成立后，云南省委、省政府团结带领各

族人民自力更生、发愤图强，为改善人民生活打下了坚实基础。“阿佤人民唱新歌”唱出了山山岭岭的新面貌。

由于基础薄弱等因素制约，到改革开放前，全省农村人口普遍处于绝对贫困状态。改革开放以来，云南省委、省政府团结带领全省人民实施了大规模、有计划、有组织的扶贫开发，解放和发展社会生产力，民生保障和改善取得显著成就。

党的十八大以来，以习近平同志为核心的党中央始终把脱贫攻坚摆在治国理政的突出位置。把脱贫攻坚作为全面建成小康社会的底线任务，举全党全社会之力集中脱贫攻坚，组织开展了声势浩大的脱贫攻坚人民战争。习近平总书记亲自部署、亲自挂帅、亲自督战，带领各级党委和政府、全国各族人民披荆斩棘、栉风沐雨，发扬钉钉子精神，敢于啃硬骨头，攻克了一个又一个贫中之贫、坚中之坚，脱贫攻坚取得了重大历史性成就，创造了又一个彪炳史册的人间奇迹。

习近平总书记对云南特殊的省情、贫情格外关注、格外关爱、格外关心，两次亲临云南考察，对云南脱贫攻坚工作作出重要指示。两次亲自回信独龙族群众，给予云南边疆各族人民巨大鼓舞和奋斗指引。

在党中央的坚强领导和亲切关怀下，2015 年以来，中央投入云南的财政专项扶贫资金累计达 556.65 亿元，增幅和总量均居全国第一。国务院扶贫办对云南脱贫攻坚全程指导，国家发展改革委对云南易地扶贫搬迁全力支持，教育部、自然资源部、水利部和国家林草局分别牵头联系滇西边境片区、乌蒙山片区、石漠化片区，为云南完成脱贫攻坚目标任务提供了强有力的支撑。

“坚决打赢脱贫攻坚战，确保全面小康路上一个贫困地区都不掉队、一个兄弟民族都不落伍、一个贫困群众都不落下，与全国同步建成全面小康社会。”云南省委、省政府向中央立下军令状、向全省人民作出庄严承诺。

以贫困不除、愧对历史的使命感，以群众不富、寝食难安的责任感，牢记习近平总书记殷殷嘱托，坚决贯彻落实习近平总书记关于扶贫工作的重要论述和党中央决策部署，坚持精准扶贫精准脱贫基本方略，坚持以脱贫攻坚统揽经济社会发展全局，把脱贫攻坚作为重大政治任务、发展头等大事和第一民生工程来抓。

云南省把贫困地区发展融入全省发展大局中，坚持五级书记抓扶贫、党政同责促攻坚，云南全面实行省、市、县、乡扶贫开发领导小组党政主要领导“双组长”负责制，以上率下推动脱贫攻坚责任落实、政策落实、工作落实。抓好以村党组织为核心的村级组织配套建设，把基层党组织建设成为带领群众脱贫致富的坚强战斗堡垒。

为全面压实责任，云南制定脱贫攻坚责任制实施细则，层层签订脱贫攻坚“军令状”。省级领导既挂帅、又出征，带头挂县包村帮户，293 家省级和驻滇单位、1.5 万个州（市）县单位挂包贫困县、贫困村，75 万名干部与贫困户结“穷亲”；全面对标对表中央政策，云南及时出台 349 个政策文件，不断完善脱贫攻坚政策举措，构成事前、事中、事后全程规范的政策体系；集中力量办大事，全力保障脱贫攻坚资金需要，省级财政专项扶贫资金投入累计达 259.76 亿元。

创新财政涉农资金省级源头整合机制，省级以上整合资金累计达到 1841.22 亿元；全面落实“尽锐出战”要求，全省累计选派 4.85 万名第一书记、21.61 万名驻村工作队员；加大脱贫攻坚专项巡视和各类监督力度，加强考核评估，持续深入开展扶贫领域腐败和作风问题专项整治，确保扶贫工作务实、脱贫过程扎实、脱贫结果真实。

2. 精准施策，一张蓝图绘到底

云岭大地，贫有百样，困有千种；决战决胜，贵在精准，也难在精准。瞄准千百年来的贫困顽疾，围绕“扶持谁、谁来扶、怎么扶、如何退”等问题，云南开启了轰轰烈烈的精准扶贫之路。

扶贫必先识贫，解决好“扶持谁”的问题是精准扶贫扣准的“第一粒扣子”，也是瞄准“靶心”，靶向治疗的关键。

2017 年，一场关乎脱贫质量和成色的最大规模“再识别、再精准”专项行动在云南全面开启。云南省委、省政府痛定思痛，以壮士断腕、刮骨疗毒的决心，把贫困对象精准识别作为捍卫社会公

——索玛小镇的新生活

平正义、保卫党委政府公信力的一场战役。全省派出30多万名干部进村入户精准识别找真贫，开展脱贫攻坚“找问题、补短板、促攻坚”专项行动，创新“五查五看、三评四定”精准识贫法。

严格对标脱贫标准，围绕“两不愁三保障”，以人均纯收入、住房安全、义务教育、基本医疗、饮水安全为退出指标，做到扶贫对象精准、项目安排精准、资金使用精准、措施到户精准、因村派人精准、脱贫成效精准六个“精准”。在筑牢把紧突破精准识别第一道关口的同时，深入开展贫困人口信息采集，建立信息台账，实行动态管理。

贫困对象精准以后，怎么帮、如何帮？

紧扣“两不愁三保障”和饮水安全，实施“五个一批”工程，创新“六清六定”精准帮扶机制。做到对象家底清、致贫原因清、帮扶措施清、投入产出清、帮扶责任清、脱贫时序清。

在“六清六定”精准帮扶机制的有力支撑下，88个贫困县项目库、8502个贫困村施工图，对贫困户的帮扶措施全面发力，形成了规划“一张图”、实施“一本账”、工作“一盘棋”、考核“一张网”；户户有责任人，村村有帮扶队，确保贫困县、贫困村高质量出列。

脱贫攻坚是一场艰苦的硬仗，云南深度贫困地区脱贫攻坚任务重、困难多、压力大，更是硬仗中的硬仗，是关系脱贫攻坚全局的控制性工程。直面深度贫困挑战，云南省委、省政府坚持把解决深度贫困问题作为重中之重，出台《关于深入推进深度贫困地区脱贫攻坚的实施意见》，实行组织领导、政策举措、资金投入、帮扶力量“四倾斜”，集中优势兵力打硬仗。云南省委、省政府主要领导分别挂联迪庆州、怒江州，每季度一调度；27个深度贫困县实行一县一位省级领导挂联、一个重点任务清单“兜底”、一套监测体系跟踪，定项目清单、任务清单、责任清单，倒计时进行工作安排。

全省建立“五级”督战作战一体化、分析调度常态化、责任倒逼链条化机制，138名省级部门处级以上干部常态化到一线发现问题解决问题。坚持省级以上财政涉农资金的50%以上投入深度贫困地区，“两不愁三保障”硬缺口全部由省级财政兜底解决。3年来，27个深度贫困县投入省级以上统筹整合财政涉农资金达625.63亿元，县均约23.17亿元，比88个贫困县县均投入多9.41亿元。

3. 心手相牵，汇聚磅礴攻坚力量

乘众人之智，则无不任也；用众人之力，则无不胜也。

面对贫困面广、贫困程度深的实际，云南用足用好专项扶贫、行业扶贫政策，用活社会扶贫资源，充分动员和凝聚全社会力量广泛参与，着力构建起“人人皆愿为、人人皆可为、人人皆能为”大扶贫格局，走出了一条具有云南特色的社会扶贫之路。

大扶贫格局之“大”，在于工作的大统筹、力量的大整合。

多年来，中央部委倾力支持云南。53家中央定点扶贫云南单位共投入资金234.05亿元，选派干部924名。动真情、扶真贫、出思路、投资金、派干部、建项目，与当地党委、政府携手实施扶贫开发，极大地改善了贫困群众的基本生产生活条件，密切了党群、干群关系。

开展东西部扶贫协作是以习近平同志为核心的党中央作出的重大战略部署，是中国特色社会主义制度优越性的集中体现。

1996年9月，中央扶贫开发工作会议确定建立对口帮扶工作

绥江县兆佳坝易地扶贫搬迁扶贫车间

机制，明确上海对口帮扶云南。2016年，东西部扶贫协作“银川会议”以来，沪滇携手吹响消除绝对贫困的奋斗号角，全面开启沪滇扶贫协作新征程。

“中央要求，广东所能，云南所需。”2016年9月，广东东莞市、中山市帮扶云南昭通市，珠海市帮扶怒江州。2019年4月，深圳市又帮扶昭通市。两地六州（市）围绕“两不愁三保障”目标任务，强化沟通协调，搭建协作平台，完善结对帮扶，拓展协作领域，不断推动东西部扶贫协作向纵深发展。

2016年以来，云南累计接受上海、广东财政援助资金141.08亿元，完成帮扶项目6614个。两省市累计选派837名干部、3680名专业技术人才赴滇帮扶，为脱贫攻坚注入了新动能。在脱贫攻坚的伟大决战中，民主党派既督又帮，成为云南脱贫攻坚中的一支重要力量。农工党中央深入攻坚一线调研103次，帮扶款物1亿多元，协调引进一批投资合作项目。8 个民主党派云南省委实施“同心圆梦彩云南·聚力脱贫攻坚战”行动，既全程监督，又发挥自身优势帮助解决困难和问题。

单丝不成线，独木不成林。脱贫攻坚的伟大决战中，各方力量广泛参与。

脱贫攻坚战的号角吹响后，驻滇解放军和武警部队纷纷受命“参战”，勇当突击队、先遣队。立足“万企帮万村”行动，全省民营企业显身手有担当，全力投入帮扶。

从滇中腹地到云岭深山，各种力量在汇聚：投身脱贫，扶危济困；从繁华都市到广袤农村，一种信念在传递：助力脱贫，无上光荣；从士农工商到科教文卫，澎湃的热情被点燃：参与脱贫，人人可为。通过集结广泛社会力量，变“独角戏”为“大合唱”，同心向上的大扶贫格局在云岭大地上聚合成脱贫攻坚，共赴小康的磅礴力量。

4. 历史跨越，辉映云岭

历史性壮举带来了历史性跨越，以独龙族为代表的云南 11 个“直过民族”和人口较少民族在短短七十载跨越了人类社会几千年的历史。曾经居住在最贫困地区的他们，如今和全国各族人民一道步入小康社会；曾经居住在“穷山”里世代贫困的百万群众，依靠易地扶贫搬迁进入城市，靠勤劳的双手书写着未来。彩云之南曾经贫瘠的土地发生着深刻变化，云岭儿女憧憬千年的小康梦正成为现实。

脱贫攻坚，云岭巨变。在这段艰苦而光辉的历程中，我们交出了经得起历史和人民检验的新时代云南答卷。贫困群众“两不愁三保障”全面实现，“直过民族”和人口较少民族“一跃跨千年”，百万贫困群众“挪穷窝”“斩穷根”，贫困地区基础设施和基本公共服务水平显著提升。

产业扶贫方面，以打造“三张牌”为牵引，推动扶贫产业覆盖建档立卡户达到168.53万户，各类新型经营主体与168.03万贫困户建立利益联结。就业扶贫方面，坚持一手抓外出务工，一手抓就近就地就业。2020年，贫困劳动力外出务工人数达到318.19万人，公益岗位聘用贫困劳动力44.31万人。

易地扶贫搬迁方面，实施了云南历史上规模最大的百万人大搬迁，实现了一步跨千年的壮举。全省搬迁建档立卡贫困人口99.6万人、随迁人口50万人，建成集中安置区2832个，现已全部搬迁入住。生态扶贫方面，88个贫困县累计实施退耕还林还草1212.81

哀牢山下最美山居——曼哈移民新村

万亩，累计选聘生态护林员 17.7 万人，带动 70 万贫困人口脱贫。

教育扶贫方面，88 个贫困县实现县域义务教育均衡发展，义务教育学校办学条件“20 条底线”全部达标，依法控辍保学，实现动态清零。

健康扶贫方面，88 个贫困县县乡村医疗机构全部达标，实现建档立卡人口基本医保、大病保险、医疗救助全覆盖。现在农村人口看病报销比例可以达到 90%。

农村危房改造方面，聚焦 4 类重点对象实施 86.6 万户建档立卡贫困户危房改造，实现“危房不住人、住人无危房”。

农村饮水安全方面，贫困人口水量、水质、取水方便程度、供水保障率全部达标。

兜底保障方面，农村低保标准提高到每年 4500 元，建档立卡低保对象 150.8 万人，实现了应保尽保。546.26 万符合条件的建档立卡人口全部参加城乡居民养老保险，41 万残疾人被纳入了扶贫对象。

脱贫攻坚以来，通过重要部署和重大项目夯实贫困地区发展基础、增强发展后劲，贫困地区基础设施显著改善，基本公共服务日益完善，推动了贫困地区高质量跨越式发展，呈现出新的发展局面。全省 14449 个建制村实现 100% 通硬化路。实施总规模为 2.5 万公里的“直过民族”及沿边地区 20 户以上自然村通硬化路工程，累计建成 20492 公里，已解决 7921 个自然村通畅。对 27 个深度贫困县 50 户以上不搬迁自然村建成硬化路 17647 公里，已解决 8537 个自然村通畅。全省贫困村 100% 通动力电、100% 实现光纤宽带网络覆盖。

“脱贫只是第一步，更好的日子还在后头。”站在新的历史起点上，云南各族儿女将牢记嘱托，接续奋斗，乘势而上开启全面建设社会主义现代化国家新征程，以更加昂扬的姿态、更加过硬的作风、更加饱满的热情，一任接着一任干、一代接着一代干，持续巩固拓展脱贫攻坚成果，接续推进脱贫地区发展，全面推进乡村振兴，以尺寸之力积千秋之功，以奋进不息创新美蓝图，以苦干实干书写历史新篇章。

（二）教育事业取得巨大进展

百年大计，教育为本。党的十八大以来，特别是“十三五”以来，在习近平新时代中国特色社会主义思想引领下，在云南省委、省政府的坚强领导下，云南教育事业取得显著成就，教育公平和质量明显提升，人民群众教育获得感持续增强，教育辐射能力进一步提高，全省教育面貌发生格局性变化，为推动教育高质量发展奠定了基础，为全省经济社会发展提供了有力支撑和坚实保障。云南，正朝着教育强省的目标阔步前行。

1. 教育公平迈出新步伐

阻断贫困代际传递，教育是治本之策。脱贫攻坚以来，云南聚焦“义务教育有保障”和“发展教育脱贫一批”各项重点任务，决战决胜教育脱贫攻坚。全省九年义务教育巩固率从 2015 年的 93.3% 提高到 2020 年的 96.15%，129 个县（市、区）实现县域义务教育发展基本均衡，云南成为全国第 22 个、西部地区第 5 个整体通过基本均衡验收的省份。

硬件方面，截至2020年3月，云南完成全面改善贫困地区义务教育薄弱学校基本办学条件5年规划任务，累计投入347.28亿元，竣工投入使用校舍1408.68万平方米，设施设备购置资金达51.36亿元，全省义务教育学校办学条件“20条底线”全部达标。各级财政加大教育设施投入。省级投入16.05亿元，完成C级校舍加固改造任务，改造面积达264.88万平方米，全省中小学彻底告别C、D级危房。省级统筹5.6亿元生均公用经费，实施义务教育学校高速光纤网络建设工程，实现“万兆主干、千兆进校、百兆到班”全覆盖。

软件方面，全省加强乡村教师队伍建设。实施集中连片特困地区乡村教师生活补助差别化政策，2019年，人均每月补助达到562.5元。2018年起，全省每年对500名乡村学校从教20年以上的优秀教师每人给予10万元奖励，留住一批扎根乡村的好老师。

与此同时，云南不断提高农村中小学保障水平。落实城乡义务教育学校免费教科书和生均公用经费政策，实施农村义务教育学生营养改善计划。落实“两为主”（以流入地政府为主、以公办学校为主）、“两纳入”（将常住人口纳入区域教育发展规划、将随迁子女教育纳入财政保障范围）的“同城同教”要求，保障进城务工人员随迁子女义务教育权益。在农村学校普遍设立“留守儿童之家”，增进留守儿童与家人的情感交流。实施特殊教育提升计划。与省残联共同出台残疾学生接受义务教育指导意见，通过随班就读、特殊教育学校就读、送教上门等方式，持续提高残疾儿童少年入学率。

脱贫攻坚以来，云南把控辍保学作为教育脱贫攻坚的关键任务来抓，打好控辍保学“组合拳”。

截至“十三五”末，全省辍学学生劝返率达99.7%，因贫辍学问题得到了历史性解决，129个县（市、区）建档立卡户辍学学生实现动态清零；保障易地扶贫搬迁安置点的义务教育阶段适龄儿童少年“不落一人”顺利入学，实行贫困专项招生计划、东西协作计划，输送1.5万余名卡户学生到上海等东部五省区优质中职学校就读；实施“直过民族”和人口较少民族地区推普攻坚，累计完成11.3万名农村劳动力和8302名少数民族教师普通话培训。

2. 各级各类教育质量稳步提升

作为欠发达省份，云南教育水平长期滞后于发达省份。党的十八大以来，云南持续加大教育投入，各级各类教育普及程度和发展质量得到重大提升。

近年来，云南教育投入力度持续加大，教育经费“两个只增不减”政策有效落实，学前教育到高等教育生均财政拨款制度全面建立、城乡义务教育资助政策实现统一，为各级各类教育可持续发展提供有效保障。着力加强教师队伍建设，专项招聘基础教育教师3.2万人，优秀乡村教师奖励政策有效落实。实施地方公费师范生专项培养计划，共计培养5000人。乡村教师生活补助差别化政策落地落实，实现集中连片特困地区全覆盖。建成全省义务教育“一张网”，实现各级各类学校教育网络班班通和义务教育学校教学班多媒体教学设备全覆盖。

2020年，云南学前教育毛入园率达88.79%、九年义务教育巩固率达96.15%、高中阶段教育毛入学率达90.98%、高等教育毛入学率达50.05%，全部高于“十三五”规划目标。

不仅是普及程度，各级各类教育发展质量也实现了历史性跨越。“十三五”期间，云南省推进学前教育普及普惠发展，实施第

3 期学前三年行动计划，多渠道大幅增加学前教育普惠性学位，实现“一县一示范、一乡一公办”全覆盖，学前教育毛入园率超过国家平均水平。2020 年底，云南已全面完成城镇小区配套幼儿园治理工作。从“幼有所育”到“幼有优育”，云南不断推动学前教育高质量发展。

义务教育是基础教育的重中之重，也是最大的民生工程。“十三五”期间，通过各教育专项工程的实施，全省义务教育学校办学条件“20 条底线”全部达标，义务教育阶段学校大班额基本消除，全面落实义务教育学校免试就近入学全覆盖。全省 129 个县（市、区）全部实现县域义务教育发展基本均衡，成为西部第 5 个、全国第 22 个全省整体通过义务教育基本均衡发展督导评估的省份。全省实施 2 期特殊教育提升计划，实现省、州（市）、县（市、区）

昆明市武成小学科技教育

三级特殊教育资源中心全覆盖。新建和改扩建133所普通高中，解决全省高中阶段21.6万个学位缺口问题，高中阶段教育普及攻坚取得重大突破。

近年来，从层次教育到类型教育，全省职业教育改革与发展取得显著成绩，为迈入提质培优、增值赋能高质量发展新阶段打下坚实基础。“十三五”期间，云南实施52个职业教育“补短板”项目，1所院校进入国家特色高水平高职院校建设行列，2所院校进入国家高水平高职专业群建设行列，组建42个职教集团。

与此同时，全省高等教育办学规模进一步扩大，布局结构持续优化，全面开启高等教育高质量发展新征程。云南大学进入国家首批42所世界一流大学建设高校行列，昆明冶金高等专科学校进入国家职业教育“双高计划”建设名单，云南机电职业技术学院、昆明工业职业技术学院进入“双高计划”专业群建设名单。全省具有博士学位授予权的高校9所，具有硕士学位授予权的高校12所，服务国家特殊需求硕士人才培养项目高校1所；一级学科博士学位授权点60个，专业博士学位授权点3个，一级学科硕士学位授权点186个，专业硕士学位授权点134个。全省14个州（市）布局有高等学校，教育资源较好满足不同区域人民接受高等教育的需求。

“十三五”期间，全省培养硕士、博士研究生5.42万人，设立150个博士后科研流动（工作）站，累计招收1600名博士后研究人员；培养中青年学术技术带头人、技术创新人才968名。为云南省高质量跨越式发展提供了青年科技人才支撑。

随着终身教育不断发展，全省新增劳动力中有50.3%接受过高等教育，平均受教育年限提高至10.2年。

3. 教育改革取得突出成效

党的十八届三中全会以来，云南省紧紧围绕搭建教育综合改革主体框架的阶段性目标，统筹改革方案制定和改革举措落实，明确改革目标、重点内容、重要举措、实施路径，稳步推进教育改革工作。

《云南省人民政府关于统筹推进县域内城乡教育一体化改革发展的实施意见》《云南省人民政府关于鼓励社会力量兴办教育 促进民办教育健康发展的实施意见》《云南省人民政府办公厅关于印发云南省深化考试招生制度改革实施方案的通知》等一批管根本、利长远的重大改革成果先后出台，云南省教育体制的"四梁八柱"

戏曲进校园　非遗有传承

和遵循基本建立。

经过多年的不懈努力，全省各级各类教育改革发展呈现新局面。学前教育总量和质量“双推进”，义务教育均衡发展成效突出，普通高中向特色化、多样化发展转型。特殊教育加速发展，全面改善其办学条件。高等教育内涵式发展持续推进，云南大学进入国家“双一流”建设行列，实现了云南省高等教育发展里程碑式的重大突破。云南大学、昆明理工大学等6所高校先后入围全国深化创新创业教育改革示范高校，高校创新创业改革成效突出。

立足发展新定位，通过深化改革，构建更加公平公正、科学合理的考试招生制度，为促进云南跨越发展提供强大智力支撑和人才保障。落实《云南省深化考试招生制度改革实施方案》，按照国家的统一部署，2015年启动考试招生综合改革，2019年全面推进，2022年初步建立全省学生综合素质评价制度，形成分类考试、综合评价、多元录取、程序透明、公平公正的考试招生模式，健全促进公平、科学选才、监督有力的体制机制，构建衔接沟通各级各类教育、认可多种学习成果的终身学习“立交桥”。

支持和规范社会力量兴办教育，继续实施民办教育质量提升工程，加快推进民办学校非营利性与营利性改革、促进民办教育健康持续发展，提出了一系列创新性政策措施。

围绕加快推进云南教育现代化，云南扎实推进12项重点工作落实。把深入推进本科高校学分制改革作为新时期一流本科建设的核心举措，完成32所本科高校、2轮本科专业综合评价。推行基础教育学校校长职级制和义务教育教师“县管校聘”改革，制定减轻中小学教师负担负面清单。

与此同时，云南推进政府履行教育职责督导评估，全面开展义务教育质量监测和办学水平督导评估，深化新时代教育督导体制机制改革和大中小学劳动教育改革，深化“放管服”改革，依申请政务服务事项 100% 实现“一网通办”。

4. 教育服务经济社会能力显著增强

党的十八大以来，特别是“十三五”以来，云南教育发展的巨变，为支持全省经济社会快速发展奠定了坚实有力的基础。

随着高等学校分类发展体系逐步构建，高校科研管理体制改革持续深化，高校科学引文索引（SCI）论文相关指标使用更加规范，科技创新平台建设日益加强，面向南亚东南亚科技创新中心建设效果显著。

“十三五”期间，全省科技创新能力不断增强，高校牵头获得国家科学技术奖励 5 项、高等学校科学研究优秀成果奖（科学技术） 3 项、高等学校科学研究优秀成果奖（人文社会科学） 17 项，省科学技术奖 287 项、省哲学社会科学优秀成果奖 475 项。新增 1 个省部共建国家重点实验室、6 个省部共建协同创新中心、2 个教育部工程研究中心、15 个国家级国别区域研究中心。与此同时，科技成果转化率持续提升，仅 2020 年高校专利授权数就突破 4000 项，较上年度增长 42.8%；高校科技成果转化签约合同数较“十二五”时期增加 86.67%。

职业教育是培养技术技能人才、促进就业创业创新、推动中国制造和服务上水平的重要基础。近年来，从层次教育到类型教育，全省职业教育改革与发展取得显著成绩，为迈入提质培优、增值赋能高质量发展新阶段打下坚实基础。2020 年，云南高等职业院校和高等专科学校在校学生 46.5 万人，中等职业学校在校学生 69.7

万人，实现全省16个州（市）职业教育资源全覆盖。全省建设15个职教园区，推动现代学徒制试点工作，开展产教融合建设试点，加大力度实施产教融合发展工程，教育和产业统筹融合发展格局逐步构建，职业院校和专业群建设与云南打造“三张牌”和八大产业发展相关密切。

云南高校每年输送20余万专门人才，为全省经济社会发展提供强有力的人才支撑。“十三五”期间，全省普通高校累计向社会输送博士、硕士毕业生5.42万人，普通本专科、中职毕业生141万人；每年初次就业率均超过83%。留滇毕业生比例逐年增加，2020年达79.65%；全面实施招生贫困地区专项计划、定向医学生和公费师范生计划、少数民族高层次骨干人才计划等，为脱贫攻坚、民族团结进步提供强有力的人才支撑。

（三）全民健康托起全面小康

没有全民健康，就没有全面小康。健康服务业事关人民健康福祉。党的十八大以来，云南省委、省政府把人民健康摆在优先发展的战略地位，加快健康云南建设，全力推进卫生健康事业高质量发展。全省医疗卫生资源和服务总量持续增加、医疗服务能力不断提升，居民健康水平也持续提升，为全省决战脱贫攻坚、决胜全面建成小康社会、开启社会主义现代化建设新征程打下了坚实的根基。

1. 医疗服务能力、居民健康水平持续提升

2015年，云南人均期望寿命为72.76岁，2020年，这一数字

升至75.26岁，云南也成为全国进步幅度最大的省份。这得益于云南医疗服务和保障能力不断提升，全民身体素质、健康素养持续增强。

近年来，面对医疗卫生资源配置不合理、基层卫生人才相对匮乏等问题，云南省开展“一个提升”“三个抓好”和“五个中心”建设。“一个提升”是指，持续提升基层医疗卫生机构的服务能力，主要开展乡镇卫生院和社区医院标准化建设。“三个抓好”是指，抓好基本公共卫生服务的落实，抓好基层医防融合的落实，抓好县域医共体建设，主要对全省129个县级综合医院进行提质达标。“五个中心”建设是指，围绕重大疾病建设县级医院的胸痛中心、卒中中心、创伤中心、危重孕产妇中心和危重新生儿救治中心。

随着医疗卫生投入不断加大，全省卫生资源总量稳步增加，医疗服务能力持续增强。2020年，全省医疗卫生机构总数26626所，比2015年（24187所）增加了2439所。每千常住人口医疗机构床位数从2015年的5.01张增加到2020年的6.89张。卫生人员总数从2015年的30.46万人增加至2020年的45.89万人，每千人口执业（助理）医师数从2015年的1.68人增加至2020年的2.60人，每万人口全科医生数从2015年的0.9人增加至2020年的2.01人，每千常住人口注册护士数从2015年的1.97人增加至2020年的3.67人，与全国平均水平差距进一步缩小。2020年，全省医疗卫生机构总诊疗人次达到2.7亿人次，出院967.9万人次，其中，基层诊疗人次为1.5亿人次。

短短几年间，不仅是资源总量得到提升，医疗资源质量也实现了质的飞跃。国家心血管病、呼吸区域医疗中心落地云南。全省16个州（市）实现三甲医院、中医（民族医）医院全覆盖。在全国三级公立医院绩效考核中，云南有4所三级医院进入全国100强，2所专科医院进入全国同类别前10位，三级公立医院整体绩效排在全国第18位。122所县级公立综合医院达到国家基本标准，达标率位列全国第8；22所县级公立医院晋升为三级医院。建成县级胸痛中心95个、卒中中心91个、创伤中心63个、危重孕产妇和危重新生儿救治中心167个、基层慢病管理中心796个、心脑血管救治站493个，其中，卒中防治中心县区覆盖率高于全国平均值21%，胸痛中心排名全国第3、西南片区第1，减少心脑血管疾病致死人数1万人以上。2020年，全省县域内就诊率提高至90.15%。

党的十九大报告提出，坚持中西医并重，传承发展中医药事业。近年来，云南的中医药事业也得到传承和创新。全省新建县级中医医院10所，全中医类医疗机构达到1729所，39所县中医医院综合服务能力达到国家基本标准要求，三级公立中医医院整体绩效考核排在全国第12位。每千人口中医类别执业（助理）医师数从0.21人增加到0.39人，每千常住人口公立中医类医院床位从0.46张增加到0.64张。全省中医总诊疗人次数达到2908.6万人次。国医大师实现零的突破，2人入选“全国名中医”，2人获全国中医药杰出贡献奖。中药资源普查工作达到129个县全覆盖，评审确定65家“定制药园”。

医疗服务能力的提升，为居民健康水平的提高奠定了坚实的基础。“十三五”期间，云南人均期望寿命增加2.5岁，全省重点人群健康得到有力维护。云南持续开展关爱妇女儿童健康行动计划，孕产妇死亡率从2015年的23.63/10万下降到2020年的12.42/10万，婴儿死亡率从2015年的8.7‰下降到2020年的4.73‰，持续优于全国平均水平。

2. 医疗改革深入推进，群众获得感不断增强

近年来，云南医疗改革工作以“大卫生、大健康”理念为引领，积极推进健康云南建设，着力抓好分级诊疗、现代医院管理、全民基本医保、药品供应保障、综合监管等方面的制度建设，各项规划的主要目标全面完成。报销多了、药价降了、负担轻了……随着医改深入推进，全省医疗服务能力以及居民健康服务满意度持续提升。

“十三五”期间，云南各级政府财政投入持续增长。云南地方财政医疗卫生支出由 2015 年的 422.74 亿元增至 2019 年的 619.01 亿元，年均增速为 10.00%，高于地方财政一般预算支出同期年均增速（9.48%），占地方财政一般预算支出的比例由 8.97% 增至 9.14%。基本公共卫生服务经费人均补助标准由 2015 年的 40 元提高到 2020 年的 74 元、服务项目增加到 12 类 19 项。全省居民个人卫生支出占卫生总费用的比重由 2015 年的 30.36% 降至 2020 年的 27.3%，人民群众的获得感不断提升。

在新一轮医疗改革进程中，云南全面破除实行了 60 多年的“以药补医”旧机制。2017 年，全省所有公立医院全部取消药品加成，所有药品实行零差率销售。取消药品加成后减少的合理收入，主要通过调整医疗服务价格给予补偿，同时，调整 200 项医疗服务价格。2019 年底，公立医疗机构全部取消了医用耗材加成。公立医疗机构因取消医用耗材加成而减少的合理收入，原则上通过医疗服务价格调整予以整体解决，通过调整医疗服务价格等方式无法弥补的医疗机构，财政部门会同卫生健康部门根据公立医疗机构的隶属关系、运行情况给予适当补助。

与此同时，药品供应保障制度改革得到深化。云南全面执行国家组织药品集中采购结果，第一批、第二批国家组织集中采购的57种中选药品全部落地，与省级平台原挂网价相比最高降幅达98.38%，预计节约资金9.8亿元。将基层医疗卫生机构非基本药物配备比例提高到45%，推行慢病长处方制度，群众基层就医用药需求更有保障。

分级诊疗制度推进取得新进展。全省所有三级医院均参与2种以上医联体模式建设，县域内县乡村一体化医共体建设稳步推进。出台服务规范，聚焦重点人群，搭建手机App服务平台，做实做细家庭医生签约服务。全省居民签约率达到41.6%，重点人群签约率保持在68.57%，建档立卡贫困人口、计划生育特殊家庭签约基本实现全覆盖。2020年，全省县域内就诊率提升至91.39%。

随着全民医保体系全面建立，云南城乡居民医保人均财政补助标准由2015年的每人每年380元提高到2020年的550元，建立了统一的城乡居民基本医疗保险制度。云南省基本医保、大病保险覆盖率持续稳定在95%以上，基本实现了“应保尽保”。全省17个统筹区（包括省本级），全面实施了按病种付费为主，多种方式相结合的复合式支付制度改革，8个统筹区正探索开展疾病诊断相关分组（DRG）付费，全省医保支付方式逐步实现了从单一的按项目付费向总额控制下的复合型支付方式转变。

3. 公共卫生水平持续提高

建设更高水平的健康云南，必须坚持预防为主。近年来，云南着力提高公共卫生水平，进一步完善重大疫情防控体制机制，推进公共卫生体系建设。

云南自古以来就被认为是“瘴疠之区”，疟疾、鼠疫、天花、麻风、霍乱等疾病流行。1956年，全省消除了鼠疫；1960年，全省消除了天花。20世纪六七十年代以后，由于广泛开展预防接种，脊髓灰质炎、麻疹、白喉、百日咳等疾病发病率显著下降。

党的十八大以来，全省公共卫生水平持续提高，以乡镇（街道）为单位适龄儿童免疫规划疫苗接种率持续保持在90%以上，全省甲、乙类传染病发病率连续17年低于全国平均水平，持续保持21年无脊髓灰质炎状态、27年无白喉病例报告。重点职业病监测工作县（市、区）覆盖率达到90%以上，在全国率先实现“州（市）能诊断、县区能体检”。全省慢病防控示范区达到56个，国家级慢病示范区20个，死因登记报告制度实现129个县（市、区）全覆盖。制定发布27个食品安全地方标准，开展具有云南特色的人口较少民族营养健康状况调查。2020年，全省历史性地实现消除疟疾的目标，艾滋病防控在全国率先实现“3个90%”的防治目标。

新冠肺炎疫情暴发以来，云南及时制定出台云南省重大突发公共卫生事件一级响应20条措施，强化联防联控，狠抓措施落实。

截至2020年1月底，全省各级财政安排专项应急经费6.68亿元，主要用于购置呼吸机、负压救护车等设备，检测试剂等物资，医务人员及防疫人员补助和防控工作经费等；提前预拨2020年一季度医保基金60.1亿元，出台10条“特殊医疗保障报销政策”。

面对新冠肺炎疫情暴露出的问题和不足，云南省委、省政府坚持“一手抓疫情防控、一手抓项目建设”，在全国率先启动实施重大传染病救治能力和疾控机构核心能力提升工程，加紧补齐短板、弱项，不断提升公共卫生服务能力，更好维护人民群众生命安全和身体健康。

“双提升”工程项目按建设类别包括新建项目30个（包含新建云南区域性国际疾病预防控制中心1个和29个传染病医院建设）、计划改造类项目393个，项目计划总投资80亿元。工程完成后，全省传染病床位总数将增加4500床，达到7600床；省、州（市）、县三级服务网络布局将更加优化，充分体现“平战结合、重在应急、统一管理”原则，传染病救治体系将实现流程规范、设施完备、运行高效，疾控机构检测能力也将大幅提升，形成省级为龙头、州（市）为骨干、县级为基础的疾病预防控制网络。

为构建云南省全民健身服务体系，云南开展七彩云南全民健身工程，这是云南省历史上规模最大、力度最大、百姓受益最大的一项体育“民心工程”。此项工程积极推进大型公共体育场馆低收费和免费开放工作，建成步行、骑行、登山等各类健身步道3110公里，室外健身器材14035套，大中小型公共体育场馆242个。在边境地区、贫困地区统筹安排各项涉及全民健身的资金和项目落地，举办各类体育赛事，在全省形成有利于健康的生产生活环境。

4. 健康扶贫效果显著

云南作为全国脱贫攻坚的主战场，是全国健康扶贫人群数量最多、任务最艰巨、脱贫难度最大的地区之一。2016年以来，云南深入持续推进健康扶贫工作，健康扶贫攻坚战取得显著成效，全省因病致贫建档立卡贫困人口112.6万人全部实现脱贫。

为加快解决贫困地区因病致贫返贫问题，云南先后印发了《云南省健康扶贫行动计划（2016—2020年）》《云南省深度贫困地区健康扶贫攻坚实施方案（2018—2020年）》，突出重点地区、重点

红十字“健康扶贫”进彝村

人群、重点病种，按照“对象、立卡、签约、治疗、管理、健康促进、保障兜底、费用控制、任务考核、脱贫成效”10个精准要求，着力提高农村贫困人口健康水平。

为确保如期实现全面小康，云南采取了更加精准的超常规举措，印发《云南省健康扶贫30条措施》及《云南省健康扶贫工程“三个一批”行动计划实施方案》《云南省医疗保障局关于进一步做好健康扶贫医疗保障工作的通知》等配套文件，构建“1+N”健康扶贫政策体系。对患有大病和长期慢性病的建档立卡贫困人口、农村低保对象、农村特困人员、农村贫困残疾人，根据实际患病情况，对大病实施集中救治，对慢病实行签约服务管理，对重病实行医疗费用兜底。建档立卡贫困人口基本医疗有保障，努力让建档立卡贫困人口看得起病、方便看病、看得好病、尽量少生病，防止因病致贫、因病返贫。健全完善贫困地区基层医疗卫生服务体系，支持贫困地区县、乡医疗卫生机构基础设施建设，使每个贫困县达到“三个一”目标，即：每个县至少有 1 所二级县级公立医院，每个乡镇建有 1 所标准化的乡镇卫生院，每个行政村建有 1 个标准化的卫生室。认真组织实施 88 个贫困县县级医院重点专科建设，提升基层医疗在发展中保障和改善民生卫生诊疗水平和服务能力。以重大传染病、地方病和慢性病防治为重点，加强贫困地区县级疾控、妇幼保健等公共卫生机构服务能力建设。

云南实施健康扶贫以来，全省因病致贫建档立卡贫困人口 112.6 万人全部实现脱贫。全省 88 个贫困县每县至少有一所公立医院达到二级医疗机构服务能力标准，每个乡镇和每个行政村都有一个标准化卫生院和卫生室。2016—2020 年，县域内就诊率从 82.68% 提高到 92.94%。贫困人口实现医疗保障制度全覆盖，住院报销比例从 2016 年的 61.15% 提高到 2020 年的 90.33%，人均自付费用也从 2016 年的 2441.63 元降低到 696.01 元。实施贫困人口大病专项救治，救治贫困人口 36 种大病患者 18.39 万人，实施了家庭医生签约服务，全省每年签约人数达 565 万人。建档立卡贫困人口享受县域内住院“先诊疗后付费”和“一站式”结报服务。贫困地区传染病、地方病得到有效防治。农村妇女宫颈癌和乳腺癌筛查、农村妇女增补叶酸预防神经管缺陷、儿童营养改善、免费孕前优生健康检查、地中海贫血筛查、0—6 岁儿童视力检查、贫困地区新生儿疾病筛查等项目实现全覆盖。贫困地区儿童健康营养状况大幅提升。实现贫困人口看病有地方、有医生、有制度保障，基本医疗有保障的目标全面完成。

2020 年底以来，云南持续做好因病返贫监测预警和精准帮扶、县乡村医疗卫生机构达标动态管理、大病专项救治、慢病签约服务管理等重点工作，确保了全省健康扶贫工作的持续稳定。同时，进一步将工作重心转移到巩固和拓展扶贫成果上来，强势推进健康扶贫与深化医改、健康云南的深度融合，实现工作重心从解决基本医疗有保障突出问题向提升基层医疗服务能力和质量转变，认真落实“一保持、两做实、三提升”（即保持健康扶贫政策总体稳定；做实县乡村三级医疗卫生机构达标问题动态清零，做实因病易返贫致贫人员的监测预警和精准帮扶；提升基层医疗卫生服务能力，提升贫困地区公共卫生服务能力，提升贫困人口健康素养）同乡村振兴有效衔接。

（四）社会保障兜牢民生底线

社会保障是民生之安，是“安全网”，是“稳定器”。党的十八大以来，党中央把社会保障体系建设摆上更加重要的位置，云南社会保障体系建设也进入“快车道”：社保覆盖范围不断扩大，基本实现各类人群制度全覆盖，民政领域基本民生保障成就显著，保障标准和救助水平逐年提高。

1. 社保基本实现各类人群制度全覆盖

近年来，云南省社会保障水平持续提升，民生安全网越织越密。通过不断健全制度体系、完善政策措施、创新管理服务，稳步提升待遇水平，群众获得感幸福感安全感持续提升。

经过多年努力，云南省不断扩大参保覆盖面，为广大人民群众提供更可靠更充分的保障。全面放开灵活就业人员参保户籍限制，将农民工、灵活就业人员、新业态从业人员纳入企业职工养老保险覆盖范围。全省基本养老保险参保人数由党的十八大前的2511.23万人增加到2020年底的3151.52万人，增幅25.5%；工伤、失业保险参保人数由519.26万人增加到806.2万人，增幅55.26%，基本实现各类人群制度全覆盖。

与此同时，全省社会保障水平稳步提高，企业退休人员月人均基本养老金由2012年的1611元提高到2990元，城乡居民基础养老金由每月60元提高到108元，失业保险金月平均标准由426元调整到1356元，工伤保险月人均伤残津贴由1577元提高到2978元，增幅分别达85.6%、80%、218.3%、88.8%。虽然保障水平提高了，但并没有增加企业缴费负担，相反，养老、失业、工伤保险费总费率从31.86%降到25.41%，累计为企业和个人减少社保费支出480亿元。

社保基金可持续能力也进一步增强，养老、失业、工伤3项社保基金累计结余1985.53亿元。在做大“蛋糕”的同时还通过社保基金投资运营来促进其保值增值，通过提高社保基金统筹层次、强化互助共济功能，进一步织密社会保障安全网，为广大人民群众提供更可靠、更充分的保障。

2. 提升社会救助水平，兜牢底线保民生

云南是全国脱贫攻坚的主战场，民政工作承担的兜底保障是解决贫中之贫、困中之困、坚中之坚的最后一道防线，是全面小康的托底安排。“十三五”期间，全省各级民政部门以脱贫攻坚统揽民政工作全局，把脱贫攻坚兜底保障作为最大政治责任、最大民生工程，紧紧围绕“社会保障兜底一批”的目标任务，倾情倾力编密织

牢民生保障“安全网”。

兜底保障，重在衔接。省里先后出台了关于加强农村低保制度与扶贫开发政策有效衔接、完善农村最低生活保障制度、支持深度贫困地区脱贫攻坚、关于在脱贫攻坚三年行动中切实做好社会救助兜底保障工作等政策措施，逐步实现农村低保与扶贫开发在政策、标准、对象、管理4个方面的紧密衔接，把符合条件的建档立卡贫困人口全部纳入低保、特困供养范围，应保尽保；把符合扶贫政策的农村低保家庭按程序纳入建档立卡贫困户范围给予扶持，应纳尽纳。实行社会救助保障标准一年一调，确保全省各县（市、区）农村低保标准稳定高于国家扶贫标准。

截至2020年12月底，全省共有150万建档立卡贫困人口按规定纳入农村低保或特困人员救助供养。全省城市、农村低保年保障指导标准分别为不低于7680元、4500元，比2015年增长60%、94.6%；特困人员月基本生活标准统一提高到不低于832元。全省5年累计投入困难群众救助金560亿元，年均有430万困难群众获得经常性生活救助、85万人次获得临时性生活救助。

救助兜底，精准为要。“十三五”期间，全省民政系统先后开展了农村低保专项治理行动、脱贫攻坚精准救助百日行动、社会救助兜底脱贫行动、兜准兜住兜牢专项行动、兜底保障百日提升行动、百日巩固行动等，确保兜准兜住兜牢底线。广大基层民政干部不舍昼夜、不辞辛劳，走进千家万户仔细比对排查，确保低保对象精准、数据精确，做到“不漏一户、不落一人”。

通过信息化手段精准提升救助服务水平。全面推广使用“一部手机办低保”、救助资金“社银一体化”发放，省、州（市）、县（市、区）三级均成立居民家庭经济状况核对中心，实现和扶贫、公安、人社、公积金、残联等10多个部门数据共享，城乡低保申请对象严格实行逢进必核，低保查询、申请、核对、审批、公示、投诉举报等实现“掌上办”“指尖办”，让困难群众足不出户即可申请办理低保，资金发放高效便民。

兜稳兜牢，重在长效。完善农村低保制度，健全对象认定办法，认真落实建档立卡贫困人口“脱贫不脱保”、“救助渐退”、重病重残人员参照“单人户”施保、刚性支出扣减、适当扩大救助覆盖范围政策，促进稳定脱贫。建立健全防止返贫动态监测和救助帮扶机制，紧盯建档立卡贫困户、边缘户、脱贫不稳定户，加强数据比对、动态监测，做到主动发现、主动救助，确保符合救助条件的致贫返贫人员第一时间纳入救助保障范围。

3. 幼有所育、老有所养、逝有所安

云南高度重视“一老一小”民生改善，全面构建社区居家养老、机构养老、智慧养老和困境儿童、农村留守儿童多层次多维度服务体系。

云南有692万老年人，占总人口的14.2%。为了让老年人健康幸福地安度晚年，省政府每年把养老服务体系建设纳入10件惠民实事全力推进，并制定出台全面放开养老服务市场、支持社会力量发展养老服务、推进养老服务发展等实施意见，加大“放”的力度、强化“管”的能力、提高“服”的水平。省民政厅和省直有关部门采取务实举措，坚持以满足老年人养老服务需求为导向，努力扩大养老服务供给，着力提升养老服务质量，在加快构建居家和社区机构相协调、医养和康养相结合的养老服务体系上取得了明显成效。截至2020年12月底，全省“公建民营”的养老机构共有90

家。云南积极推进养老领域改革，加快推进具备向社会提供养老服务条件的公办养老机构实行公建民营模式、积极探索多种“医养结合”模式，同时加快推进“互联网+养老服务”建设。2020年12月底，全省养老机构内设医疗机构的有148家，养老机构与周边医疗机构合作签约率达98%。2019年，云南省“互联网+智慧养老”平台上线。截至2020年12月底，该平台已接入228家养老机构和社区服务中心、118家家政服务公司，提供94项居家服务，全省已录入3809家养老服务设施信息。

随着社会力量兴办养老机构的一次性建设补助、养老机构运营资助、综合责任保险补助等制度逐步建立、落实，政府为主导、市场为主体的养老服务发展格局基本形成。“十三五”以来，中央、省级累计投入养老服务设施建设资金26.8亿元。截至2020年12月底，全省建成和在建养老机构1168个，城乡社区居家养老服务中心2681个，农村幸福院3512个，养老床位达18万张，比“十二五”末增长46%。

在扩大养老服务供给的同时，着力提升养老服务质量。省民政厅牵头，联合卫生健康、住建、市场监管、消防救援等部门自2017年起连续4年开展养老院服务质量建设专项行动，对全省城乡养老机构进行了“地毯式”排查和“全科式”整治，完成1.08万项隐患整改。

建立完善80周岁及以上老年人高龄津贴制度，省级每年投入资金8000万元，惠及91.3万老年人。制定了加快建立健全农村留守老年人关爱服务体系等多项政策，补齐了农村老年人关爱服务制度短板。

全省加快建立健全孤儿、事实无人抚养儿童等困境儿童和农村留守儿童关爱服务体系，建成儿童福利机构 47 个、儿童之家 1.4 万余个，配备乡镇（街道）儿童督导员 1700 余名、村（居）儿童主任 1.4 万余名，将集中供养和散居孤儿等基本生活补助标准分别提高到每人每月 1980 元和 1280 元，较 2015 年分别提高 13%、22%。

为着力解决人民群众“逝有所安”普遍期盼，5 年来，全省各级民政部门深入推进殡葬改革，助力云南争当全国生态文明建设排头兵和建设中国最美丽省份。截至 2020 年 12 月底，全省投入使用殡仪馆 109 个、农村公益性公墓（骨灰堂） 5551 个，有经营性公墓 85 个，布局合理、规模适度、服务便捷的殡葬公共服务体系基本形成。全省实施惠民殡葬、节地生态安葬奖补制度，大力推行节地生态安葬。

4. 强化残疾人社会保障，确保弱有所扶

党的十八大以来，以习近平同志为核心的党中央对残疾人格外关心、关注，提出了“全面建成小康社会，残疾人一个也不能少”的明确要求。随着脱贫攻坚取得全面胜利，全国 700 多万建档立卡贫困残疾人如期脱贫，创造了人类减贫史上残疾人特殊困难群体消除贫困的奇迹。

云南残疾人事业因时而进，伴随全国残疾人事业的进步稳步向前，伴随着云南发展的新跨越取得了令人瞩目的成绩。“十三五”期间，云南省残疾人工作紧紧围绕贫困残疾人脱贫攻坚这条主线，协调推进残疾人教育、就业、扶贫、康复、维权、宣传、社会保障等各项工作，全省 41.38 万贫困残疾人全部实现脱贫，与全省人民携手并肩迈入全面小康。

在脱贫攻坚中，云南进一步织密织牢残疾人基本民生的安全网，不断加强贫困残疾人社会保障力度，全省共有52.03万名残疾人纳入低保保障范围，6.32万名残疾人被纳入特困人员救助供养范围；建立了重度残疾人护理补贴、困难残疾人生活补贴制度和动态调整机制，年均惠及70余万残疾人。云南还完成贫困残疾人家庭农村危房改造任务22301户，农村贫困残疾人家庭存量危房改造完成率100%。为帮助残疾人减轻功能障碍、增强生活自理和社会适应能力，"十三五"以来，云南印发了《云南省残疾人精准康复服务行动实施方案》，组织实施残疾人精准康复服务。全省共有残疾人122.8万人次接受基本康复服务，29.03万人次得到辅助器具适配服务。2020年已服务有康复服务需求的残疾人25.08万人，服务率为98.97%。

此外，云南还加快残疾人托养和康复服务设施建设，"十三五"期间，投资建设残疾人康复和托养中心项目62个，包括州（市）级康复中心6个，县级康复中心10个，县级托养中心46个。持续开展"阳光家园"残疾人托养服务计划，每年为数以万计就业年龄段的精神、智力及重度肢体残疾人提供生活照料服务、生日关怀、生活自理能力训练、运动能力训练等多项护理服务，让阳光照进残疾人的生活。

"十三五"期间，云南省特殊教育制度越来越完善、资金保障越来越有力，全省形成了从学前教育到高等教育上下衔接的特殊教育发展体系。全省特殊教育学校达到65所，云南特殊教育职业学院成为西部地区第一所独立设置的特殊教育高等职业学院。2020年，全省残疾儿童入学率达98.15%；1242名残疾考生参加高考，1048名考生被录取，录取率为84.38%。

就业也是残疾人群体最为关心的民生问题。“十三五”以来，云南不断完善保护和促进残疾人就业的政策法规体系和服务体系，逐步形成了“以集中就业安置、按比例就业和灵活自主就业为主要途径”“以公益性岗位、社区就业等为补充”的就业体系。全省129个县（市、区）实现残疾人就业服务机构全覆盖，残疾人进行信息登记后就可获得信息咨询、职业能力评估、职业培训、职业指导、职业介绍等“一条龙”服务。

全省各地区各部门、社会各方面努力消除障碍，让残疾人实现就业创业、平等参与社会。截至2021年，云南有持第二代残疾人证的就业年龄段残疾人80.1万人，已就业残疾人50.1万人。2016年以来，新增残疾人就业3.55万人。

（五）安居乐业奔向幸福生活

安居乐业，寄托了百姓心中最朴素的小康愿望。党的十八大以来，云南不断补齐住房安全短板，持续加大保障性住房建设力度，完善住房保障体系和住房市场体系，加快配套设施建设，进一步增进民生福祉。与此同时，全省就业形势保持长期稳定，让百姓安居乐业，社会和谐幸福成为现实。

1. 补齐住房安全短板，圆百姓“安居梦”

保障住房安全，是“两不愁三保障”的重要内容。一砖一瓦，凝聚了决战决胜脱贫攻坚的必胜信念，垒砌起百姓“安居乐业”的朴素愿望。

近年来，云南全力推进脱贫攻坚农危改工作。2019年，云南基本实现脱贫攻坚农村危房改造“清零”目标，提前完成了住房和城乡建设部确定的在2020年6月底前脱贫攻坚农村危房改造竣工任务。

亮眼的成绩单背后，离不开政府部门的高位推动。2017年以来，云南省委、省政府多次召开会议，专题研究部署农村危房改造工作，出台了《云南省委办公厅　云南省人民政府办公厅关于加强全省脱贫攻坚4类重点对象农村危房改造工作的意见》。省住建厅按照“两不愁三保障”要求，结合云南省实际，在国家危房认定标准基础上制定了“安全稳固、遮风避雨”的基本建设标准和“一户一方案”改造措施，以及“防止大拆大建、因建房返贫致贫和将农村传统特色民居一拆了之”的基本改造底线。围绕“危房认定、改造方案、技术服务、质量监管、验收挂牌、改造档案”6个重点环节，建立挂联督导帮扶制度、省级送技术下乡和核查帮扶督导制度等6项工作制度，全力推进脱贫攻坚农村危房改造工作。

2017—2019年，全省累计安排中央和省级农村危房改造补助资金256.73亿元，用3年时间解决了超过130万户约500万贫困群众的住房安全问题。改造后的农房达到了“安全稳固、遮风避雨”的要求，基本实现了4类重点对象（建档立卡贫困户、低保户、农村分散供养特困人员、贫困残疾人家庭）“危房不住人，住人无危房”的工作目标。在近几年的地震灾害中，已改造农房经受住了数次地震考验，成为保护人民群众生命财产安全的“保命房”。

云南农村危房改造工作也得到党中央和国务院的大力支持和关心。2017—2019年，云南4类重点对象危房改造数量全国最多、任务最重。住建部、财政部针对云南贫困面广、贫困程度深、4类

弥勒市东山镇将军寨新居

重点对象危房存量大的实际，给予大力支持，下达农村危房改造补助资金 173.33 亿元。加上云南筹措的配套资金 86.5 亿元，中央和省级共安排下达资金 259.83 亿元，有力地保障了农村危房改造的顺利实施。

2019 年度，云南全面完成 39.31 万户 4 类重点对象和 28.63 万户非 4 类重点对象无力改造户存量危房改造，27 个深度贫困县基本完成 18.26 万户 4 类重点对象和 10.05 万户非 4 类重点对象无力改造户危房改造“清零”目标，基本实现全省脱贫攻坚农村危房改造“清零”目标。

2. 健全住房供应体系，提升城镇综合承载能力

随着城市化进程加快，城市住房问题日趋严峻。“十三五”以

来，省住房和城乡建设厅积极推进城镇功能完善和城镇建设品质提升，进一步健全住房供应体系，提升城市管理水平，有力推动了住房城乡建设领域新型城镇化发展。

城镇综合承载能力稳步提高。“十三五”以来，省住房和城乡建设厅紧紧围绕完善城市功能、改善人居环境、提升城镇综合承载能力工作要求，加快推进基础设施建设补“短板”。推动出台《云南省人民政府关于统筹推进城市更新的指导意见》，以城市体检、加强城市基础设施建设、推进老旧小区改造、提升城市风貌等工作为抓手，全力推进城市更新。

住房供应体系逐步完善。“十三五”时期，全省房地产开发投资预计完成 1.76 万亿元，基本实现 1.8 万亿元左右的投资目标，达到城镇常住人口人均住房建筑面积 40 平方米的目标，房地产发展对经济社会发展的贡献度逐步增强。提供商品住宅135.5万套，累计满足近400万居民多层次的住房需求。自2005年实施城镇保障性安居工程建设以来，全省共建设城镇保障性安居工程211万套，累计为700多万中低收入群众解决了住房困难问题。进一步扩大住房公积金制度覆盖面，积极开展灵活就业人员自愿缴存公积金及住房公积金支持城镇老旧小区改造工作试点。

城镇安全韧性进一步提升。完成位于高烈度设防区和地震重点危险区75个城市（县城）抗震防灾专项规划编制工作，进一步健全覆盖勘察设计、审图、检测、施工及竣工验收全过程的抗震设防监管机制，实现重点建筑工程抗震设防专项审查全覆盖，减隔震技术项目运用居全国之首。组织开展工程质量安全提升工作，全力帮扶建筑施工企业复工复产。

城乡人居环境明显改善。狠抓城市黑臭水体整治，完成全省33条城市黑臭水体整治任务。生活垃圾无害化处理率99.26%，98.5%的乡镇镇区和97.9%的村庄对生活垃圾进行了收集处理，非正规垃圾堆放点全部完成整治并销号，全面推进城市生活垃圾分类。深入推进“厕所革命”，城镇建成区公厕数量逐步充足，旱厕全面消除。推进城乡见缝插绿、拆违建绿、拆墙透绿、破硬增绿，开展庭院绿化，推进公园和绿化带建设；城镇建成区绿地率达34.8%、绿化覆盖率39.03%，人均公园绿地面积达11.48平方米，公园绿地服务半径覆盖率77.94%，全省国家园林城市（县城）总数增至34个。

加强历史文化遗产体系保护。历史文化名城（镇村街）达88个，传统村落达708个，积极推进通海、剑川、香格里拉申报国家级历史文化名城，成功推动大理州入选全国传统村落集中连片保护利用示范，完成传统村落挂牌保护，有序推动历史文化街区划定和历史建筑确定，要求各地在城市更新改造中切实保护历史遗存，彰显风貌品质。绿色装配式建筑得到大力发展，2019 年度，城镇绿色建筑占新建建筑比重达 58.6%。

城市管理水平不断提高。推动出台《云南省人民政府办公厅关于推进城市精细化管理工作的指导意见》，确定了城市管理精细化发展方向。全面开展工程建设项目审批制度改革，削减项目审批事项 27%、减少证明材料 47%，审批时间由原来平均 258.5 天缩减至政府投资项目平均 99 天，社会投资项目平均 85 天、最短 40 天。工程建设项目审批管理系统上线并实现在线审批，为优化云南营商环境作出了积极贡献。

3. 保持就业局势稳定，提升群众幸福感

就业是民生之本，关系老百姓的切身利益，牵动千家万户的生活。党的十八大以来，全省人社部门深入实施就业优先战略和更加积极的就业政策，把实现充分就业作为全面建成小康社会的重要目标，通过抓实援企稳岗稳定就业，鼓励创业创新带动就业，支持新业态发展拓展就业，深化东西部劳务协作促进转移就业等，始终保持了全省就业大局的稳定。

截至 2020 年 11 月底，全省城镇新增就业 246.49 万人，完成规划目标的 112%；全省农村劳动力转移就业人数总量达 1515.52 万人，就业规模创下新高。

云南积极响应国家创新创业的号召，截至 2020 年 7 月，全省“贷免扶补”创业担保贷款累计发放总量达到 1046.55 亿元，成为全国第 3 个贷款总量超千亿元的省份。共扶持创业 120 余万人，扶

罗平县职业技术学校为企业选拔培养后备人才

持小微企业 5000 多户，带动就业超过 340 万人。2016 年至 2020 年 7 月，云南省每年发放贷款超过 100 亿元，累计达到 570 亿元；中央和省财政给予贴息资金 61 亿多元。金融机构贷款资金和财政贴息资金投入云南省创业实体经济达到 140 亿元。

近年来，高校毕业生人数屡创新高，面对日益严峻的就业形势，云南持续做好高校毕业生就业服务工作，出台了一系列扶持政策，开展“一对一”联系帮扶，助力云南省高校毕业生更高质量和更充分地就业。全省应届高校毕业生总量从 2012 年的 12.8 万人增长到 2020 年的 25.3 万人。

针对云南劳动力技能弱、就业难的问题，人社部门坚持开展大规模职业技能培训。2016 年以来，累计投入 17.36 亿元，累计培训 2001.17 万人次，实现了每名有培训意愿的就业困难劳动者都进行了至少 1 次以上的培训，有效提高其就业能力。尽管近年来经济下行压力持续加大，特别是受到疫情的严重冲击，但全省就业大局仍然总体稳定、稳中有进，成为保持经济社会稳定的“压舱石”。

4. 提升社会治理水平，维护社会和谐稳定

政治清明、法治昌明、社会安定是发展的前提，是人民安居乐业的重要保障。近年来，云南不断提高社会治理系统化、科学化、法治化、智能化水平，坚持专项治理与系统治理、综合治理、依法治理、源头治理相结合，抓牢抓实市域社会治理，创新发展新时代“枫桥经验”，着力破解基层社会治理难题，建设更高水平的平安云南，为高质量跨越式发展营造了安全、和谐、稳定的社会环境。

2016 年以来，全省公安机关深入贯彻落实党中央“四个全面”战略布局、依法治国基本方略和法治政府建设部署要求，主动服务和融入国家“十三五”规划发展战略，坚持严格规范公正文明执法，深入推进法治公安和执法规范化建设，全面提升云南公安工作法治化水平，依法维护国家安全和社会稳定，为推动高质量跨越发展、谱写好中国梦云南篇章提供了有力的法治保障。2019 年，全省群众安全感满意度调查执法满意度达到 94.94%，为历年最高。

黑恶势力是社会毒瘤，严重破坏经济社会秩序，侵蚀党的执政根基。2018 年 1 月，为期 3 年的扫黑除恶专项斗争吹响号角。3 年来，一件件影响重大的黑恶案件相继告破，一个个作恶多端的犯罪团伙相继覆灭，一个个触目惊心的社会乱象相继治理。截至 2020 年底，全省共打掉涉黑组织 166 个、涉恶犯罪集团 296 个、涉恶犯罪团伙 508 个，破获刑事案件 13924 起，抓获犯罪嫌疑人 13658 人，查封、

冻结、扣押涉案资产 145.98 亿元。

3 年来，云南省共立案查处涉黑涉恶腐败和“保护伞”等案件 4026 件，给予党纪政务处分 3689 人，移送司法机关 668 人；全省共打掉农村地区黑恶团伙 314 个，查办涉黑涉恶涉霸村干部 205 人；整顿提升软弱涣散基层党组织 4125 个，清理受过刑事处罚、涉黑涉恶、存在“村霸”问题等村组干部 8768 名。

云南省扫黑除恶专项斗争的强势推进，带动解决了一批多年想解决而没有解决的社会治理难题，推动党风政风和社会风气持续改善，营商环境明显好转，人民群众获得感、幸福感、安全感明显增强。2020 年，云南省群众对专项斗争成效满意度达到 98.05%。

司法是维护社会公平正义的最后一道防线。“十三五”以来，云南司法行政系统在省委、省政府的坚强领导下，坚持“一个统筹、四大职能”工作布局，充分发挥依法治省统筹协调作用，全面履行行政立法、行政执法、刑事执行和公共法律服务职责，为云南经济社会发展再上新台阶提供了优质法律服务和坚强法治保障。

充分发挥依法治省统筹协调作用。全省 16 个州（市）、129 个县（市、区）全部成立依法治州（市）、县（市、区）委员会、协调小组及办公室，全面依法治省“立柱架梁”工作基本完成。省委依法治省办成立以来，建立健全制度机制 20 余项，仅 2020 年，就明确并推动立法、执法、司法、守法领域 95 项重点任务落地落实。

法治政府建设成效显著。充分发挥法治督察对法治政府建设的“风向标”和“指挥棒”作用，推动 52 项任务、277 项措施全面落实。在全国率先出台《重大行政决策程序规定》，坚持把公众参与、专家论证、风险评估、合法性审查、集体讨论确定为重大行政决策的必经程序。推动政府立法从“要数量”到“要质量”转变，坚持科学立法、民主立法、依法立法，在全国率先制定《政府立法工作规定》，助推出台115件地方性法规和73件政府规章，国家公园管理、生物多样性保护等地方立法已经走在全国前列，九大高原湖泊保护已实现“一湖一条例”。

法律服务职能作用充分发挥。现代公共法律服务体系基本建成。公共法律服务智慧化、普惠化、精细化全面提升，围绕“一条主干、四张网”建设模式，统筹各类对外服务窗口和法律援助、公证服务、人民调解、司法鉴定、律所律师等业务系统，加快“12348”公共法律服务热线、“12348”云南法网、公共法律服务工作站（室）三大平台数据和服务方式深度融合，在全国首推“法律咨询机器人”（云岭法务通），各州（市）、县（市、区）和1407个乡镇、14371个村（居）委会实现公共法律服务中心、工作站全覆盖，确保群众一次申请、三台互查、多项联动。

“十三五”期间，全省公共法律服务网络平台访问量累计达523万人次。其中，有240万人次通过平台进行了法律咨询并获得法律帮助，接件数量较“十二五”期间增长11倍，群众满意率达到97%。云南公共法律服务实现了从“有没有”向“好不好”的提升。

法治宣传教育成绩斐然。深入宣传以宪法为核心的中国特色社会主义法律体系，创新开展“法治宣传边关行”“法治宣传固边防”等一系列具有云南特色的普法活动，云南首创的边疆民族地区普法“五用工作法”得到广泛运用，以落实“谁执法谁普法”普法责任制为主体、普治并举的“大普法”格局初步构建。

社会安全稳定基础得到夯实。深入贯彻落实总体国家安全观，统筹发挥政治、监管、教育、文化、劳动五大改造的综合作用，具有云南特色的罪犯改造质量评估工作体系和罪犯教育改造大格局初步形成；全面实现从劳教工作向强戒工作的成功转型，坚持把落实全国统一戒毒模式作为戒毒工作从“转型”到“定型”的重要抓手，强制隔离戒毒工作整体水平显著提升；率先在全国成立从省至县三级社区矫正委员会，全省社区服刑人员重新犯罪率控制在0.08%，低于全国0.2%的平均水平，实现从“管得住”向“矫得好”转变。

目前，云南全省建成覆盖医疗卫生、道路交通等领域的调解委员会17272个、行业性专业性调解委员会588个，调解矛盾纠纷230余万件，基本形成多层次、宽领域、广覆盖的人民调解组织网络，人民调解“第一道防线”作用得到发挥。

六、文化强省·魅力云南

没有社会主义文化繁荣发展，就没有社会主义现代化。

新中国成立初期，在中国共产党的领导下，云南根据民族地区实际完成了社会主义文化改造，并根据中央提出的“百花齐放、百家争鸣”方针，引导各项文化建设工作取得了巨大成就。党的十一届三中全会后，根据“各级党委都要领导好文艺工作”的基本原则，云南切实加强和改进党对精神文明建设、文化建设的领导，紧紧围绕社会主义核心价值体系、社会主义文化强国建设，深化文化体制改革，加快完善文化管理体制和文化生产经营机制，推动社会主义文化大发展大繁荣。

党的十八大以来，云南认真贯彻落实习近平总书记在宣传思想工作会、文艺工作座谈会、党的新闻舆论工作座谈会、哲学社会科学工作座谈会等一系列思想文化领域座谈会上的重要讲话精神，坚定文化自信，增强文化自觉，牢牢把握社会主义先进文化前进方向，以马克思主义中国化最新成果为指导，以新发展理念为引领，以社会主义核心价值观建设为根本任务，以建设民族文化强省为目标，以改革创新为动力，以满足人民群众精神文化需求为出发点和落脚点，把坚持正确政治方向、舆论导向、价值取向要求贯彻到文化建设的全过程、各方面，巩固马克思主义在意识形态领域的指导地位，巩固全省各族人民团结奋斗的共同思想基础，为推动跨越式发展、推进全面建成小康社会、谱写中国梦云南篇章提供了有力的思想保证、舆论支持、精神动力和文化条件。全省各项文化工作有序有力有效推进，文化创新创造活力充分迸发，文化事业更加繁荣，文化产业蓬勃发展，创造性地探索出了具有云南特色的社会主义文化建设的有益借鉴。

（一）培育和践行社会主义核心价值观

党的十八大以来，以习近平同志为核心的党中央高度重视坚持以社会主义核心价值观引领文化建设，作出战略部署，提出一系列重大举措。习近平总书记指出：“核心价值观是文化软实力的灵魂、文化软实力建设的重点。这是决定文化性质和方向的最深层次要素。一个国家的文化软实力，从根本上说，取决于其核心价值观的生命力、凝聚力、感召力。”

云南准确把握社会主义核心价值观引领文化建设的基本内涵，在贯穿结合融入上下功夫，在落细落小落实上下功夫，广泛开展教育实践活动和精神文明创建活动，引导各族人民树立正确的历史观、民族观、国家观、文化观、宗教观，夯实全省各族人民团结奋斗的共同思想基础。社会主义核心价值观在国家层面、社会层面和公民个人层面都深入践行，日益成为各族干部群众的价值追求和自觉行动。

广泛开展社会主义核心价值观宣传

1. 牢牢掌握意识形态工作领导权

云南牢牢掌握意识形态工作领导权和主动权，坚持马克思主义在我国意识形态领域的指导地位，准确把握文化建设的前进方向和发展道路。

以高度的思想自觉、政治自觉和行动自觉，坚决贯彻落实好党中央意识形态工作各项要求部署，切实做好意识形态领域各项工作，维护意识形态领域安全，做到守土有责、守土负责、守土尽责。旗帜鲜明讲政治，不断提高政治站位和政治觉悟，坚决把讲政治要求贯穿意识形态工作全过程，时刻增强“四个意识”，坚持党管宣传、党管意识形态、党管媒体，确保党中央意识形态工作各项决策部署在云岭大地落实见效、落地生根。

坚决把意识形态关键领域和重点环节看紧抓牢，密切关注意识形态领域舆情，不断提高对倾向性、苗头性问题的发现力、研判力、处置力，定期通报意识形态领域情况，在巩固壮大积极向上的主流意识形态方面用心用力、抓紧抓实。

严格落实党中央意识形态工作责任制实施办法和网络意识形态工作责任制实施细则，研究制定了云南省意识形态工作责任制实施细则，把意识形态工作列为“一把手”工程，强化党委（党组）书记第一责任、分管领导直接责任和班子成员的“一岗双责”，各级党委（党组）将其纳入各级领导班子和领导干部考核以及年度综合考评内容，与中心工作一同部署、一同落实、一同检查、一同考核。

加强对各类报告会、研讨会、讲座、论坛、报刊、广播电视台、新闻网站、“两微一端”等意识形态阵地的建设与管理，深入开展“扫黄打非”，做好网络意识形态工作，敢抓敢管、善抓善管，旗帜鲜明、敢于亮剑，绝不给错误思潮、错误言论提供传播空间和渠道。各级宣传思想文化部门主动谋划、主动作为、主动担当，加大学习和培训力度，着力提高做好意识形态工作的能力和水平。

2. 以社会主义核心价值观引领文化建设

以社会主义核心价值观引领文化建设，重在树牢共同理想信念。云南广泛开展宣传教育活动，将科学理论武装、正确价值引领融入其中，将社会主义核心价值观渗透于内，引导广大党员干部群众进一步统一思想、凝聚力量。

依托社会宣传、媒体宣传、公益广告、文艺作品、文化产品等多种载体，采取形象化、艺术化、生活化的多元手段，大力弘扬共产主义远大理想和中国特色社会主义共同理想，持续深化社会主义和共产主义宣传教育、中国特色社会主义和中国梦宣传教育，传承和弘扬中国人民伟大的创造精神、奋斗精神、团结精神、梦想精神。

广泛开展爱国主义教育，通过充分利用重大纪念活动、民族传统节庆、国家公祭仪式等时机，充分发挥爱国主义教育基地作用，引导人们把爱家与爱国统一起来，升华家国情怀，激发报国志向。

加大对革命历史类纪念设施、遗址和爱国主义教育基地的保护和建设力度，用好革命时期、建设时期、改革时期的红色教育、红色旅游资源，传承弘扬伟大建党精神和共产党人精神谱系，不断激发全体人民的奋斗精神。

在引领文化建设过程中，云南坚持做好“融”和“立”两篇文章，全面系统地阐释解读社会主义核心价值观的丰富内涵和实践要求，使广大党员干部群众在思想和情感上认同社会主义核心价值观，并内化于心、外化于行。

推动社会主义核心价值观融入经济社会发展各个领域、贯穿社会生活全过程，转化为人们的情感认同和行为习惯。把社会主义核心价值观教育与学校教育、家庭教育、社会教育紧密结合起来，融入教育教学、校风学风；认真贯彻全国高校思想政治工作会议精神，教育引导高校师生做社会主义核心价值观的坚定信仰者、积极传播者、模范践行者。

把社会主义核心价值观贯穿到立法、执法、司法过程中，使执法活动成为推动和保障社会主义核心价值观建设的过程。把社会主义核心价值观体现到市民公约、村规民约、学生守则、团体章程和各行各业的规章规范中，推动社会主义核心价值观成为人民群众的内心追求和行为遵循。

把社会主义核心价值观融入人们的日常生活、工作和学习之中，使人们可以随时体察到社会主义核心价值观的存在，形成日常性的、潜移默化的影响。

在“立”的方面，充分发挥先进典型的示范引领作用，聚焦脱贫攻坚、科技创新、大众创业，广泛发现和选树道德模范、“最美人物”、“云岭楷模”、“云南好人”等各类先进典型，不断提高“善行义举榜”覆盖率。加大杨善洲、高德荣、张桂梅、召存信、耿家盛等先进典型的宣传力度，扩大先进典型的社会影响。改进宣传方式，讲好典型故事，让先进典型可亲可敬、可信可学，使先进典型承载的价值力量有效传播开来。

3. 推动社会主义核心价值观的落地转化

云南丰富实践载体、找准实践抓手，推动社会主义核心价值观的落地转化，努力积小胜为大胜、积跬步至千里。

打造了一批社会主义核心价值观主题公园、主题广场、主题街道，通过形象化解读、故事化表达，使社会主义核心价值观像空气一样遍布公园每个角落、每件设施载体。大力开展“诚信云南”建设、文化科技卫生“三下乡”集中示范活动、社会公益、文明旅游等活动，扎实推进云南道德研究院建设、乡村学校少年宫建设、公益广告宣传等工作。

认真学习贯彻习近平总书记关于注重家庭家教家风建设的重要论述，充分发挥家庭在培养和弘扬社会主义核心价值观中的重要作用，把家风建设作为社会主义核心价值观建设的重要抓手，把家庭和学校作为重要阵地，把家长和教师作为育人第一责任人，抓住青少年价值观形成和确定的关键时期，从幼儿园到大学，建立实践基地，把社会主义核心价值观教育作为必修课，扣好人生“第一粒扣子”。

广泛开展“传家训、立家规、扬家风”活动，弘扬传统家庭美德、现代家庭理念，以家庭的“小气候”温润社会的“大气候”；教育、引导、警示、督促全省广大党员干部带头加强家风建设，弘扬清正家风，促进党风政风，带动社风民风。

组织开展“云岭好家风”廉政文化系列活动，对古往今来云岭大地形成的好家风好家训好家规进行深入挖掘，集中创作了《云岭好家风》等一批脍炙人口、经得起检验的清正家风文化文艺原创精品，为传承中华优秀传统文化提供了微观载体，为弘扬社会主义核心价值观提供了鲜活范本，为云南继续深入开展家风建设提供了有益借鉴。

深化农村精神文明建设，通过培育文明乡风民风、狠抓环境综合整治、丰富农村文化生活、实施边境文明创建，着力打造美丽乡村“和谐牌”“生态牌”“民族牌”“国门牌”等“四张牌”，助推“美丽云南”建设，使宜居美丽乡村成为云南的又一张亮丽名片。

4. 统筹抓好各种精神文明创建活动

云南坚持把践行社会主义核心价值观融入各种精神文明创建活动之中，吸引群众广泛参与，推动人们在为家庭谋幸福、为他人送温暖、为社会作贡献的过程中提高精神境界、培育文明风尚。

省委常委会每年召开两次专题会议，研究部署文明创建工作。各级党委、政府把文明创建摆在重要位置，实行“一把手”负责制，与中心工作同研究、同部署、同落实，形成了党委统一领导、党政群齐抓共管、文明委组织协调、有关部门各负其责、全社会共同参与的工作格局。

科学制定《云南省精神文明建设“十三五”规划纲要》《云南

省群众性精神文明“五大创建”三年行动计划（2018—2020年）》，提出中长期的创建目标任务、推进措施等，各地结合实际制定了文明创建中长期规划。在健全完善创建指标体系和管理办法、深入开展“五大创建”的基础上，结合实际、拓展领域、彰显特色，开展了边境地区文明创建、文明公路运输线创建、文明寺庙创建等具有云南特色的创建活动。

连续举办云南道德大讲堂，建成遍布城乡的各级道德讲堂；开展“双语道德讲堂”“道德讲堂进寺院”等活动；开办《空中道德讲堂》广播栏目、“道德讲坛”微信公众号，弘扬中华民族优秀传统美德，提升公民道德素质。

扎实推进志愿服务制度化。制定推进云岭志愿服务制度化的实施意见，建立云南志愿服务网，组织“邻里守望”主题志愿服务、“献爱心、迎新春”大型志愿服务、“关爱山川河流、建设美丽云南”主题系列志愿服务活动等，命名一批学雷锋示范点和岗位学雷锋标兵。

（二）持续深化文化体制改革成效显著

文化建设是中国特色社会主义“五位一体”总体布局的重要内容，文化体制改革是我国全方位改革事业的重要组成部分。多年来，特别是党的十八大以来，以习近平同志为核心的党中央高瞻远瞩，深谋远虑，持续深化文化体制改革，给文化体制改革打开了新的天地、注入了新的动力、提出了新的要求。

云南认真贯彻落实习近平总书记关于全面深化改革的重要论述，全面准确把握党中央的部署要求和各项具体改革政策措施，高举改革旗帜、聚焦“四梁八柱”、锐意攻坚克难，正确处理意识形态属性与产业属性的关系、社会效益和经济效益的关系，在巩固已往改革成果基础上，推动文化体制改革在新的起点上纵深拓展，取得一批开拓性、引领性、标志性的制度创新成果，进一步激发了文化创新创造活力，促进了文化事业文化产业蓬勃发展，增强了人民群众的文化获得感和幸福感。

1. 为文化体制改革提供制度保障

改什么？怎样改？在吃透党中央精神、确保改革正确方向的基础上，云南通过深入调查研究，紧密结合实际，细化了改革的路线图、时间表、任务书，搭建起文化制度体系的“梁”和“柱”。在此基础上，建立制度保障，着力破解重点难点问题，加强督察问效，确保各项改革任务落地生根。

制定方案，细化要求，为文化体制改革深入实施提供有力制度保障。制定《云南省深化文化体制改革实施方案》《关于深入推进公共文化机构法人治理结构改革的实施方案》《云南省深化“放管服”改革“六个一”行动实施方案》《关于进一步加快推进文化市场综合执法改革工作的通知》等。这些政策方案，确定了深化文化体制改革的指导思想和目标要求，明确加强社会主义核心价值体系建设、完善文化管理体制、深化国有文化单位改革、构建现代公共文化服务体系、建立健全现代文化市场体系、建立民族民间文化保护传承体系、加强文化开放与合作、完善文化政策法规保障、积极稳妥地推进文化体制改革等 10 个方面、24 个大类、117 个改革事项。同时，注重改革举措配套文件制定工作，为有力有序推进文化体制改革、促进文化繁荣发展提供了重要保障。在专项规划方面，组织出台了“十三五”时期文化产业、精神文明建设、哲学社会科学规划。在完善文化建设体制机制方面，组织出台了加强新型智库建设，推动国有文化企业把社会效益放在首位、实现社会效益和经济效益相统一，省属国有文化企业健全法人治理结构，省属国有文化企业负责人经营绩效考核、薪酬管理办法，省属国有文化企业重大事项管理等配套文件。在公共文化建设方面，组织出台了加快构建现代公共文化服务体系、基本公共文化服务实施标准、政府向社会力量购买公共文化服务、文化领域行业组织建设、文化市场综合行政执法改革等配套文件。

触碰矛盾、直面问题，将发现问题、解决问题贯穿改革始终。采取抓重点、重点抓，抓具体、具体抓的方法，把最重要的事情、最难的问题抓在手上，着力破解了一些重点难点问题。理顺了云南广播电视台管理体制和运行机制，增加财政收入，实现广播电视台高清化播出和整体搬迁；制定出台相关管理制度，推动新闻媒体严格实行采编和经营两分开；非时政类报刊出版单位改革平稳推进；制定国有文化企业经营业绩考核办法，规范薪酬管理，完善法人治理结构，建立健全具有文化特色的现代企业制度；建立完善文化市场综合行政执法机制；整合资源，建立基层党建活动室、文化活动室共建共享共管体制机制。

压实责任、加强督察，确保文化体制改革各项目标任务落到实处、见到实效。对《云南省深化文化体制改革实施方案》进行任务分解，明确各项改革任务的责任部门、责任单位和完成时限。对重要改革事项，省委领导亲自督查督办；针对推进改革工作重视不够、措施不力、进度缓慢等问题，采取会议督办、实地督察、个别约谈、追责问责等方式，把工作抓具体、抓实在，推动改革任务落实见效。

把文化体制改革和文化产业发展纳入全省年度综合考评的重要内容，每年底由省委宣传部牵头，对16个州（市）和省级有关部门的工作情况进行实地考评，采访发挥考评“指挥棒”作用，力促改革任务精准落地。

2. 深入开展文化体制改革工作

在试点地区和试点单位的示范带动下，全省大力开展文化体制改革工作，重组和优化文化事业建设格局，形成了一批兼具市场竞争力、文化创新力和影响力的文化活动主体，为文化单位走向市场、做大做强奠定了基础、创造了条件。

在文化事业单位改革方面，深化文化事业单位用人机制和分配制度的改革。加大布局结构调整的力度，重新设置相关资源。在科学设岗的基础上，推行人员聘用制度和岗位管理制度，疏通人员出口。

加强公益性文化事业单位建设，支持经营性文化事业单位发展。深化公益性文化事业单位内部改革，激发文化事业单位的活力，调动干部职工的积极性和主动性；对经营性文化事业单位进行大胆改革，努力培育一批有活力、有一定实力、按市场经济原则运营的市场竞争主体。

实施分配制度、财务制度和社会保障制度等改革，探索建立文化行政管理部门与所属文化事业单位的新型关系；进一步完善改革政策，制定实施改革配套措施。各地按照创新体制、转化机制、增强活力、培育富有活力和竞争力的微观组织的要求，大胆探索，不断加强各级党委对文化工作的领导，积极转变政府职能，努力探索文化行政管理单位的职能整合，构建文化行政综合执法机制。

同时，努力探索行业自律、企事业单位依法经营的宏观管理体制，对国有文化资产的管理运营进行新探索，取得新突破。通过改革，许多长期闲置的国有文化资产得到重新盘活，文化行政部门职能从办文化向管文化转变，从微观管理向宏观管理转变，从主要管理直属单位向主要开展社会管理转变。

坚持改革为重，顺应全媒体传播格局，催化融合质变。制定《关于推动传统媒体和新兴媒体融合发展的指导意见》，推动传统媒体和新兴媒体在内容、渠道、平台、经营、管理等方面深度融合。顺应互联网传播移动化、社交化、视频化的趋势，积极运用大数据、云计算等新技术引领媒体融合发展，驱动媒体转型升级，打造形态多样、手段先进、具有竞争力的新型主流媒体，推动从相“加”阶段迈向相“融”阶段，形成立体多样、融合发展的现代传播体系。

建立全媒体策划、采访、编辑、审核、播放的一体化指挥体系，省级媒体“中央厨房”建设不断推进，传播力、引导力、影响力和公信力持续提高。云南日报报业集团通过融合发展，形成了报纸、刊物、网站、微博、微信客户端、电子阅报栏、手机报等多种传播形态的现代化全媒体矩阵。云南广播电视台重点打造的移动客户端“云南手机台”成为全省第一个手机视频在线播放平台。

截至目前，全省集中打造了以云报党政新闻客户端为主体的新媒体产品，以《云岭先锋》为主体的全媒体党建信息产品，以云南网新媒体中心为主体的网络新闻产品，以春城晚报客户端为主体的城市社群资讯功能产品，以互联网电视业务为主的跨网跨屏广播电视服务产品，以舆情分析和服务为主的社情舆情产品，以智慧政务智慧社区为主的综合服务型产品，以面向南亚东南亚为主体的对外传播产品，以“云南扶贫热线”公众号为主体的互联网精准扶贫产品，以及旨在服务党和政府中心工作，准确发布权威信息，及时回应社会关切，讲好云南故事，传播中国声音的“云南发布”微信公众号。

在深化改革过程中，全省还不断加强文化市场的管理。坚持日常管理与专项整治相结合，加大对网吧、音像市场、演出市场、歌舞娱乐场所、电子游戏经营场所管理力度。突出网络文化市场监管，加强对网络游戏、网络直播、网络表演、网络音乐、网络动漫、电子竞技、迷你歌咏亭等新业态的监管，结合“整治网络非法传播视听节目绿网专项行动”，严厉查处网络文化市场违法违规经营行为。

开展文化市场明察暗访、重点督查、随机抽查，压实部门和行业监管责任，严守监管底线，切实保护未成年人的合法权益。加强文化市场安全生产监督管理，积极组织开展安全生产和消防安全大检查，确保文化市场安全无事故。落实文化市场综合执法标准规范，加强对综合执法工作的督导检查。加强文化市场管理队伍建设，提升文化市场管理能力和水平。

3. 推动文化产业规模化集约化专业化发展

聚焦推动文化产业高质量发展这个主题，全省以改革为牵引，努力做好“文化+”文章，积极构建新兴文化业态，促进文化产业转型升级，推动文化产业规模化集约化专业化发展，不断增强云南文化整体实力和竞争力。

实施“文化+旅游”提升计划。

通过促进文化与旅游有机结合，推动文化资源转化成旅游资本，借助现代科技与数字化手段，丰富文化旅游体验内容，增强旅游景区的吸引力和文化附加值。依托民族文化、生态文化和地方历史文化，建设文化主题公园、游乐园、儿童乐园等文化旅游设施。

结合新型城镇化、美丽宜居乡村建设，发展文化休闲旅游。加强创意设计，不断开发具有民族地方特色、时代审美价值的民族文化旅游工艺品。

设立云南省文化产业基金，结合实施乡村振兴战略，培育一批文化和旅游融合发展创新试验区，一批“美丽乡村 + 文化”项目建设启动。民族文化节庆旅游精品、特色文化节庆旅游产品、精品旅游演艺品牌、影视室内拍摄基地和电影艺术小镇，以及文化和旅游融合发展示范景区的发展和建设进一步提速。充分利用“茶马古道”和“南方丝绸之路”沿线大批名镇名村文化资源，打造云南旅游文化品牌。

文化旅游类产品占全省旅游产品的 30% 以上，丽江古城、腾冲和顺、西双版纳橄榄坝、鹤庆新华村等成为文化与旅游结合的成功范例，《丽江千古情》等一批演艺节目成功走向市场，《吴哥的微笑》成为在国外累计演出超过千场的演艺剧目。

积极推进“国家藏羌彝文化产业走廊”云南廊道建设，迪庆州德钦梅里雪山传统古村落传承保护及文化旅游建设项目、丽江中国纳西文化传承基地、丽江宋城旅游区等 3 个项目入选“国家藏羌彝文化产业走廊”重点项目。

建设“文化 + 金融”服务体系。

出台《关于金融支持文化产业振兴和发展繁荣的指导意见》，推动文化与金融的有机融合，促进文化产品和要素合理流动，创新生产经营体制。积极发挥省级文化产业发展专项资金的引导作用，努力吸引金融和社会资本进入文化产业。设立云南文化产业发展基金，推进组建云南文化产业发展引导基金。

深入探索知识产权金融服务工作，探索建立省级文化版权交易中心。地方金融机构组建文化产业金融事业部或文化产业部门，支持符合条件的文化企业采取多种形式拓宽直接融资渠道，开发适合文化企业特点的文化金融产品，支持云南文化产业发展。有条件的地方组建或改组了国有文化投资公司，打造以资本运营和资本经营为核心的文化产业投融资平台公司。

实施文化产业上市培育计划，做好云南文化企业在新三板挂牌、启动主板和创业板上市前期准备工作，支持发展潜力好的文化企业上市或在新三板挂牌，推动省属国有骨干文化企业优势板块上市工作。云南杨丽萍文化传播股份有限公司、骏宇文博、微想科技等文化公司实现了在新三板挂牌上市。

实施“文化+科技”培育计划。

运用“互联网+”，促进文化与科技有机融合，推动内容创新、科技创新，提升文化产业自主创新能力。

云南网综合能力提升，云南日报报业集团媒体融合全数字化、云南广播电视台数字化、广播电视有线无线卫星融合覆盖等文化新兴产业基础工程建设不断推进。文化产业大数据云平台建设以物联网、云计算和大数据等新一代信息技术为支撑持续开展。

以宽带网络建设、内容业务创新推广、用户普及应用为重点，开展智慧城市、智慧乡村、智慧家庭建设，高清互动电视终端智能化、移动多媒体广播电视、交互式网络电视、高清电视、手机电视、数字广播、回看点播、电视院线、网络电商等新兴业务蓬勃兴起。数字科技应用、东南亚小语种在线翻译、少数民族语言在线翻译、动漫、移动平台服务等领域实现突破。基于移动互联网，以阅读、社交等服务为主要内容的软件产业逐步发展。

4. 持续加强宣传思想战线干部队伍建设

在持续深化文化体制改革过程中，云南按照“政治过硬、本领高强、求实创新、能打胜仗”的要求，持续加强宣传思想文化战线干部队伍建设，教育引导大家更好地肩负起举旗帜、聚民心、育新人、兴文化、展形象的使命任务，不断开创云南宣传思想文化工作新局面。

坚持把学懂弄通做实习近平新时代中国特色社会主义思想作为首要政治任务、第一政治议题，用马克思主义中国化最新成果武装头脑、指导实践、推动工作。扎实开展“两学一做”学习教育、“不忘初心、牢记使命”主题教育、党史学习教育，通过举行理论学习中心组集中学习，开讲专题党课，开展“红色体验”，举办专题读书班、小型培训班、道德讲堂等方式，把学习成果落脚到解决实际问题上，进一步强化队伍忠诚品格。

坚持信念坚定、为民服务、勤政务实、敢于担当、清正廉洁的好干部标准，树牢正确的选人用人导向，突出忠诚可靠的政治标准，选优配强各级领导班子，大胆使用那些人品正、干实事、敢破难、有担当的干部，注重选拔使用经过实践考验的优秀年轻干部，营造干事创业浓厚氛围。

统筹推进哲学社会科学、新闻出版、广播影视、文学艺术、文化、经营管理、文化专门技术、国际传播等各领域专业人才建设，加大青年人才培养力度，为做好宣传思想工作提供人才保障。如，围绕哲学社会科学学科体系建设，组织实施了云南社科理论人才培养工程、云南社科理论研究工程，实行重点项目重点扶持、重点人才重点培养、重点课题重点攻关、重点学术活动重点扶持，培养了一批学术领军人物、学科带头人和学科骨干，推出了一批具有重大影响力的学术成果。又如，实施云南省千人计划“人文社会科学人才”和万人计划“文化名家”培养专项，2018 年共有 930 名人才入选两个计划，超过近 10 年来省级培养引进人才计划入选人数总和，产生了较好反响。多年来，各领域人才聚焦全面建成小康社会、推进云南跨越式发展等重大理论和实践问题、群众普遍关注的社会热点难点问题开展研究，为党委、政府决策提供了科学依据。

制定增强“四力”教育实践工作的具体举措，组织开展教育培训和实践锻炼，坚定不断增强脚力、眼力、脑力、笔力的思想自觉、政治自觉、行动自觉。通过不断增强脚力，走进基层、走进群众、走进实际中，做起而行之的行动者；通过不断增强眼力，培养善于观察、善于发现、善于判断、善于辨别的能力；通过不断增强脑力，勤于思考、善于思考，练就拨云见日的功夫；通过不断增强笔力，提高学会表达、敢于表达、善于表达的能力，推出一大批吸引人、打动人、感染人的作品，让读者感到就在其中、与其相连、从中获益。

（三）更好推动全省文艺事业繁荣发展

文艺是时代前进的号角，最能代表一个时代的风貌，最能引领一个时代的风气。2014 年 10 月 15 日，习近平总书记主持召开文艺工作座谈会并发表重要讲话，科学回答了事关文艺繁荣发展的一系列重大问题，为新的历史条件下密切文艺与人民的联系提出新的具体要求，为新时代中国文艺工作如何开展指明方向。

云南深入贯彻落实习近平总书记在文艺工作座谈会上的重要讲话精神，全面贯彻文艺“二为”方向和“双百”方针，紧紧依靠广大文艺工作者，抓住创作这个基础、人才这个关键、机制这个动力，坚持以人民为中心的创作导向，深入生活，扎根人民，推出了一批有筋骨、有道德、有温度的优秀文艺作品。在坚定文化自信、把握时代脉搏、聆听时代声音，坚持与时代同步伐的过程中，云南文艺事业走向了更加广阔的发展空间。

1. 牢牢坚持社会主义文化前进方向

面对多样化的发展趋势，面对各种文化形态的复杂纷纭，面对不同文化观念的相互交织，云南始终牢牢坚持社会主义文化的前进方向，坚持贯彻文艺“二为”方向和“双百”方针，团结带领广大文艺工作者把艺术追求和学术探索融入国家发展、社会进步的洪流之中，满腔热情地讴歌时代主旋律，创作生产无愧于历史、无愧于时代、无愧于人民的优秀作品。

加强党对文艺工作的领导，牢牢把握文艺繁荣发展的正确方向，充分调动各方力量，形成了党委统一领导，宣传部门抓总，文化、教育、新闻出版广电、文联、作协等部门和团体协同推进，社会各方积极参与的文艺工作新格局。

以中华优秀传统文化为根脉，以社会主义核心价值观为引领，以创作生产优秀产品为中心环节，不断加强云南重大革命和历史、现实生活、民族团结进步等题材创作，抓好中国梦和爱国主义主题文艺创作，讲好国家民族宏大故事，讲好云南改革开放生动故事，讲好百姓身边日常故事。倡导讲品位、讲格调、讲责任，抵制低俗、庸俗、媚俗。建立健全支持文艺工作者长期深入生活、扎根基层的长效保障机制，深入开展“教、学、帮、带”活动。

出台《中共云南省委关于加强文艺工作的实施意见》《云南文艺精品创作三年行动计划（2016—2018年）》《云南省人民政府办公厅关于支持戏曲传承发展的实施意见》《云南省繁荣发展群众文艺三年行动计划（2018—2020年）》等文件，不断加大文艺事业投入力度，对文艺队伍建设、平台搭建、创作机制和项目管理等提出了具体举措，为出作品、出人才提供了政策保障。同时，采取委托创作、签约创作、招标创作、跨地联手创作和联合攻关创作等方式，不断完善精品创作生产机制。

积极探索签约艺术家制度、重大文艺活动政府采购制度、重点剧目制作项目制、文艺领军人物项目负责制及“央地合作”“省地合作”新模式。建立健全艺术交流合作机制，加强与国内外知名文艺院团、艺术机构、名家大师的合作。

进一步完善全省新剧目展演、青年演员比赛、民族民间歌舞乐展演、群众文化“彩云奖”等评奖机制，充分发挥文艺评奖的导向激励作用。加强马克思主义文艺理论与评论建设，实施马克思主义文艺理论与评论建设工程，加强文艺评论阵地、评论队伍建设和理论研究，发挥《民族艺术研究》的艺术评论功能，营造文艺繁荣发展的良好环境。

2. 唱响时代发展和社会进步主旋律

云南在推动形成尊重艺术个性、保护艺术风格、彰显艺术追求的良好环境的同时，积极引导广大文艺工作者施展聪明才智、发挥个人的创造精神，以不懈的探索和追求、大胆的创新和创造，推出一批思想性、艺术性和观赏性相统一的精品力作，唱响时代发展和社会进步的主旋律，使社会主义文化百花园更加绚烂多姿、生机盎然。

加强艺术创作品牌打造。围绕“三出三评”（出精品、出人才、出效益，评奖、评论、评价），深入实施当代云南文艺创作工程、云南文化精品工程，积极争取国家艺术基金资助，加大对具有示范性、引领性作用原创精品的扶持力度，努力把文化资源优势转为文艺创作优势。

重点打造了“七彩云南”“香格里拉”“茶马古道”“西南联大”“聂耳音乐”“郑和下西洋”等文化品牌。着力打造少数民族文化精品，立足本土，支持和加强原创，巩固提升原有民族文化品牌，打造和培育出一批能够突出民族文化特色的民族文化精品，确保25个世居少数民族都拥有独具特色、家喻户晓的民族文化品牌。

推动优秀艺术作品创作。推出了一批具有中国风格、云南特点、时代精神，接地气、扬正气、有人气的优秀文艺作品。在全国重大文艺赛事评奖中取得优异成绩，提高了云南文艺的整体实力。

《忧伤的黑麋鹿》获第六届“鲁迅文学奖”，《呼喊到达的距离》《茶马古道记》《最后的秘境》等获少数民族文学创作“骏马奖”。

电影《索道医生》，电视剧《杨善洲》《木府风云》《茶颂》《金凤花开》《解放大西南》，滇剧《水莽草》，花灯剧《梭罗寨》，话剧《搬家》，广播剧《打工局长》《大地之爱》，歌曲《净土》《跟着阿妹的山歌走》，长篇儿童文学图书《凤凰的山谷》，文艺类图

《丽水金沙》剧照

书《大道健行》等获得国家“五个一工程”优秀作品奖，获奖成绩位居全国前列。

大型原创音乐剧《国之歌》，大型舞剧《孔雀》《诺玛阿美》，大型音乐剧《阿诗玛》《风中丽人》，大型民族歌舞《佤部落》走进国家大剧院演出，舞剧《诺玛阿美》《走婚》分别入选中国艺术节、中国戏剧节优秀剧目，话剧《搬家》和舞蹈《孔雀》相继获得文华新剧目奖和文华表演奖，《瓦器器》获得第十七届音乐类“群星奖”，花灯剧《千里送鹅毛》、花灯小戏《回家》、彝剧小戏《喝三秒》参加全国基层院团戏曲汇演，傣剧《刀安仁》、京剧《天道行》、白剧《数西调》、花灯《山里》等一大批优秀剧目入选全国性重要艺术活动和工程项目，话剧《独龙天路》入选2018年度全国舞台艺术重点创作剧目名录并参加全国话剧邀请展，《梭罗花开》《阿佤人民再唱新歌》入选文化和旅游部现实题材创作重点作品名录。

开展主题创作和展演展览活动。围绕党和国家重要时间节点进行创作。《南侨机工英雄传》被中宣部等部门列为纪念抗战胜利70周年的12部电视剧之一。电视剧《木府风云》在短短两个月内两次荣登央视黄金档，央视《新闻联播》4次进行报道，在播出期间即获“全国优秀电视剧奖”。电视剧《锻刀》在中央电视台播出后，在全国产生了较好影响。歌曲《一生只有一个梦想》《阳光》被中宣部推荐为第三批全国“中国梦”主题重点歌曲在全国播放演唱。

实施云南文艺精品创作工程。深入推进云南文艺精品图书的创作和出版工作，推出了以《大道健行》《凤凰的山谷》《旌旗万里》《劳务局长陈家顺》《独龙之子》等为代表的一批滇版文艺精品图书。其中，自2012年以来，云南出版集团出版的3种图书分别荣获精神文明建设“五个一工程”奖、鲁迅文学奖，1种图书列入中宣部、新闻出版广电总局纪念中国人民抗日战争暨世界反法西斯战争胜利70周年重点选题。

3. 坚持加强文艺队伍建设

文艺是给人以价值引导、精神引领、审美启迪的，艺术家自身的思想水平、业务水平、道德水平是根本。云南坚持把文艺队伍建设摆在更加突出的重要位置，形成发现人才、凝聚人才、培养人才、推出人才、用好人才的良好机制，努力造就一批有影响的各领域文艺领军人物，建设一支宏大的文艺人才队伍。

加大高层次人才选拔。以“云岭文化名家”培养工程、宣传文化系统“四个一批”人才、云南“文艺队伍十百千万工程”、“优秀文艺人才培养计划”等为抓手，着力培养和选拔文艺滇军，培养文化艺术、文化遗产保护、文化经营管理、文化科技等方面的高层次人才。

加强民族文化人才队伍建设。积极保护和扶持少数民族优秀民间艺人和濒危文化项目传承人，健全完善少数民族非物质文化遗产传承人的命名体制机制，适当提高传承人的补助标准。对从事少数民族文化工作的专业技术人员的职称评定和资格认证给予适当倾斜。

积极支持高等院校和科研机构参与抢救濒危少数民族文化，推动相关学科建设，培养专门人才。建立少数民族双语人才培养机制，不断满足少数民族和民族地区在民族文化教学、编译、科研及广播电视、新闻出版等领域的人才需求。申办国家艺术基金首个“少数民族艺术人才培养项目”。一批既懂民族文化又精通市场运营、资本运作的复合型经营管理人才脱颖而出。

推动文化人才培养。建立健全文化艺术人才培养机制，通过岗位培训、短期进修、挂职锻炼、院校代培、出国深造等多种模式，不断拓宽人才培养渠道。加强与高等院校合作办学，支持文艺院团、公共文化服务单位与高等院校开展“订单式”联合培养。实施滇沪合作艺术人才培养项目。加强云南文化艺术职业学院建设，进一步提升办学水平和人才培养质量。加强与教育行政部门的合作，推进中小学艺术普及教育，为培养艺术人才打下良好基础。推进“云南群文云”数字工程建设，建强基层公共数字文化人才队伍。

命名表彰云南青年表演艺术家、优秀青年演员，培养各艺术门类的后备人才，造就了一批人民群众喜爱的名家大师和地方民族戏曲代表人物，多位戏曲艺术家获得中国戏剧最高奖——“梅花奖”。

组织开展“深入生活、扎根人民”主题实践活动暨“百名作家写云南、百名画家画云南、百首歌曲唱云南”文艺采风创作活动和“结对子·种文化”主题实践活动，既“送文化”给群众、“种文化”在基层，又引导文艺工作者增进与人民群众的感情，锤炼品格、提高素质，让云南文苑百花齐放、香飘万里。

（四）公共文化服务不断丰富触手可及

社会主义文化来自于人民、服务于人民，文化发展的根本价值取向就是不断满足人民日益增长的精神文化生活需要。习近平总书记反复强调“加快构建现代公共文化服务体系，促进基本公共文化服务标准化均等化”。

多年来，云南坚持以人民为中心的创作导向，把遵循社会主义先进文化前进方向、人民群众满意作为评价作品最高标准，把社会效益放在首位，不断激发文化建设主体直接参与各项文化工作，创造出大量先进文化成果，为各族群众提供健康向上、品质优良的公共文化产品和服务。全省文化事业日益壮大，文化产业日趋繁荣，公共文化服务体系建设加快推进，各种文化惠民工程逐步实施，有效保障了各族群众的基本文化权益，促进了文化发展成果由人民共享的体制机制。

党的十八大以来，云南更加自觉地将文化发展和人的发展紧密结合起来，进一步加大文化惠民工程的推进力度，完善人民基本文化权益保障机制，在积极满足人民对美好生活的新期待中，立足资源、突出特色、发挥优势，不断铸就云南文化发展的新高度。

1. 促进公共文化服务标准化均等化

云南认真落实标准化均等化要求，均衡配置城乡公共文化资源，完善公共文化基础设施建设，构建公共文化服务网络。同时，坚持工作重心向基层倾斜、向农村倾斜，向边境民族地区倾斜、向贫困地区倾斜，促进公共文化服务均等化，创新基层公共文化服务方式，不断提高公共文化服务水平。

完善文化基础设施项目建设。稳步推进重点文化设施建设工程，云南省博物馆新馆、云报传媒广场、云南大剧院等一批文化场馆相继建成并投入运营，玉溪聂耳大剧院、普洱市文化馆和大剧院、红河州文化馆和大剧院、楚雄州文化中心、丽江图书馆、丽江永盛边屯博物馆、曲靖市文体中心等一批地方标志性文化设施相继竣工并投入使用。

云南省博物馆

重点扶持和打造云南民族博物馆（国家一级博物馆）品牌，并比照同级博物馆享受免费开放补助政策，使之成为云南省收藏、保护、研究、传承少数民族传统文化的重要场所和基地。

加大对濒危少数民族文物的抢救保护力度，注重征集跨境民族和东南亚地区有代表性的民族文物，改善各级各类民族博物馆的文物收藏保存条件，提升管理、研究和展示服务水平，扩大对外交流的渠道和范围。

进一步增强做好广播电视全覆盖工程的责任感和紧迫感，研究出台配套政策，建立和完善以县为中心、以乡（镇）为基础，覆盖全省农村地区的直播卫星广播电视公共服务网点；按照“政府主导，企业参与，群众自愿”的原则，逐级分解任务，层层落实责任，采取有力措施，实现所有行政村通光纤，城市、重要场所和行政村 4G 网络全覆盖；推进沿边地区卫星户户通工程，扎实做好招标采购、宣传发动、安装调试、开通使用等各项工作，高标准、高质量完成目标任务，实现全覆盖。

在民族团结进步示范区建设中，将县级播出机构制播能力建设纳入经济社会发展规划，并逐年加大投资和建设力度，不仅丰富了少数民族群众的文化生活，在使用少数民族语言传播党的方针政策方面也发挥了不可忽视的作用。

瞄准农家书屋这一农村群众学习实用技术、吸收精神食粮的重要场所和基层党员政治理论学习的主要阵地，扎实推进建设任务，实现全省行政村全覆盖。

积极打造云南省全民阅读的特色品牌——“书香云南”，协调组织社会各界开展以书香进机关、进企业、进校园、进社区、进军营、进农村、进边寨、进网络、进特殊人群为主要内容的“书香九进”活动，持续扩大活动覆盖范围，增强活动的参与度和影响力。

推进“边疆万里数字文化长廊”建设。加强边境地区公共文化设施建设，以“边疆万里数字文化长廊”建设为载体，在依法依规严格履行相关程序和手续的前提下，全力推进国门文化交流中心、国门文化友谊广场、国门书社、文化示范口岸、边境一线博物馆、纪念馆等项目建设。通过项目的实施，“点线面”结合，上下联动，城乡统筹，持续推进公共文化基础设施标准化建设，积极构建公共文化服务体系，促进地方文化共享工程的深入发展，提升数字文化服务水平，逐步形成覆盖城乡的公共文化服务网络，切实维护边疆地区文化安全。

自“边疆万里数字文化长廊”工程在村安家落户以来，德宏州陇川县迭撒村委会南等村兴建了文化活动室、伙房、篮球场、公厕等公共基础设施，在村道路两旁进行了绿化，村容村貌明显改善。村文化活动室距国境线仅50米，在稳边固边、维护公共文化安全等方面发挥了特殊和积极的作用。不仅如此，陇川县还在中缅边境上成立了拉影国门书社，定期举办缅语、汉语免费培训班和中缅文化讲座等中缅民间文化交流活动，建成集电影放映、边民联欢、体育锻炼为一体的文化体育交流活动场所。拉影国门书社成为中缅两国边民文化交流的重要窗口，加深了中缅胞波情谊，促进了中缅两国间的文化交流。

同时，坚持政府主导、社会参与、重心下移、共建共享，以人民群众基本文化需求为导向，以基本公共文化服务标准化均等化为突破口，补短板、填空白、强弱项，注重统筹建设、使用和管理。

先后出台《关于加快构建现代公共文化服务体系的实施意见》《关于做好政府向社会力量购买公共文化服务工作的实施意见》《关

于推进基层综合性文化服务中心建设的实施意见》等系列文件，为公共文化服务体系建设提供了政策保障。根据国家基本公共文化服务指导标准，围绕群众读书看报、看电视、听广播、文艺鉴赏、参加公共文化活动的基本化权益，制定了《云南省基本公共文化服务实施标准（2015—2020年)》，明确了政府提供保障的责任和义务。

全省各级文化部门在新闻出版、广电和体育等部门的配合下，坚持工作重心和公共文化资源向基层农村倾斜，进一步加大对云南省乌蒙山片区、石漠化片区、边境地区的公共文化服务体系建设支持力度。同时，把老年人、未成年人、残疾人、农民工、农村留守妇女儿童、生活困难群众作为公共文化服务的重点对象，有针对性地开展公益性文化艺术培训、服务和展演活动。

昆明市以县（市、区）为主探索“公共文化服务包”，按照年人均不低于12元的标准安排公共文化服务项目经费，并随经济社会发展水平的提高逐步增加，被中宣部列入文化工作创新案例。

楚雄州明确提出“抓文化就是抓民生”理念，探索出了一条在民族贫困地区构建现代公共文化服务体系的成功经验。楚雄州、保山市、曲靖市成功创建为国家公共文化服务体系示范区。曲靖市第三批国家公共文化服务体系示范区以及弥渡县“大喇叭小广场”建设、昭通市“西部贫困地区精神文化家园建设”示范项目顺利完成。昆明市及红河州、昭通市2个项目获得第四批国家公共文化服务体系示范区（项目）创建资格。“贫困地区百县万村综合文化服务中心示范工程”、农村电影放映工作持续开展。

文化志愿服务活动形成浓厚氛围，超过700支文化志愿服务队伍和2万名文化志愿者长期活跃在基层，成为全省公共文化服务的生力军，公共文化服务方式更加多元。

基层公共文化服务网络基本建立。以公共图书馆、文化馆、博物馆、乡镇（街道）综合文化站、村（社区）综合性文化服务中心为重点，以流动文化设施和数字文化设施为补充，统筹规划，均衡配置，完善省、州（市）、县（市、区）、乡镇（街道）、村（社区）五级网络，县级公共图书馆、文化馆达到国家建设标准。

推进村民小组活动场所建设，充分整合美丽乡村建设、财政一事一议奖补、扶贫开发、农业科技培训等资源，不断完善公共文化服务网络建设。

2. 促进各民族文化交往交流交融

云南民族文化资源富集，民族历史文化悠久灿烂，具有地域性、国际性的鲜明特征及“多元一体”的文化特色。多年来，特别是党的十八大以来，云南紧紧围绕中华文化“多元一体”的特征，坚持把云南民族文化的“多元”体现在中华文化的“一体”之中，坚定中国特色社会主义文化自信，倡导“各美其美，美人之美，美美与共，天下大同”的文化观，在增强对中华文化认同的基础上，繁荣发展各民族文化，加强各民族文化的保护、传承，让各民族在文化的交往交流交融中相互包容、相互欣赏、相互学习、相得益彰，使云南文化繁荣发展既呈现“百花齐放”，又体现“百鸟朝凤”，在构筑各民族共有精神家园的过程中不断铸牢中华民族共同体意识。

制定实施相关政策法规。制定《云南省人民政府关于进一步加强文物工作的实施意见》《云南省文物事业“十三五”发展规划》《云南省非物质文化遗产保护条例》《云南省人民政府关于进一步加强非物质文化遗产保护工作的意见》《云南省传统工艺振兴行动计划》，进一步完善制度保障。

加强挖掘整理。系统挖掘和梳理历史文化、少数民族文化，评估认定文化资源的类别、级别、形态，明确省、州（市）、县（市、区）各级需要重点保护和开发利用的文化资源，分期分批向社会公布。开展对民族民间传统音乐、革命文物资源等历史文化资源的普查工作，建立文化资源数据库，分步分类建设少数民族文化资源数据库。

实施云南历史文化古籍、民族文化古籍保护计划及善本再造计划，建设古籍资源数据库，做好善本古籍修复和复制出版工作。加强传统音乐数字化典藏工作。建好民族语言文字资源库。收集、整理和利用云南不同时期艺术活动形成的具有保存价值的各类史料，为文艺传承创新提供借鉴和支持。

编制云南历史文化文献汇编和云南民族传统文化保护目录。云南共有 7 组珍贵档案入选《世界记忆中国国家名录》，其中“纳西东巴古籍”入选联合国教科文卫组织的《世界记忆名录》，“南侨机工档案”入选《世界记忆亚太地区名录》，从世界级、亚太级、国家级构建起完整的云南记忆工程工作体系。

在加强世界文化遗产申报、保护、利用和研究的同时，对云南传统村落开展调查，公布名录，制定保护利用规划，改善基础设施和公共环境，结合旧城改造、美丽乡村建设、文化旅游发展，科学保护、合理利用传统村落的文化遗产，截至 2019 年 6 月 6 日，云南有中国传统村落 708 个，占全国总数的 10.38%，位居全国第 2。

加强非物质文化遗产保护与传承工作。按规定程序分批分类组织开展非物质文化遗产代表性项目和代表性传承人的推荐申报、评审和认定工作，建立了非物质文化遗产项目和代表性传承人县

（市、区）、州（市）、省、国家四级保护名录体系，并通过采集、拍照、录音、摄制等多种手段进行保护名录档案的建设。启动振兴贫困地区传统工艺助力精准扶贫和设立非遗扶贫就业工坊工作，开展非物质文化遗产项目和代表性传承人抢救性记录，对历史文化价值高、生存状况濒危、传承困难的项目和年事较高的代表性传承人进行抢救性记录。举办非物质文化遗产传承人群研修研习培训。

实施系列民族优秀传统文化保护工程。实施地方民族戏曲振兴行动，加大对京剧、滇剧、花灯剧及白剧、彝剧、傣剧、壮剧等少数民族剧种的扶持力度，加强重点戏曲院团建设及剧种的传承、创作、演出及人才培养、理论研究、传播推广，鼓励地方民族戏曲流派及风格样式创新。

实施民族民间歌舞乐扶持工程，抢救保护和挖掘整合云南民族音乐舞蹈资源，推出了一批民族音乐舞蹈作品，打造了具有鲜明云南风格和特色的传统艺术品牌。

实施民族文化保护传承和精品工程，大力推进国家级文化生态保护区、省级民族传统文化保护区、人口较少民族文化遗产保护项目和文化传承示范村建设。迪庆州、大理州被列为国家级文化生态保护实验区，超过 80 个少数民族聚居村寨被列为省级民族传统文化生态保护区，数量居全国之首。

加大民族文化精品出版力度和传播能力建设。进一步加强民族文化资源的收集和整理，用文字、图片、录音、录像等方式出版一系列大力弘扬云南民族文化的书籍和电子出版物，打造面向市场的精品图书，有效保护民族文化，推动民族文化精粹走向大众、走向全国、走向世界。

加大财政支持力度，加快设备和技术的更新改造，加快出版方式转变，建立云南省少数民族文字出版基地，确保云南所有少数民族文字每年都有 3—5 种图书出版物。对涉及少数民族事务的重大宣传报道活动、少数民族题材汉文重大出版项目给予重点扶持，少数民族文化精品的传播、覆盖和受益面不断扩大。

3. 努力满足群众多样文化需求

云南坚持贴近实际、贴近生活、贴近群众，开展丰富多彩、生动活泼的基层文化活动，充分考虑传统文化与现代文化、乡土文化与外来文化、通俗文化与高雅文化的结合，保持文化活动旺盛的生命力，努力满足不同层次的文化需求。

群众性文化活动丰富多彩。积极开展“云之南”民族团结艺术团慰问演出，成功打造“文化大篷车 · 千乡万里行”文艺惠民演出、“大家乐”文化广场活动、“建设者之歌”——云南农民工文化节、云南花灯滇剧艺术周及民族节庆文化活动等群众文化活动品牌，推动文化活动热在基层、亮在一线、暖在民心。

同时，鼓励和组织专业文艺工作者深入农村开展群众性文化培训、辅导、讲座和展演、展示等文化服务，引导和培育各种形式的自办文化，增强农村文化的造血功能，把“送”文化与“种”文化结合起来。发挥基层文艺组织、文化单位在文化服务中的引领作用，培育积极健康的群众文化形态。

切实满足特殊群体的基本文化需求。把老年人、未成年人、残疾人、农民工、农村留守妇女儿童，生活困难群众作为公共文化服务的重点对象，开展公益性文化艺术培训服务和展演活动。在各级公共文化设施中建有残疾人无障碍设施，公共图书馆和有条件的农家书屋配备盲文书籍，开展盲人阅读服务。将农民工文化建设纳入常住地公共文化服务体系，以公共文化机构、社区和用工企业为实施主体，满足农民工群体尤其是新生代农民工的基本文化需求。

举办少数民族文艺汇演和民族民间歌舞乐展演活动。鼓励和支持少数民族地区开展具有浓郁民族特色、丰富多彩的群众性传统文化艺术活动。

各州（市）根据当地实际，定期举办少数民族文艺汇演和民族民间歌舞乐展演，丰富群众文化生活。西盟民族文化工作队创作的佤族原生态歌舞剧《佤部落》，用艺术的形式再现了佤族人民的劳动生活和社会习俗，讲述了佤族从远古走向现代、从原始社会直接过渡到社会主义社会的伟大历程，充满了震撼人心的艺术魅力。2014年，《佤部落》在国家大剧院演出，并在全国10余个城市巡演。

德宏州傣剧传承保护展演中心与州民族文化工作团创作演出的傣剧《刀安仁》，展现了刀安仁从一个封建领主成长为中国民主革命

首届云南文化创意周上小水井苗族农民合唱团在演出

先驱的曲折道路，表现了刀安仁胸怀中华、情系干崖、舍家为国的宽广胸襟和英雄壮举。2016年8月，作为第五届全国少数民族文艺汇演参演剧目，《刀安仁》首次登上北京舞台，并斩获最佳表演奖。

加强对少数民族传统体育项目挖掘推广和人才培养，建立一批少数民族传统体育项目训练基地，推动少数民族体育项目进入城乡社区。定期举办省、州（市）少数民族传统体育运动会和省级锦标赛，积极组团参加全国少数民族传统体育运动会，对获奖运动员和项目按照云南参加全国运动会等重大比赛奖励办法给予奖励。

（五）文化产业发展走向特色化国际化

文化产业是国民经济支柱性产业，发展好文化产业是建设社会主义文化强国的任务之一。

党的十八大以来，习近平总书记就发展文化产业作出一系列重要论述，他指出，衡量文化产业发展质量和水平，最重要的不是看经济效益，而是看能不能提供更多既能满足人民文化需求、又能增强人民精神力量的文化产品。他强调，要围绕国家重大区域发展战略，把握文化产业发展特点规律和资源要素条件，促进形成文化产业发展新格局。

多年来，云南自觉回应经济社会发展对文化建设提出的新要求，坚持把文化产业发展摆在突出位置谋划推动，努力凝聚起云南文化发展最广泛的合力。

一方面，按照“繁荣文化事业、发展文化产业、建设民族文化强省”的要求，把文化建设纳入经济和社会发展规划，把发展文化产业作为促进文化繁荣发展和经济发展方式转变的重要途径，牢牢抓住民族文化的特征和内涵，在民族文化资源的保护和开发上做大文章，走出一条边疆民族地区文化发展的特色道路。

另一方面，坚持以我为主、为我所用，不断扩大文化领域对外开放，创新发展对外文化交流，创作适应国际市场需求的优秀文艺作品，推动新的演艺剧目走向周边国家和欧美市场，努力向世界讲好中国故事、传递中国声音、展示中国形象。

1. 健全统一、开放、竞争、有序的文化市场体系

云南把握少数民族文化发展特点和规律，充分发挥民族文化资源优势，逐步建立健全统一、开放、竞争、有序的文化市场体系，持续发展壮大民族文化。

采取特殊有效措施，优化资源配置，促进民族文化产业与教育、科技、信息、体育、旅游休闲等领域的联动发展，建设了一批少数民族文化产业园区，扶持了一批民族特色鲜明、市场效益良好的少数民族文化产业，推动云南民族文化创新发展。

以民族文化资源传承、保护、利用为基础，以创新创意为动力，创造性地确立金、木、土、石、布“五位一体”的云南民族民间工艺品产业发展体系，展呈金、木、土、石、布“五韵盛景”，形成具有独特云南印记的文化产品。

持续开展建水紫陶传家宝设计大赛、华宁陶拉坯邀请赛、云南十大刺绣名村（镇）评选、云南特色文化产业知名品牌评选等活动，在国内外有影响力的城市连续举办“云南特色文化产品万里行”活动。一批云南民族文化企业生产加工的民族手工刺绣、扎染、民族娃娃、布艺包、斑锡、斑铜、乌铜走银等特色工艺品在海

外市场上崭露头角，成为文化产品出口创汇的重要来源。建水紫陶、鹤庆银器、会泽斑铜、个旧锡器、大理石器在全国知名度不断提升，鹤庆新华银器村、腾冲荷花玉雕村、石林阿着底刺绣村、剑川狮河木雕村等民族工艺品生产集聚地，年销售额已超过 80 亿元。

深入实施创意云南计划，办好创意云南文博会、中国（云南）国际民族赛装文化节，连续举办创意云南文化产业博览会。推动昆明民族文化创意之都建设，创意设计、会展服务、文化信息传输等新兴文化产业势头强劲，昆明金鼎文化创意产业园、紫云青鸟文化创意博览园等文化产业园区集聚起一批拥有自主知识产权的文化企业。召开文博创意产品开发促进会，组织 20 个博物馆成立文创产品开发联盟，联合文化创意设计与开发企业，积极推动文创产品开发。

搭建海内外文化展示、文化交流、文化贸易的重要平台，提升重要展会的文化含量，办好文创、演艺、广播影视、图书、动漫等专项文化会展，加快建立了融文化交流、项目创意、文化产品和服务出口为一体的综合服务平台。

2018 年以来，省文化和旅游厅按照云南省委、省政府决策部署，加大文化产业培植力度，成功举办第 5 届中国—南亚博览会暨第 25 届中国昆明进出口商品交易会文化创意展，组织省内外 300 多家优秀文化企业参展，较好地推介和展示了云南特色文化产品和文化服务贸易。以滇中“东盟产业园”为平台，开发建设东盟旅游文化创意园区。云南银、锡、铜、陶、编织布艺、刺绣、木雕等工艺美术产品的出口不断扩大，云南印刷、文创、软件开发和互联网技术企业到南亚东南亚投资发展初见成效。

“十三五”期间，组织实施民族文化百名人才、百项精品“双百”工程。支持民族文化精品和民族民间文化传承创新带头人建设，重点打造100个全国知名的带动民族文化产业发展的民族文化精品，推出100名全国知名的民族民间文化传承创新带头人，支持建设一批民族文化传习馆和民族民间人才工作室，以点带面，推动少数民族传统文化全面保护传承。百名人才、百项精品相互衔接，互为补充，共同发展。百名人才突出效益，传承为体、开发为用，丰富保护方式，优化开发模式；百项精品突出质量，立足全省，放眼全国，真正做到思想精深、艺术精湛、制作精良。

通过“双百”工程，推动民族优秀传统文化创造性和创新性发展，提高公共文化服务水平，为民族地区和各民族群众提供优质的文化产品，不断满足人民对美好精神文化的需求。

2. 创新对外传播、文化交流、文化贸易方式

云南紧紧围绕服务和融入“一带一路”建设，着眼面向南亚东南亚辐射中心建设，坚持国家站位，树立全球视野，以南亚东南亚国家为重点，创新对外传播、文化交流、文化贸易方式，加快推进高端覆盖、本土化覆盖、口岸覆盖，云南文化的吸引力、影响力和知名度、美誉度不断提升。

展现真实、立体、全面的中国。运用各种方式、载体，利用接待来访、出国访问、对外交流等机会，大力宣介习近平新时代中国特色社会主义思想和党的十九大精神，生动鲜活地讲好习近平总书记的故事，引导国际社会更好地了解习近平总书记思想，理解中国发展理念和发展道路。通过采用外国受众听得懂、易接受的话语体系和表达方式，讲好中国共产党治国理政的故事，讲好中国人民奋斗圆梦的故事，讲好中国坚持和平发展、合作共赢的故事，不断增

进国际社会对中国的了解理解、认知认同。

云南主办的泰文《湄公河》、缅文《吉祥》、老挝文《占芭》、柬文《高棉》四种外宣期刊进入四国主要城市和主流社会，并在柬埔寨、老挝、缅甸三国设立记者站。云南日报报业集团与美国《国际日报》《洛杉矶时报》，印度尼西亚《国际日报》《印尼新闻报》《印尼国际报》，马来西亚《星洲日报》，缅甸《金凤凰》中文报及《新闻之花》《仰光时报》，柬埔寨《柬埔寨之光》，孟加拉国《独立报》等建立起长期合作关系，以中文、英文、印尼文、缅文、柬文等多种语言文字合作开办 14 份《中国 · 云南》新闻专刊。

中国数字电视地面传输 DTMB 标准在老挝、柬埔寨成功落地，播出包括中央广播电视总台国际频道和新闻频道、云南广播电视台卫视频道在内的数十套标清数字电视节目，首次实现中国广播电视技术标准向国外输出。进一步推进了 DTMB 国际传播覆盖项目在尼泊尔、孟加拉国、巴基斯坦、缅甸等国落地覆盖，与老挝、柬埔寨等共同开办本土化数字电视频道，“DTMB+OTT”新媒体建设及影视节目集成平台和交易平台建设进一步加快。云南国际频道成功落地老挝、泰国，成为老挝境内第一个使用老挝语播出的外国频道，第一个在泰国整频道落地覆盖的中国电视频道。云南广播电视台与缅甸、泰国、老挝、柬埔寨、孟加拉国等南亚东南亚国家电视台合作开办栏目，用对象国语言译制并播放中国农业科技节目、中国优秀电视剧、中国优秀动漫节目，增强了文化传播有效性。

创办了外宣网站——云桥网，使用老挝语、缅语、泰语等多个语种对外传播。打造了“最云南”新媒体数字平台，以“互联网 +”模式向海内外宣传推介云南。持续举办“一带一路”媒体交流活动、中国南亚东南亚媒体高峰论坛、孟中印缅媒体论坛。

加强云南沿边口岸外宣平台规范化建设。组织实施“边境文化长廊建设工程”，在边境州（市）、边境县推进边境文化传播体系、文化活动场所、文化活动品牌、文化工作队伍建设，确保边境地区意识形态和文化安全。

组织实施周边外宣工程，启动实施“国门文化”建设工程，进一步加大边境文化交流力度，树立“国门文化”良好形象。边境地区广播电台、电视台积极使用周边国家语言制作播出节目，报纸杂志使用周边国家语言文字出版发行，对外宣传网站开设周边国家语言文字的网页和栏目。边境州（市）定期向周边国家政府、企业、学校、社团发放用周边国家语言文字编写的图书、画册、杂志。定期举办“澜沧江－湄公河流域国家文化艺术节”“中老越三国丢包狂欢节”“中缅胞波狂欢节”等边境文化活动。中国第一份有独立刊号、公开出版发行的缅文刊物《胞波》在德宏州正式创刊，填补

瑞丽口岸国门书社

了我国没有缅文报刊的空白。在边境口岸开办国门书社，定期举办培训班、讲座、文化联谊等活动。在全国率先启动实施“明珠口岸标准化外宣”工程，按照建设“一块文化活动场地、一条文化长廊、一块宣传电子屏、一套多媒体宣传平台、一个外宣展览室、一套外宣品、一个国门书屋”的“七个一”标准，逐步把云南口岸打造成为珍珠链式的“明珠”口岸。

组织开展面向南亚东南亚国家的特色文化活动。以宣传推介“美丽云南”“文化云南”为重点，策划组织开展了一系列面向南亚东南亚国家的国际文化周、艺术节、旅游节、影视展、体育比赛、书画展、摄影展等特色文化活动。

与缅甸、老挝、越南、泰国、孟加拉国等毗邻和周边国家开展“文化中国·七彩云南”和“七彩云南·周边行”系列访演活动。成功举办“感知中国·美丽云南”日内瓦系列宣传展示、“感知中国·缅甸行”、第13届亚洲艺术节、“我和云南有个约会——总领事之夜新春音乐故事会”、“学唱中文歌曲大赛”和2019年“中国—柬埔寨文化旅游年”等文化交流活动。

精心打造“中国与大湄公河次区域国家媒体定期互访”、“南亚东南亚主流媒体云南行”、“合家欢”跨国春节联欢晚会、中国—南亚东南亚智库论坛、南亚东南亚艺术周、亚洲微电影节等国际性文化艺术盛会。组织开展“一带一路”建设、中国—南亚博览会暨中国昆明进出口商品交易会、互联互通等重大宣传活动。

开展亚太广播发展机构（AIBD）数字电视技术高级研修与交流活动。定期到南亚东南亚国家举办中国（云南）影视出版展，举办影视出版论坛，翻译出版发行精品影视剧、出版物等；加强中华优秀传统文化典籍和优秀滇版图书对外翻译出版工作，大力推动优

文化“走出去”——《吴歌的微笑》

秀作品对外传播，充分运用文艺形式讲好中国故事、传播中国精神、展示中国魅力，提升中华文化传播力影响力。

建立跨境民族文化交流合作机制，促进民族体育、民族医药等方面的学习交流。全方位打造对外文化交流合作平台。孔子学院、瑜伽学院、金边中国文化中心建设不断深入。立足建设成为区域性、国际化的传统医药交流合作中心，云南不断引领大湄公河次区域国家传统医药的交流与合作，传播中华传统医药文化。抓住澜沧江－湄公河黄金水道和中泰高铁的建设契机，打造有影响力的区域性跨境传媒。以昆明为中心的高原体育训练基地群建设、高原体育科研国际交流与合作事务、国际高原体育文化和学术交流合作平台建设持续深化。

加强云南优秀外文学术网站和学术期刊建设，为省内专家学者参加国际学术会议、发表学术成果创造条件。加强与国内外智库、高校和科研机构的对话交流合作，提升云南主办承办的各类高端论坛的层次和水平，增强云南学术的国际话语权和对外传播能力。由中国国家文物局、老挝国家信息文化旅游部、云南省人民政府主办的“澜湄流域国家文化遗产保护与推广研讨会”在昆明举行，中国、老挝、柬埔寨、缅甸、泰国、越南六国共同发布了《“澜湄流域国家文化遗产保护与推广研讨会”昆明倡议》。

积极运用省部文化合作机制，连续多年与埃及开罗、墨西哥、马耳他、德国柏林中国文化中心开展文化交流与合作，组派文化艺术团赴开罗举办“天涯共此时——彩云南歌舞晚会”，“德国云南文化周活动”在柏林大放光彩。外向型文化企业培育取得新进展，一批文化企业“走出去”步伐日趋稳健。

七、强基固本 · 党建云南

办好中国的事情，关键在党。云南全面小康建设取得历史性成就，关键在于中国共产党的领导。

作为边疆民族地区，云南始终遵循党和人民的事业发展到什么阶段、党的建设就要推进到什么阶段的基本规律，既紧紧围绕党领导的伟大事业推进党的建设，又通过加强和改进党的建设来推进伟大事业，紧紧围绕不同历史时期工作任务，着力加强党的自身建设，使党始终成为各项事业的坚强领导核心，领导边疆各族人民取得革命斗争胜利，确立社会主义基本制度，推进改革开放和社会主义现代化建设，与全国同步全面建成小康社会，为在新时代奋力谱写好中国梦的云南篇章，全面建设社会主义现代化提供了坚强政治保障。

（一）高举旗帜永远跟党走

政治建设是党的根本性建设。云南始终坚持把党的政治建设摆在首位，站稳政治立场，把准政治方向，坚定政治信念，提升政治能力，在革命、建设、改革的各个历史时期，发挥政治指南针作

万名党员重温入党誓词

用，严格落实党中央的路线方针政策和各项决策部署，始终在政治立场、政治方向、政治原则、政治道路上同党中央保持高度一致，确保各项事业始终沿着正确方向发展。

1. 云南边疆党的建设发展历程

自从有了中国共产党，云南发生了翻天覆地的变化。1926 年 11 月 7 日，中国共产党在云南的第一个地方组织——中国共产党云南特别支部成立，标志着以马克思主义为指导的中国共产党，将云南引上了一条充满希望和光明的道路。

在社会主义革命和建设时期，面对新形势新任务，中共云南省委把中央的方针政策与边疆民族地区的具体实际相结合，提出“公开建党”的要求，云南各级党组织积极适应工作重心从农村转入城市、开始由城市领导农村的重大转变，密切结合民主改革和恢复国民经济的各项工作加强自身建设，通过建立各级党组织，积极发展党员，开展整风整党，领导人民巩固了新生的人民政权。认真贯彻党中央“团结第一、工作第二”的工作方针，坚持“慎重稳进”“分类指导”，在边疆民族地区建立民族工作领导体制和工作机制，采取“和平协商”“直接过渡”等民主改革方式，推进民族区域自治，实现了边疆民族地区从不同社会形态同时进入社会主义社会“一跃千年”的历史性跨越，使得社会主义基本制度在云南得到全面确立，党员质量和党组织的战斗力也得到了进一步提升，党的政策得到社会各阶层人民的拥护和支持，党在群众中的威信空前提高。党的八大后，在组织领导社会主义建设的过程中，边疆地区党的自身建设扎实有效，各级党组织经受了锻炼和考验，得到了巩固和发展。

在改革开放和社会主义现代化建设时期，云南在党的十一届三中全会精神指引下实现拨乱反正，重新确立了马克思主义的思想路线、政治路线、组织路线，坚持把推进党的建设同推进中国特色社会主义伟大事业结合起来，持续加强党的执政能力建设和先进性建设，提升党的领导水平和执政水平，提高党拒腐防变和抵御风险的能力。伴随改革开放的持续深入，云南边疆党的建设开启了新征程，进入一个恢复巩固和快速发展时期。从具体实际出发，不断根据新形势新任务和党的建设面临的新情况新问题，坚持从中国特色社会主义伟大实践中开辟党的建设的宽阔舞台和活力源泉，以改革创新精神加强党的建设，把党的建设的成效体现到边疆地区经济社会发展的各个领域，党的领导得到全面加强，党员队伍不断壮大，党的执政能力和领导水平持续增强，领导核心和战斗堡垒作用充分发挥，党在边疆民族地区的执政基础不断夯实，执政地位不断巩固，成功走出了一条具有云南特色的党建之路，有效保证了云南经济发展、社会和谐、边疆稳定、民族团结。

党的十八大以来，在以习近平同志为核心的党中央坚强领导下，云南深入学习贯彻习近平新时代中国特色社会主义思想和习近平总书记考察云南重要讲话精神，全面贯彻新时代党的建设总要求和新时代党的组织路线，以实现“两个一百年”奋斗目标、谱写好中国梦云南篇章为目标，以坚定理想信念宗旨为根基，以组织体系建设为重点，以“打铁必须自身硬”为要求，以调动各级党组织和广大党员干部的积极性、主动性、创造性为着力点，紧跟党中央全面从严治党步伐，坚定不移加强党的全面领导，敢于直面问题，勇于自我革命，坚持以党的政治建设为统领，全面推进党的政治建设、思想建设、组织建设、作风建设、纪律建设，把制度建设贯穿其中，深入推进反腐败斗争，坚决改变管党治党宽松软状况，切实解决长期困扰云南党的建设关键性全局性问题，不断开辟新境界、探索新路径、实现新突破，一以贯之推进新时代党的建设新的伟大工程，把党要管党、全面从严治党的战略部署进一步推向前进，为全面脱贫和全面建成小康社会、实现高质量发展，开启全面建设社会主义现代化新征程提供了坚强保证。

2. 以政治建设为统领全面加强边疆党建

党的十八大以来，习近平总书记反复强调加强党的政治建设的重大意义，作出了把政治建设摆在首位的重要论断。云南认真贯彻落实中央精神，把党的政治建设摆在首位，以政治建设为统领全面推进党的各项建设，教育引导广大党员干部铸牢政治忠诚，忠诚拥护“两个确立”、坚决做到“两个维护”，始终在政治立场、政治方向、政治原则、政治道路上同以习近平同志为核心的党中央保持高度一致。不断提高政治判断力、政治领悟力、政治执行力，做到党中央提倡的坚决响应，党中央决定的坚决执行，党中央禁止的坚决不做。把对党忠诚、为党分忧、为民造福作为根本政治担当，转化为领导高质量发展、推动云南主动融入国家发展战略的生动实践。

坚决做到“两个维护”。坚决维护习近平同志党中央的核心、全党的核心地位，坚决维护党中央权威和集中统一领导，是党的十八大以来我们党的重大政治成果和宝贵经验，是我们党最重要的政治纪律和政治规矩。云南省委坚决做到“两个维护”，始终保持对以习近平同志为核心的党中央的绝对忠诚，坚决防止和纠正一切偏离“两个维护”的错误言行，自觉增强坚决维护的定力和能力。把“两个维护”体现在全面学习贯彻落实习近平新时代中国特色社会主义思想和考察云南重要讲话精神以及党中央决策部署上。教育引导广大党员干部从历史和现实、理论和实践、国内和国际的结合上深刻认识、强化认同，不断增强拥护核心、跟随核心、捍卫核心的思想自觉、政治自觉和行动自觉。提高政治站位、站稳政治立场、坚定政治方向、强化政治功能、严明政治纪律，团结带领全省各族人民坚定不移心向党、听党话、跟党走、感党恩。

建立健全强化党的全面领导的体制机制。贯彻落实《中共中央关于加强党的政治建设的意见》，出台《中共云南省委关于以习近平新时代中国特色社会主义思想为指导加强党的政治建设的实施意见》，切实加强党的政治建设，推动全面从严治党向纵深发展。云南各级党组织和广大党员以党章为根本依据，不断完善保障“两个维护”的制度机制，严格执行各项党内法规，有效贯彻执行党的路线方针政策，不断完善党中央重大决策部署和省委工作要求贯彻落实的督查问责机制。根据《中国共产党地方委员会工作条例》，各级党组织和广大党员结合边疆的地方实际，加强和改进党的工作，提高党的执政能力和领导水平，充分发挥了党总揽全局、协调各方的领导核心作用，重点解决带全局性、战略性、前瞻性的重大问题。坚决贯彻党的理论和路线方针政策；坚持立党为公、执政为民，认真践行党的宗旨和群众路线；坚持解放思想、实事求是、与时俱进、求真务实，结合实际创造性开展工作；坚持民主集中制，实行集体领导和个人分工负责相结合的制度；坚持党要管党、从严治党，始终保持党的先进性和纯洁性；坚持在宪法和法律范围内活动，依据党章和其他党内法规履职尽责；坚持党对一切工作的领导，在党的领导下对云南建设发展的重大理论和重大实践问题把方向、管大局、作决策、保落实；坚持通过法定程序使省委主张转化为地方性法规政令，转化为促进云南建设发展的政策引导和政策保障；坚持加强对全省宣传思想文化的领导，牢牢掌握意识形态工作领导权和话语权，进一步维护边疆意识形态安全；坚持党管干部原则，按照干部管理权限和干部选拔任用规定为服务云南建设发展选好人、用好人；坚持发挥党组在人大、政府、政协、法院、检察院、人民团体等组织中的领导核心作用；坚持加强对群团工作和统战工作的领导，动员、组织、团结广大党员和各族人民凝聚起共谋发展、共增福祉、共享成果的思想共识，汇集起共同实现党的目标任务的强大合力。

坚决站稳政治立场。在云南开展各项工作推动各项事业发展的过程中，以人民为中心，立党为公、执政为民，树立起真挚的人民情怀，把人民放在心中最高位置，始终相信人民，紧紧依靠人民，把人民对美好生活的向往作为奋斗目标。想问题、作决策、办事情时都从人民利益出发，崇尚实干、勤政为民，把精力和心思用在稳增长、促改革、调结构、惠民生、防风险、保稳定上，着力解决人民群众最关心最直接最现实的利益问题，努力让人民群众有更多获得感、幸福感、安全感。把对党负责和对人民负责高度统一起来，始终做到在党言党、在党忧党、在党为党，任何时候都同党同心同德。

提高党员干部政治本领。通过理论培训、扶贫实践、挂职锻炼、走访调研等政治能力训练和政治实践历练，切实提高党员干部把握方向、把握大势、把握全局的能力和辨别政治是非、保持政治定力、驾驭政治局面、防范政治风险的能力，坚决服从大局、服务大局，自觉在党和国家工作大局下想问题、做工作。善于从政治上研判形势、分析问题，做到观察分析形势考虑政治因素、出台政策措施重视政治影响、部署推进工作把握政治要求、处置敏感问题防范政治风险。

同时，特别注意强化党员干部政治担当。把对党忠诚、为党分忧、为党尽职、为民造福作为根本政治担当，坚持原则、认真负责，面对大是大非敢于亮剑，面对矛盾敢于迎难而上，面对危机敢于挺身而出，面对失误敢于承担责任，面对歪风邪气敢于坚决斗争。勇于挑重担子、啃硬骨头、接烫手山芋，向顽瘴痼疾开刀，敏于发现问题，敢于直面问题，善于解决问题，结合实际创造性地推动工作，切实担负起管党治党之责、推动发展之责、深化改革之责、维护稳定之责、脱贫攻坚之责、乡村振兴之责。通过多形式的政治力量，广大党员尤其是领导干部的政治能力得到显著提升。

贯彻习近平总书记考察云南重要讲话和重要指示批示精神。党的十八大以来，以习近平同志为核心的党中央立足国情和实际，为改革发展提出一系列科学理论和战略部署。习近平总书记高度重视云南发展，心系边疆各族人民。曾两次亲临云南考察指导、三次给云南干部群众回信，对云南工作作出一系列重要指示批示，为云南发展擘画蓝图、指引方向。提出“一个跨越”“三个定位”“五个着力”重要要求，概括云南在全国发展大局中的“四个突出特点”，强调四个方面重点工作，要求云南主动服务和融入国家发展战略，努力在建设我国民族团结进步示范区、生态文明建设排头兵、面向南亚东南亚辐射中心上不断取得新进展，谱写好中国梦的云南篇章；叮嘱云南要促进各族群众共同富裕，促进边疆繁荣稳定，建设好美丽家园，维护好民族团结，守护好神圣国土。这些重要指示要求，系统构成云南发展的总遵循、总纲领、总指引。云南省委认真学习贯彻习近平总书记考察云南重要讲话精神和重要指示批示精神，坚定沿着习近平总书记指引的方向带领全省各族人民阔步前进，把坚决做到“两个维护”体现在工作中、落实到行动中、彰显于业绩中。全省各级党组织和广大党员始终牢记习近平总书记的深切嘱托，在各自岗位上矢志奋斗，努力把美好蓝图一步步变为现实。

党的十八大以来，云南党的政治建设更加突出了讲政治的根本要求，沿着中国特色社会主义的政治方向，把各级党组织的政治建设引向深入，切实增强了广大党员干部的政治意识。

3. 持续净化政治生态

云南党的政治建设通过浚其源、涵其林，养正气、固根本，锲而不舍、久久为功，逐步实现正气充盈、政治清明。

严肃党内政治生活。严格按照《关于新形势下党内政治生活的若干准则》的要求，从思想上和行动上成为共产主义远大理想和中国特色社会主义共同理想的坚定信仰者和忠实实践者，做党的基本理论、基本路线、基本方略的贯彻者和拥护者。各级党组织严格执行党的组织生活制度，提高“三会一课”质量，认真落实谈心谈话、民主生活会和组织生活会、民主评议党员和主题党日等制度，坚持和完善重温入党誓词、党员“政治生日”等政治仪式。

发展积极健康的党内政治文化。通过加强党内政治文化建设，坚持“三严三实”，大力弘扬社会主义核心价值观，大力弘扬和践行忠诚老实、公道正派、实事求是、清正廉洁的价值观。坚持激浊扬清，集中开展政治攀附、造谣诬告等破坏党内政治文化突出问题专项整治，坚决抵制庸俗腐朽的政治文化。

突出政治标准选人用人。坚持党管干部原则，贯彻新时期好干部标准，注重选拔任用牢固树立“四个意识”、自觉坚定“四个自信”、坚决做到“两个维护”、全面贯彻执行党的理论和路线方针政策、忠诚干净担当的干部，对政治不合格的干部实行“一票否决”，已经在领导岗位的坚决调整，坚决把政治上的“两面人”挡在门外。持续匡正选人用人风气，坚持不懈整治选人用人上的不正之风，对违规违纪行为发现一起查处一起，对“带病提拔”的干部实行倒查，对政治标准把关不严的严肃处理。

永葆清正廉洁的政治本色。坚持反腐败无禁区、全覆盖、零容忍，坚持重遏制、强高压、长震慑，重点查处党的十八大以来不收敛、不收手，问题线索反映集中、群众反映强烈，政治问题和经济问题交织的腐败案件，严肃查处违反中央八项规定精神的问题，坚决惩处黑恶势力“保护伞”，持续保持反腐败高压态势。针对白恩培、仇和、秦光荣流毒给云南党的建设和经济社会发展带来的重创，围绕政治生态的修复、净化、建设，打出“组合拳”，坚决清淤排污除毒，彻底肃清秦光荣流毒给党员、干部造成的“思想之乱”“意识之乱”“价值观之乱”影响。

党的十八大以来，云南通过强化政治领导、增强政治认同、提高政治能力、净化政治生态，不断加强和改善了党的政治建设，充分发挥了党的政治建设引领云南高质量跨越式发展的显著优势。

（二）党的创新理论在云岭大地落地生根

注重从思想上建党，是马克思主义政党的鲜明特色、光荣传统和政治优势。云南边疆各级党组织始终坚持思想建党、理论强党，立足边疆实际、结合边疆特色、找准边疆需要，不断加强理论武装，以思想建设凝聚起广泛共识，为云南革命、建设和改革提供了重要的理论支撑和思想保证。

云南解放后，省委高度重视各级党组织和广大党员的思想建设，组织党员干部深入学习毛泽东思想、学习社会主义建设理论，将理论学习成果运用到社会主义建设实践中。党的十一届三中全会后，全省上下相继开展了“三基本”教育、“三讲”教育、“三观”学习教育、解放思想大讨论、深入学习实践科学发展观活动等，进一步解放了干部思想、凝聚思想共识，为改革开放时期各项事业的发展奠定了坚实的思想基础。

党的十八大以来，云南始终坚持把党的思想建设放在党的建设基础性地位，把深入学习贯彻习近平新时代中国特色社会主义思想作为首要政治任务和长期工作主题，突出抓好党性教育，推进党内集中学习教育，引导广大党员干部坚定理想信念、筑牢信仰之基、补足精神之钙、把稳思想之舵，推动习近平新时代中国特色社会主义思想在云岭大地落地生根。

1. 开展党内集中教育凝心铸魂

党的十八大以来，按照党中央统一安排部署，云南认真组织开展教育活动和经常性工作，各级党组织切实抓好思想理论建设，强化理想信念和党性党风党纪教育，有力解决“四风”突出问题和一些党员干部理想信念上的“软骨病”，广大党员干部经历了一场场触及思想和灵魂的党性“大考”，交出了一份份让群众满意的党性教育成绩单。

（1）党的群众路线教育实践活动

2013 年 4 月 19 日，党中央决定在全党深入开展以“为民务实清廉”为主要内容的党的群众路线教育实践活动。2013 年 6 月 18 日，党的群众路线教育实践活动工作会议在北京召开，对全党开展教育实践活动进行部署。7 月 3 日，云南召开党的群众路线教育实践活动动员大会，标志着云南第一批党的群众路线教育实践活动正式启动。省委常委班子带头深入基层、深入群众，到困难多、矛盾大的地方，面对面纳真言、听意见、征建议，带头到联系点调研指导、参加专题组织生活会，为全省党员干部作出行动示范。所有省级党员领导干部分别确定 1 个省直单位、1 个县作为教育实践活动联系点，并通过开展专题调研、民情访谈，指导联系点认真搞好学习教育，深入查找突出问题，扎实抓好整改落实。各级党组织通过抓好理论学习、组织在线学习、结合实践学习等方式，开展理想信念、党性党风党纪和道德品行教育，组织党员干部深入联系点与群众同吃同住同劳动，教育引导党员领导干部牢固树立宗旨意识、增强群众观点。开门纳谏、拓宽渠道，采取召开座谈会征求意见、开展随机调研，以及采取民情恳谈、设置意见箱、发放调查问卷、开通专线电话、设立网上邮箱等多种方式，广泛征求各方意见建议。抓牢整改落实，坚持边学边查边改，各地各单位从身边存在的问题和群众反映强烈的突出问题改起，一项一项抓整改落实。

为期近16个月的党的群众路线教育实践活动，共有4个省级班子、136个省直单位、2182个厅处级领导班子、1.85万名处级以上领导干部、1.21万个基层党组织和23.81万名党员参加，带来了焕然一新的干部作风和务实高效的为民行动，将“为民务实清廉”的时代形象鲜明镌刻在云岭大地上。

（2）“三严三实”和“忠诚干净担当”专题教育

云南于2015年1月5日部署启动“三严三实”和“忠诚干净担当”专题教育，率先进行了经常性教育的探索实践。4月21日，党中央全面部署“三严三实”教育活动后，省委常委会迅速传达中央精神，研究全省贯彻意见和下一步工作，制定出台实施方案，全省“三严三实”教育活动与前期开展的“三严三实”和“忠诚干净担当”专题教育实现有机融合、无缝对接。专题教育开展中，云南围绕“严以修身”“严以律己”“严以用权”3个专题广泛组织集中学习研讨。用好正反两方面典型，号召党员干部深入学习孔繁森、杨善洲、高德荣等正面典型事迹，从榜样中汲取力量；以白恩培、仇和、张田欣、沈培平等反面典型为戒，从教训中得到警醒。

在专题教育学习过程中，始终坚持问题导向，把查摆和解决问题贯穿专题教育全过程。各地区各部门各单位处级以上领导班子和领导干部坚持把自己摆进去，把职责和思想摆进去，深入查找执行党的政治路线和政治规矩、组织纪律和廉政纪律等方面存在的突出问题。在自查自找的基础上，广开言路、深入调研查找问题，解决问题。省委针对云南政治生态中存在的突出问题，大力进行专项整治，在全省范围内持续开展“六个严禁”专项整治和“为官不为”专项治理，着力解决领导干部在修身、用权、律己、谋事、做人等方面的突出问题。

这次党性教育突出一个“实”字，切实把能否达到“三严三实”要求作为党性教育是否取得成效的试金石，重点解决理想信念动摇、信仰迷茫、精神迷失、宗旨意识淡漠、党的组织和纪律观念弱化等问题，为培养忠诚干净担当的好干部提供坚强的党性保证。

（3）“两学一做”学习教育

2016 年 2 月，党中央作出了推进“两学一做”学习教育常态化制度化的重要决策部署。4 月 7 日，省委决定在各级党组织、广大党员中深入开展“两学一做”学习教育，结合实施“基层党建推进年”，推动党内教育从“关键少数”向广大党员拓展、从集中性教育向经常性教育延伸。

省委出台了《关于开展党章党规“进党校、进课堂、进媒体”学习教育的实施意见》，在全省开展“三进”学习教育。一是进党校，着力构建省、州（市）、县（市、区）三级“1 校 12 院多基地”干部教育培训机构体系，探索形成“理论教育 + 现场体验 + 案例教学 + 廉政教育 + 党性分析”的“五步法”党性教育新模式，实现全省各级领导干部培训全覆盖。二是进课堂，加强学校的业余党校、团校党章党规教育，加强实践教育和校园廉政文化建设，循序渐进地将学习教育有机融入青少年学生的教育中。三是进媒体，全省各级各类媒体积极报道各地区各部门开展学习教育的动态情况与做法经验，提高全社会对学习教育的知晓率和参与度。

学习教育中，省委常委领导班子示范在前，以普通党员身份参加所在党支部组织生活会，带头学习党章党规、学习系列重要讲话，带头讲党课，带头规范交党费。省委常委同志共为基层和所在支部讲党课37次，带动各级领导干部讲党课31865场次。全省各级党组织主动作为，推动学习教育在4个省级班子、138个省直单位和16个州（市）、129个县（市、区）、1391个乡镇（街道）、15.7万个基层党组织、257.47万名党员中扎实开展，使全面从严治党逐渐成为全省党员干部的思想自觉和行动自觉，为筑牢党在边疆民族地区的执政基础提供了坚强保证。

（4）“不忘初心、牢记使命”主题教育

2019年6月起，根据党中央统一部署，云南以县处级以上领导干部为重点，自上而下分两批，在全省各级党组织和广大党员中开展了“不忘初心、牢记使命”主题教育。

省委常委同志带头学习，带头调研指导，带头讲专题党课，带头开展批评和自我批评，带头建立主题教育联系点指导1个深度贫困县，有力地示范带动了全省主题教育开展。各地区各部门各单位“关键少数”充分发挥引领带头作用，将主题教育作为重大政治任务，扛起主体责任，精心组织实施，迅速组建领导机构，有力推动主题教育高质量开展。

全省106家省直单位、16个州（市）、81所高等院校、17万余个基层党组织、250万余名党员紧紧围绕深入学习贯彻习近平新时代中国特色社会主义思想这一根本任务，按照“守初心、担使命，找差距、抓落实”的总要求，边学边研边查边改，扎实推进主题教育取得实效，不断擦亮初心、筑牢使命。针对边疆民族地区党员、老党员、流动党员等实际情况，各地各单位丰富教育载体、创新方式推动学习教育入脑入心。

全省各级领导班子广泛开展了“抓重点、补短板、强弱项”大调研活动，把问题搞清楚、症结弄明白、措施理实在。全省还建立“一项整治、一名常委、一套专班、一抓到底”工作机制，在抓好党中央部署的专项整治的同时，结合云南实际深入开展“领导干部

在中共云南地下党建党旧址开展“不忘初心、牢记使命”主题教育活动

利用名贵特产、特殊资源谋取私利问题”和“选人用人风气不正、导向不明、政治生态不好问题”两个方面专项整治，真刀真枪地解决了突出问题，取得了良好效果。

（5）党史学习教育

2021 年是中国共产党成立 100 周年。云南深入学习贯彻习近平总书记在党史学习教育动员大会上的重要讲话精神，结合自身实际，统筹谋划、精心部署、周密组织，推动党史学习教育取得实效。

省委研究制定了《党史学习教育工作方案》等文件，出台了一系列工作制度，以确保组织到位、工作到位、责任到位。同时，还组建 16 个省委党史学习教育巡回指导组，对全省 16 个州（市）和 75 家省直机关加强指导督导。全省各地区各部门各单位共组织讲授专题党课 19.9 万余堂，全省 158204 个基层党组织以党员大会、党支部委员会议、党小组会等形式，高质量召开专题组织生活会。其中，8296 名边境疫情防控一线党员就近就便参加了专题组织生活会。

在党史学习教育中，云南创新开展“传承红色基因 · 弘扬奋斗精神”学习体验活动，确定扎西会议纪念馆等 71 条省级示范线路，推出 186 条州（市）、县级学习体验线路，组织广大党员及青少年开展学习体验。广泛开展“永远跟党走”系列教育活动，激励边疆各族人民坚定不移感党恩、听党话、跟党走。

扎实开展我为群众办实事实践活动。全省各级领导班子共制定民生项目清单 9778 件、办结 9715 件，办结率 99.4%；各级领导班子成员开列为群众办实事清单 2 万余件、办结 1.9 万余件，办结率 99.6%；各基层党组织制定民生实事计划 34.3 万余件、办结 33.9 万余件，办结率 98.83%；基层党员开列为民办实事清单

234.9 万余件、办结 232.9 万余件，办结率约 99.15%。云南还创新建立了“双报到双服务双报告”机制，开展“我为群众办实事”主题党日活动 18.9 万场次、志愿服务活动 2.37 万场次，赢得了群众普遍点赞。

据统计，全省共有 4 个省级领导班子、106 家省直机关和省属国有企业，16 个州（市）、129 个县（市、区）、1405 个乡镇（街道）、14470 个村（社区），81 所高等院校，3.5 万名县处级以上党员领导干部，272 万名党员参加了党史学习教育。各地各部门把党史学习教育实效，体现在了为民服务的实际行动和推动发展的良好业绩上，为推动高质量跨越式发展凝聚了磅礴动力。

2. 学习贯彻习近平新时代中国特色社会主义思想走深走实

党的十八大以来，云南把学习贯彻习近平新时代中国特色社会主义思想作为首要政治任务和长期工作主题，通过开展党内教育活动，依托“1 校 12 院多基地”开展干部教育培训，广泛开展“百名讲师上讲台、千堂党课下基层、万名党员进党校”等方式，不断推进习近平新时代中国特色社会主义思想学习往深里走、往心里走、往实里走。

抓好“关键少数”培训。党的十八大以来，云南把学习贯彻习近平新时代中国特色社会主义思想贯穿到干部教育培训工作全过程，教育党员干部读原著、学原文、悟原理，系统学、深入学，学而信、学而用、学而行，切实在思想上坚决拥戴核心、政治上坚决维护核心、行动上坚决紧跟核心。

省委印发的《2018—2022 年云南省干部教育培训规划》，主要目标就是以习近平新时代中国特色社会主义思想为中心内容的理论教育更加深入，自觉在思想上政治上行动上同以习近平同志为核心的党中央保持高度一致。省、州（市）两级党校（行政学院）教学安排中，以习近平新时代中国特色社会主义思想为主，理论教育和党性教育的比重不低于总课时的 70%。

开展“万名党员进党校”教育培训。云南以提高党员政治觉悟和履职能力为重点，采取分级负责、分层实施、分领域推进方式，广泛开展“百名讲师上讲台、千堂党课下基层、万名党员进党校”培训工作，推动党员进乡镇（街道）及以上党校接受至少 3 天集中培训，引导广大党员自觉用习近平新时代中国特色社会主义思想武装头脑、指导实践、推动工作。“万名党员进党校”培训把习近平新时代中国特色社会主义思想、党的十九大精神、党章作为必修课，

来自全国各地的学员在杨善洲干部学院缅怀老书记，重温入党誓词，坚定理想信念，锤炼党性

规定3个方面内容培训时长不得低于各次培训班总时长的三分之一；把普通党员作为重点培训对象，明确要求各地各单位普通党员进乡镇（街道）及以上党校脱产集中培训不得低于党员总数的20%，实现了党员接受集中培训、全省党员培训全覆盖的目标。

创新形式学习宣传。云南在推进党的创新理论“飞入寻常百姓家”的过程中，开展了多形式分层次的学习宣传。坚持党员领导干部讲党课制度，各级党委（党组）书记每年至少要分别为联系挂钩单位和所在党支部党员讲1次党课，坚持党支部书记带头讲、普通党员轮流讲、邀请先进典型现身讲、邀请党务专家专题讲，确保基层党支部每季度至少组织开展1次党课。广泛运用微型党课、故事党课、“双语”党课、互动式情景式党课等方式，增强党课的吸引力和感染力。多个州（市）针对本地区少数民族汉语水平不高的实际，用民族干部宣讲、用民族语言讲解、用民族文字阐释，同时将新思想编排融入歌曲、小品、快板、舞蹈等文艺作品，开展巡回宣讲，形成干部群众学习新思想、领悟新思想、践行新思想的浓厚氛围。

发挥主流媒体引领作用。云南发挥融媒体优势，集中开展习近平新时代中国特色社会主义思想和党的十九大精神宣讲宣传。云南日报报业集团“采访下基层宣讲在一线”全媒体记者团队先后走进德宏、楚雄等州（市）的民族村寨，与各族干部群众一道开展学习交流，专门制作可视可感的新媒体产品，被乡亲们“扫码带走”。云南广播电视台多个频道频率各显身手，制作播出一系列上接“天线”、下接“地气”的节目。《云岭先锋》杂志社牵头建设了覆盖省市县乡村5级党组织和各领域党组织的党建书苑、党建书屋、党建书架等党建学用平台。泰文《湄公河》、缅文《吉祥》、云桥网等外宣期刊、网站积极对外宣介习近平新时代中国特色社会主义思想。各地文艺院团以文化大篷车为载体，将新思想融入梅葛、三弦舞等地方戏曲、民族歌舞，创作了一大批文艺作品，深受基层群众欢迎。

多年来，云南结合实际、创新方式、多措并举，扎实推动党的创新理论“飞入寻常百姓家”，引导各族人民真正把习近平新时代中国特色社会主义思想学懂弄通做实，使之成为广大干部群众政治上的“主心骨”、思想上的“定盘星”、行动上的“指南针”。

（三）党在边疆执政的组织基础不断夯实

党的力量来自组织，组织建设是党的建设的重要基础。云南坚持从边疆民族地区党的建设特殊性出发，始终紧紧围绕党的中心任务和工作大局不断加强组织建设，各级党组织在稳边固边、推动发展、服务群众、凝聚人心各项工作中充分发挥战斗堡垒作用，显示出强大的创造力、凝聚力、战斗力。

新中国成立初期，各项事业百废待兴，党在边疆民族地区的执政基础还很薄弱。为适应党在边疆的执政需要，云南通过加快建立和发展地方各级党组织、积极发展党员、培养社会主义建设人才、开展整党整风等活动，不断健全优化党的组织，不断壮大党员队伍。

党的十一届三中全会以后，云南对在“文化大革命”中遭受严重破坏的基层党组织进行了多次整顿，使党的基层组织得到恢复、巩固和发展。随着改革开放的不断深化，云南从实际出发不断加强和改进农村、企业、机关、学校、科研院所、事业单位等基层党组

十九大代表杨娜双语宣讲党的十九大精神

织，2004 年实施了“云岭先锋”工程，全面加强农村、机关、国企、街道社区、非公经济、高等院校、窗口行业等 7 类党的基层组织建设；2010 年开展了创先争优活动，全省 15.1 万多个基层党组织、235 万余名党员以深入学习实践科学发展观为主题，按照“推动科学发展、促进社会和谐、服务人民群众、加强基层组织”的目标要求，紧紧围绕中心工作创先进，立足本职岗位争优秀，取得了丰硕成果。

党的十八大以来，云南各级党组织和广大党员干部深入贯彻落实新时代党的建设总要求和新时代党的组织路线，以组织体系建设为重点，着力强化各级党组织的政治功能和组织力，着力培养忠诚干净担当的高素质干部，着力集聚爱国奉献各方面优秀人才，在推进党的建设新的伟大工程、推进全面从严治党的实践中切实加强党的组织建设，进一步夯实了党在边疆执政的组织基础。

1. 四个“主题年”固根本

云南固边、稳边、兴边的政治责任重大，脱贫攻坚任务艰巨，为了让各领域、各行业基层党组织齐头并进，全面进步，云南省委高位统筹，坚持全省“一盘棋”，确定“统筹谋划、分类实施、无的要有、有的要强、强的要优”的整体思路，从2016年起，连续实施了基层党建推进年、提升年、巩固年、创新提质年，推动全面从严治党向基层延伸、向纵深发展，努力实现云南基层党建全面进步、全面过硬，为脱贫攻坚取得全面胜利、全面建成小康社会提供了有力的组织保证，夯实了党在边疆执政的组织基础。

在整体推进的基础上，云南省委坚持“一把钥匙开一把锁”，针对不同类别的基层党组织，分类别具体指导、分领域统筹推进、分层次组织实施。每年初召开基层党建工作重点任务推进会，围绕中央组织部基层党建重点任务部署要求，分领域、分专题研究部署，梳理形成基层党建重点任务，以项目化形式，一项一项抓落实。围绕“明责”“考责”“问责”，建立主体明确、职责清晰，上下衔接、环环相扣的基层党建责任落实体系，压实党委的主体责任、书记的第一责任、班子成员的共管责任、党务工作者的具体责任。连续4年开列州（市）党委、省委省直机关工委、省委高校工委、省国资委党委、省委非公经济组织和社会组织工委5类书记抓基层党建“责任清单”“项目清单”“考评清单”，逐步构建起了各类责任主体年初照单落实、年中整改销号、年底考核验收的党建责任链条，形成了党委抓、书记抓、班子成员抓、有关部门抓，一级抓一级，层层抓落实的整体合力。把责任考核摆在更加突出的位置，持续开展党委（党组）书记抓基层党建述职评议考核，基本实现述职评议考核全覆盖，述职评议综合评价意见记入年度考核结果、装入个人档案，实现日常考核和年度考评相结合，树立了述职述党建、评议评党建、考核考党建、选拔任用看党建的鲜明导向。

通过四个“主题年”的实施，党组织的工作覆盖不断扩大，党组织隶属关系进一步理顺，党内生活制度更加规范，党费日、党员“政治生日”制度、党员积分管理制度得到长效落实，基层党建实现全面过硬、全面进步。如在基层治理一线，农村基层党组织广泛推广运用“群众积分评议”“积分超市”“红黑榜”等做法，激发群众内生动力，引导群众自治；城市各领域基层党建日趋融合，街道、社区党组织成为撬动资源共享、共治共建的“轴心”，推动发展、服务群众成效更加明显；在国企，实施“第一议题”制度，推动党建入章、“双向进入、交叉任职”、党委前置研究、党务工作者双培养；在机关，启动“云南模范机关创建”和“寻标对标达标创标”行动；在高校，开展“一流党建”创建工程；在中小学校广泛开展“云岭红烛·育人先锋”“五强五好”党组织创建；在公立医院，党组织领导下的院长负责制基本建立，党建促进了医疗服务质量提升、医患关系和谐；在“两新”组织，设立省州县三级“两新”工委并实行党建工作直接联系点、直报点制度，选派党建工作指导员，“两新”组织党的组织和党的工作覆盖得到全面提升。

2. 支部规范化建设夯基础

云南将支部规范化建设作为最重要的基本建设来推进，不断提升各领域党支部建设规范化水平。2017 年，省委组织部出台《关于印发〈农村党支部规范化建设标准（试行）〉等 9 个标准的通知》，明确了农村、社区、机关事业单位、国有企业、非公有制经济组织、社会组织、高校教职工、高校学生、中小学校 9 类党支部规范化建设标准。2018 年，出台了《党支部规范化建设达标创建办法》，对标党支部建设标准开展规范化建设，全面提升全省各领域党支部建设标准化水平。为与《中国共产党支部工作条例（试行）》等系列重要政策文件精神一致，2019 年，又出台了《关于印发 12 类党支部规范化建设标准的通知》，在之前 9 类党支部规范化建设标准的基础上，新增事业单位、离退休人员、流动党员 3 类党支部规范化建设标准，形成 12 类覆盖各领域各类党支部的规范化建设标准，同时，统一印制了《党支部规范化建设标准（试行）》手册，让基层党支部建有标尺、抓有方向、评有依据。全省党支部规范化建设达标创建按照排查摸底、制订方案、对标创建、考核验收、达标命名 5 个方法步骤有序进行。通过推进党支部规范化建设达标创建工作，把全面从严治党要求落实到了每个支部、每个党员。经过 3 年努力，截至 2020 年底，全省各领域 17.5 万个党支部实现达标，省委组织部遴选命名 2018 年度、2019 年度省级示范党支部 798 个。

3. 智慧党建跑出加速度

云南的“智慧党建”发端于党建信息化的探索，十多年间，先后经历了党员电化教育、党员干部现代远程教育、网络党建、“互联网 + 党建”等发展阶段。近年来，云南全面开启了党建信息化的探索实践，开展了基层服务型党组织综合服务平台建设和“互联网 + 党建”行动计划，构建起了“上天为云”“落地为站”“手机到人”的党建信息化支撑运用体系。

“上天为云”，就是按照物理层、资源控制层、云服务层、云安全防护平台、运行监控及维护管理平台和云服务管理平台等 6 个层次的技术架构，大力推进“党建云”建设，为丰富多彩的功能运用提供云服务器、云存储、云数据库、云安全等一系列支撑。“落地为站”，是指依托互联网技术，在远程教育终端站点基础上研发“党务 + 政务 + 服务”的综合服务平台，使之由单纯的学习平台向综合管理服务转型升级。依托县（市、区）政务服务中心、乡镇（街道）为民服务中心、村（社区）为民服务站，以及部分村民小组为民服务点，实现全省“云岭先锋”综合服务平台城乡全覆盖，使党员群众不出村就能连接到党建网络。“手机到人”，即上线云岭先锋 App，功能运用与“云岭先锋”综合服务平台一脉相承，做到让党员随时随地随身接入党建网络，成为“随身宝”。通过实施基层服务型党组织综合服务平台建设和“互联网 + 党建”行动计划，云南广泛建起网上党支部，实现实体党支部信息化、虚拟党支部网络化，党员可以在登录电脑端的云岭先锋综合服务平台或手机端的云岭先锋 App，随时随地参加组织生活，有效破解了流动党员、非公企业和社会组织党组织工作覆盖难、管理服务难等问题。还拓展了党员教育渠道，构建起党员教育资源的“中央厨房”，通过制作微视频、微电影、微党课等课件推送给党员，扩大了党员教育的覆盖面。云岭先锋综合服务平台同时整合了就业信息查询、网上代理代办、金融保险服务、法律援助等便民服务事项，给群众带来了实实在在的便利。截至 2020 年底，全省已通过“智慧党建”综合服务平台累计办结各类便民服务事项 3200 多万件，为群众节约办事费用 6.5 亿多元。

2020 年，云南启动了“智慧党建”三年行动计划。全省采取

“一盘棋”推动、“一张网”覆盖、“一体化”集成的方式，统筹推进内、外网两大系统建设，搭建“智慧党建大数据中心”“可视化调度指挥中心”“党员教育制播运维中心”“党建智慧化培训中心”“智慧党建展示体验中心”的“五大中心”支撑系统，统筹推进基层党建、干部管理、公务员管理、人才工作“四大模块”的建设运用，构建起了“先进技术为驱动、创新管理为载体、组织工作全融入、智慧集成一体化”的“智慧党建”体系。通过多年实践，云南党建信息化工作在全国从“跟跑者”变成了“领跑者”。

4. 边疆党建长廊树品牌

云南地处我国西南边陲，有 8 个边境州（市）、25 个边境县（市），边境线长达 4060 公里。2007 年，云南在全国最早启动边疆党建长廊建设。2017 年，省委部署深化边疆党建长廊建设，围绕守土固边、脱贫攻坚、服务开放、维护团结、凝聚人心任务，深入实施“五边”行动。2021 年 6 月，云南省委印发《关于进一步加强边疆党建长廊建设深化抓党建促强边固防工作的意见》，从全省层面部署“铸魂、堡垒、头雁、先锋、稳边”等“五个工程”，同时细化健全基层组织体系、抓党建促民族团结进步等具体工作任务，为各边境州（市）强边固防指明了方向。

深化“国门党建”。云南始终把服务对外开放作为边疆党建长廊建设的重要内容，不断深化“国门党建”，助推面向南亚东南亚辐射中心建设。在沿边重点区域全面推行“大党（工）委”制，由地方党委牵头，整合相关部门（单位）资源力量，实行党建工作联创、思想工作联做、口岸管控联防、服务通关联检、紧急救助联动、国门文化联建，构建国门口岸“党建一体化”格局。开展“云岭先锋”系列创建活动，在口岸服务大厅、窗口和检查站（点）设置党员示范窗口和示范岗，争创“云岭先锋”示范窗口单位；在口岸社区和驻区单位大力推行党员志愿服务，争创“云岭先锋”和谐社区（单位）；在各类园区和非公有制经济组织争创“云岭先锋”诚信企业；在边民互市点争创“云岭先锋”和谐贸易市场（点）。

深化联建共创。不断深化党政军警民合力强边固防机制建设，选派边防派出所所长兼任驻地乡镇党委班子成员，边防民警兼任村（社区）党组织副书记，边境乡镇党委书记兼任边防派出所编外指导员，成立由边防民警、农村党员干部群众组成的“党员突击队”“党员先锋队”，带领群众积极开展扶危济困、抗旱救灾、植树造林等义务劳动和急难险重任务。在跨省区、跨州市、跨县市、跨乡镇、跨村寨地区，推行基层党组织双边或多边联建共建机制，探索“轮值书记＋联席会议”方式，构建跨地区沟通交流和应急响应机制。推行“网格化”管理，建立以“村民小组党支部＋党员中心户＋党员＋群众”为构架的全覆盖网格化管理模式。实施“红旗飘飘”工程，在边境州县党政机关、企事业单位、村组活动场所、边民住所等升挂国旗，实行党员户挂牌公示，广泛开展“唱国歌、升国旗、走边关”等主题活动，让党旗国旗飘扬在边境一线，增强党员群众国家、国门、国土、国民、国防意识。

推进“富民兴边”。在边境县（市）开展以“建强基层组织、提升人居环境、壮大集体经济、提高治理水平”为主要内容的村级“四位一体”项目建设。省委连续实施两轮改善沿边群众生产生活条件三年行动计划，从 2020 年起集中力量推进现代化边境小康村建设，着力把边境村寨建设成为小康村的典范、展示国门形象的窗口、守土固边的堡垒。

新冠肺炎疫情发生以来，云南充分运用边疆党建长廊取得的经验，全面实行边境线“五级段长制”，省市县乡村设段长分兵把守；全面实施边境村网格化管理，边境乡镇普遍建立了“乡镇党委—村级党组织—村（居）民小组党支部—党员中心户”四级联防联控网络体系；边境一线基层党组织设立党员责任区，全面推行党员户挂牌公示和党员积分制管理、设岗定责、志愿服务、结对帮扶等制度，把党员作用发挥在网格中。各地严格落实管住人、管住村、管住通道、管住证件、管住边境“五个管住”防控措施，全力推进“人防、技防、物防相融合”的边境立体化防控体系建设，不断强化党政军警民联防联控机制，形成了有中国特色、云南特点的边境管控体系。

云南省委还从省级单位和部分州（市）抽调干部组建“强边固防突击队”支援部分边境县。8个边境州（市）和25个边境县（市）也统筹辖区干部力量，选派“强边固防突击队”支援边境一线。千千万万“守边人”舍小家、为大家，在酷暑、暴雨、蚊虫叮咬等艰苦环境中，昼夜不停地坚守一线，守好自己的“一公里”，守护身后的家园。

通过多年实践，云南探索了一条具有云南特点、符合边疆实际、立足守边职责、服务对外开放的党建引领边疆治理新路子，云南边疆党建长廊建设成为在全国有辨识度的党建品牌。

5. 干部队伍能力素质不断提升

党的十八大以来，云南坚持新时期好干部标准，不断完善干部选育用管措施，从严从实选拔干部，培养造就了一支忠诚干净担当的高素质干部队伍。

营造选人用人新风向。坚持好干部标准，把用什么人、不用什么人的“方向标”鲜明树起来，使用人风气进一步清朗起来。省委研究出台《中共云南省委关于全面贯彻好干部标准和“三严三实”要求进一步加强和改进干部选拔任用工作的意见》，旗帜鲜明地树立忠诚干净担当、不让老实人吃亏、从基层一线培养选拔干部的“三个导向”和“七个大力选拔和重用”“七个坚决调整和不用”的用人标准，严把干部选拔任用的群众观、廉政关、程序关、纪律关、任职关“五道关口”，以用人导向引领干事导向。

完善干部考核评价。制定出台《关于加强和改进省管领导班子和领导干部综合考核评价工作的指导意见》和州（市）、县（市、区）委书记，省直部门、高等学校、省属国有企业领导班子和领导干部综合考核评价“一个意见、五个办法”，区分不同考核对象分类设置考核内容，坚持定量考核与定性考核相结合，坚持考核评价结果与选拔任用干部、干部评优评先挂钩，通过考实事、察实干、评实绩、看实效，有效解决了唯票、唯分、唯年龄、唯 GDP 的“四唯”问题，逐步形成了干部在实干实绩上竞争的新导向。

提升干部能力素质。针对干部能力不足、素质不高、本领恐慌，难以适应经济社会发展形势需要等实际，坚持教育培训与实践锻炼并举，大规模开展干部教育培训，大力度选派干部挂职锻炼，促进了干部能力素质大幅度提升。一方面，坚持从严从实教育干部，突出理论武装和党性教育，通过“五步法”加强党性教育，实现县处级及以上领导干部培训全覆盖。另一方面，突出抓好实践锻炼，坚持把实践锻炼作为提升干部能力素质的有效途径，每年从省内选派 20 名左右干部到中央国家机关和上海市挂职锻炼，每年从省直单位选派 40 名左右处级干部到县（市、区）、从州（市）选派40名左右处级干部到省直单位挂职锻炼。从2016年起，每年选派一批厅处级领导干部到中央国家机关、中管金融机构和国有重要骨干企业挂职培养，每年选派一批干部到珠三角、长三角地区挂职锻炼。

坚持从严管理干部。以《中共云南省委关于落实全面从严治党要求建设忠诚干净担当高素质干部队伍的决定》为核心，抓住管党治党责任、选人用人管人、规范权力运行等关键问题，采取“综合统筹、分批出台”的方式，陆续出台系列配套文件，形成立规矩、明纪律、强约束的“1+N”制度体系；制定出台《云南省党政领导干部生态环境损害责任追究实施细则（试行)》《云南省党政领导班子“一把手”监督办法（试行)》《云南省从严从实管理干部若干规定》等文件，扎紧了制度笼子，为全面从严治党、依规治党提供了制度保障。制定出台《云南省推进领导干部能上能下实施细则（试行)》，把中央《推进领导干部能上能下的若干规定（试行)》明确的“9+1”种情形进一步细化为“19+1”种情形。坚持把干部召回制度试点作为推进干部“能下”的一个重要突破口，在昆明市、楚雄州、文山州的6个单位开展不适宜担任现职干部召回管理试点。坚持“严管”与“厚爱”相结合，采取多种有效措施，积极构建全方位、立体化的关爱体系，充分调动了干部的主观能动性。

6. 各类人才创新活力奔涌

党的十八大以来，云南深入学习贯彻习近平总书记关于人才工作的重要论述和考察云南重要讲话精神，强化党对人才工作的全面领导，大力实施人才强省战略，深化人才发展体制机制改革，全方位培养引进用好人才，全面提升人才服务发展的效能，人才总量持续增长，人才素质大幅提升，人才队伍建设成效显著，云南正成为人才创新创造、建功立业的热土。

坚持党管人才原则，大力实施“一把手”抓“第一资源”工程，省级和16个州（市）、129个县（市、区）均成立了人才工作领导小组，形成党委统一领导，组织部门牵头抓总，有关部门各司其职、密切配合，用人单位发挥主体作用，社会力量广泛参与的党管人才工作格局。

制度松绑活力迸发。2014年，省委1号文件《关于创新体制机制加强人才工作的意见》，从人才培养、评价、激励等7个方面提出23条政策措施。2016年，省委出台《关于深化人才发展体制机制改革的实施意见》，以解决人才管理行政化官本位倾向、人才评价唯学历唯职称唯论文唯奖项、科技成果转化落地见效难三大问题为核心，提出33条措施、出台68个配套政策，有力破解人才工作中的体制机制障碍。2018年3月，出台高层次人才引进计划、高层次人才培养支持计划，配套了人才培养激励、科学家工作室、高层次人才研修访学等办法措施，创新人才培养方式，延长人才培养链条。截至2020年，共入选2796人，成为云南人才工作的特色品牌。

柔性借智汇聚天下英才。2016年8月，出台《云南省柔性引进人才办法（试行）》，确定了顾问指导、兼职服务、项目合作等“柔性引才”方式，先后在大理、腾冲、西双版纳、普洱、丽江建成5个“云南省柔性引进高层次人才基地”，在清华大学等知名高校设置“招才引智”工作站，通过顾问指导、兼职服务、项目合作等方式，汇聚人才。

党的十八大以来，云南省连续3个增选年份共7名高层次人才成功当选“两院”院士，实现历史性突破。目前，在滇“两院”院士共计 13 人，位居西部省区第 4。各地各部门坚持“高端引领、整体开发”，统筹推进各类人才队伍建设，全省党政人才队伍的结构、素质进一步优化。企业经营管理人才达 94.53 万人，专业技术人才总量达 190.4 万人，高技能人才达 130.33 万人，农村实用人才达 126.54 万人，全省社会工作人才达 8.45 万人。2010—2020 年，全省人才资源总量从 302 万人增长到 566.35 万人，专业技术人才从 117.8 万人增长到 190.4 万人。人人渴望成才、人人努力成才、人人皆可成才、人人尽展其才的局面初步形成。

（四）抓党建促脱贫攻坚双推进双丰收

小康不小康，关键看老乡；农村富不富，关键在支部。基层党组织是我们党执政的基础，也是带领群众脱贫致富的坚强战斗堡垒。党支部坚强有力，基层党建有声有色，群众就跟得紧，事情就办得顺，脱贫攻坚就有了底气。脱贫攻坚进程中，云南坚持以抓党建促脱贫攻坚统领农村基层党建工作，以五级书记抓扶贫、选优配强干部、壮大村级集体经济、“三个组织化”等为抓手，把党的组织优势充分转化为决战决胜的攻坚优势。

1. 五级书记抓扶贫

云南脱贫攻坚任务艰巨，打好脱贫攻坚战，需要上下同心、步调一致。脱贫攻坚战打响以来，云南形成了与“中央统筹、省负总责、市县抓落实”体制机制相适应，从省到村“党政‘一把手’负总责，五级书记一起抓”的脱贫攻坚责任体系。实行省、市、县、乡扶贫开发领导小组党政主要领导“双组长”负责制，层层签订脱贫攻坚“军令状”，压实脱贫攻坚工作。明确各州（市）、县（市、区）、乡（镇）党政主要领导是脱贫攻坚第一责任人，要以足够的领导力量投入脱贫攻坚，做到情况明、政策清，措施精准、督导到位。脱贫攻坚以来，云南所有贫困县、贫困村的广大党员干部迅速投入战场，开启了“阴晴皆列阵、风雪不归乡”的战斗模式，放弃休息、放弃节假日，以极大的毅力和莫大的韧劲牢牢坚守一线，脱贫攻坚战场成为识良将、试真金的主阵地，成为干部练内功、提素质、强本领的大熔炉。

2. 尽锐出战打硬仗

攻克深度贫困堡垒，就要派最能“打仗”的人去。自脱贫攻坚战打响以来，云南统筹力量，下沉作战一线，坚持优秀干部向脱贫攻坚一线集结，为决战决胜脱贫攻坚、促乡村振兴提供坚强有力的组织保障。2015—2020 年，在脱贫攻坚进程中，云南累计选派 4.85 万名第一书记、21.61 万名驻村工作队员，293 家省级和驻滇单位，1.5 万个州（市）县单位挂包贫困县、贫困村，75 万名干部与贫困户结“穷亲”。扶贫干部沉下身子，访贫苦、谋出路、解难题、抓发展，用脚步丈量民情，用双手托起群众致富梦想，一点点改变贫困村的面貌，也用实干赢得信任，与群众的心贴得更紧。对怒江傈僳族自治州、迪庆藏族自治州、昭通市和 27 个深度贫困县、11 个“直过民族”和人口较少民族聚居区，云南省加派优势力量啃“硬骨头”。云南省委、省政府主要负责同志分别挂联迪庆州、怒江州和攻坚任务最重的镇雄县、会泽县，27 个深度贫困县分别有 1 位省级领导挂联。选派 7932 名党员干部支援 27 个深度贫困县，选派

90 名优秀处级干部充实到怒江州、镇雄县带队攻坚，选派 1295 名教师、医生、产业专家到深度贫困县一线工作。每个深度贫困县至少安排 3 家省级单位、1 个省属企业、1 个以上民营企业、1 个省级驻村工作队结对帮扶。

牢固树立在脱贫攻坚一线考察识别干部的鲜明导向，把脱贫攻坚实绩作为了解、识别、检验干部的重要标尺。省委出台了《关于在脱贫攻坚第一线考察识别干部的意见（试行）》，坚持干部在一线培养、在一线考察识别、在一线选拔任用，旗帜鲜明地树立脱贫攻坚一线考察识别和选拔任用干部的导向，激发各级干部“想干愿干积极干、能干会干善于干”的精神状态，推动各级干部在脱贫攻坚战场上大显身手、大展作为。

3. 支部领头战贫困

云南深入推进“整县提升、整乡推进、百村示范、千组晋位”四级联创，压实县级党委主体责任、乡镇党委直接责任、行政村党组织具体责任和村民小组党支部基本责任，推动农村基层党建工作全面进步、全面过硬。

实施“领头雁”培养工程，开展选优配强村（社区）党组织书记专项行动，在乡镇全覆盖组建青年人才党支部，实施农村优秀人才回引计划，培养储备村级后备力量，建好村级后备干部“蓄水池”。实施村（社区）干部能力素质和学历水平提升行动计划，依托云南开放大学，每年从全省初高中以上学历、45 周岁以下的村（社区）干部和后备干部中招收学员，采取线上网络教学和线下集中面授相结合的方式对学员进行系统教学，学费由省财政承担。2021 年全省村（社区）“两委”换届工作完成后，全省村（社区）

党组织书记平均年龄 44.03 岁，基层党组织带头人队伍实现年龄学历“一降一升”，整体素质有效提升。

以支部规范化建设为抓手，建强农村基层党组织。持续开展“阵地建设工程”，在全省新建 2.7 万多个村民小组活动场所，实现全部村民小组均有可供使用的活动场所。把整顿软弱涣散基层党组织放在突出位置，每年对基层党组织运行情况进行全面排查，驻村分析研判，找准问题，因地制宜、因村施策、逐一整改，推动软弱涣散基层党组织由弱变强、变差为好，为全面小康奠定了坚实基础。

4.“三个组织化”聚合力

云南围绕全面建成小康社会目标，把提高产业扶贫、就业扶贫、易地扶贫搬迁“三个组织化”作为抓党建促脱贫攻坚、促乡村振兴的关键之举、治本之策和长远之道，不断提升产业扶贫、就业扶贫、易地扶贫搬迁组织化程度，整合组织资源、凝聚组织力量、发挥组织优势，“党建 +”让脱贫攻坚跑出了“加速度”。

提高产业扶贫组织化程度。充分发挥基层党组织在推动产业发展中的领导作用，立足贫困地区资源禀赋，扶持贫困地区不断发展壮大特色产业。加大在农民专业合作社、农业企业、农业社会化服务组织中组建党组织力度，切实加强农村党组织对农村各类组织的统一领导。采取“党组织 + 公司 + 合作社 + 农户（贫困户)”的产业模式，引导龙头企业、农民专业合作社、专业大户等新型农业经营主体与贫困户建立起紧密的利益联结机制，破解产业发展的路径、资金、资源、管理和市场等突出瓶颈，推动实施贫困地区“一村一品”“一户一业”扶贫行动，做到宜农则农、宜林则林、宜牧则牧、宜开发生态旅游则搞生态旅游。深入实施村级集体经济强村工程，加大资金整合力度，开展扶持发展村级集体经济试点县和村级“四位一体”试点项目，全面铺开强基惠农“股份合作经济”工作，积极稳妥实施“党员创业致富贷款”、强基惠农股份合作经济，多渠道支持贫困村发展壮大村级集体经济，将农户自发的分散式经营变为党组织引导的规模化经营，进一步提升特色优势产业上水平，放大帮扶资金的整体效应，实现产业发展、集体增收、群众致富。

提高就业扶贫组织化程度。云南借助东西部扶贫协作，建立多元化、稳定可持续的就业机制，组织有劳动能力的贫困群众到沿海城市、发达地区务工。摸底排查贫困劳动力未就业基础信息，摸清就业意愿和就业服务需求，统筹开发各类公益性岗位，努力促进贫困劳动力就业意愿、就业技能与就业岗位精准对接。加强技能培训，以就业为导向，依托职业学校、实训基地等培训资源，围绕产业发展和企业用工需求，统筹培训资源，积极组织贫困劳动力参加岗前培训、订单培训和岗位技能提升培训，采取课堂讲授、专家指导、现场教学等多种形式，提高培训的针对性和有效性，以技能扶贫“造血”方式，激发群众内生动力。重视维护好外出务工人员基本权益，依托各级就业服务中心和外出务工人员集中地党组织，采取走访看望、座谈交流、电话沟通等方式，做好外出务工人员联络服务、信息沟通、跟踪维权、困难帮扶等服务保障工作，了解党员外出后的思想、工作情况，及时向外出务工党员通报党组织的重要情况。

提高易地扶贫搬迁组织化程度。脱贫攻坚中，云南共搬迁建档立卡贫困人口 99.6 万人、随迁人口 50 万人，建成集中安置区 2832

个，搬迁任务重、规模大、难度大。着力提高易地扶贫搬迁组织化程度，云南在建设、搬迁、项目管理、社区管理、产业帮扶、就业扶持等方面努力实现组织化推进。发动各级干部、驻村工作队员和村组工作力量，耐心细致与群众点对点交流、面对面谈心，充分调动广大人民群众搬迁入住的主动性、积极性，打消不想搬、不愿搬的思想顾虑；做好规范明确搬迁目标任务和建设时序，按规划、分年度、有计划组织实施；做实搬迁群众产业就业帮扶，统筹使用各类培训资源，做到有培训意愿和劳动能力的建档立卡搬迁人口至少接受一次职业培训，掌握一项就业技能，贫困群众家庭成员至少有一人实现就业。依托基层党组织和自治组织，有效利用社会公益组织力量，合理设置管理单元和管理机构，运用大数据等现代信息技术，丰富议事协商形式，激发带动搬迁群众强化主人翁意识，广泛引导各类社会力量参与易地扶贫搬迁安置区域的发展和服务，对易地扶贫搬迁安置区域进行规范化管理，不断提高治理能力和治理水平。对搬迁群众加强习近平新时代中国特色社会主义思想、社会主义核心价值观和感恩教育，修订完善迁入地村规民约（社区公约），加大搬迁群众普通话教育和扫盲培训，组织学习交通、卫生、治安、公共秩序、防火、防盗、防诈骗等知识，引导形成良好的习惯，扭转旧习俗，展示新面貌。

坚持工作向脱贫攻坚聚焦、资源向脱贫攻坚聚集、力量向脱贫攻坚聚合，把党的力量汇集到脱贫攻坚最前沿，强力推进贫困地区抓党建促脱贫攻坚工作，云南抓党建促脱贫攻坚“双推进”取得“双丰收”，在脱贫攻坚历史进程中留下了浓墨重彩的一笔。

（五）全面从严治党向纵深推进

云南历来重视管党治党，紧紧围绕不同历史时期云南工作大局，坚持党要管党、从严治党，为云南革命、建设、改革提供了坚强保障。党的十八大以来，以习近平同志为核心的党中央把全面从严治党纳入“四个全面”战略布局，提出并落实新时代党的建设总要求和新时代党的组织路线，形成系统完备的全面从严治党思想体系、制度体系、工作体系。

2015 年，习近平总书记在云南考察时强调，各级党组织要在从严治党上进一步做起来、实起来。2020 年，习近平总书记考察云南时强调，要培育积极健康的党内政治文化，涵养风清气正的政治生态。要深入开展反腐倡廉警示教育，举一反三，防微杜渐，避免重蹈覆辙。要强化权力制约监督，加强各方面监督。云南坚持以习近平总书记关于全面从严治党重要论述及对云南党的建设重要指示精神为遵循，扛稳抓牢管党治党政治责任，抓思想从严、管党从严、执纪从严、治吏从严、作风从严、反腐从严，全面从严治党焕发新气象，政治生态发生重构性变化，为经济社会良好发展提供了坚强保障。

1. 从严从实锤炼过硬作风

党的十八大以来，以习近平同志为核心的党中央坚持以上率下、以身作则、身体力行、雷厉风行抓作风，锲而不舍纠“四风”，充分表明以习近平同志为核心的党中央坚定不移全面从严治党、持之以恒正风肃纪的鲜明态度和坚定决心。省委贯彻落实党中央相关部署，把加强作风建设作为一项严肃的政治任务、一项重大的民心工程抓紧抓好、抓出实效，以关键少数的自我革新，形成“头雁效应”，以上率下，持续擦亮作风建设“金色名片”，有力地带动了党风、政风和社会风气明显好转。

（1）严格落实中央八项规定精神

党的十八大以来，云南通过强化思想教育，聚焦突出问题，健全完善制度，让中央八项规定精神真正落地生根，违反中央八项规定精神问题得到有效遏制。

强化思想教育。引导党员干部认真查找执行中央八项规定精神方面存在的突出问题和具体表现，深刻进行党性分析，严肃认真开展批评和自我批评，进一步增强“四个意识”、坚定“四个自信”、做到“两个维护”，提高党性修养，推动中央八项规定精神全面深入落实。

聚焦突出问题。云南坚持问题导向，狠抓薄弱环节，结合自身实际、继续盯紧不同地区、领域、行业存在的突出问题及其新动向新表现、找准“靶子”、查清“病灶”，做到因地制宜、对症下药。2016 年，省委开展了针对私设“小金库”、乱发津补贴、行业协会管理不规范、违规兼职取酬、违规报销通信费、违规乘坐头等舱等问题的专项清理和整治。

健全完善制度。省委出台了《省级领导改进工作作风密切联系群众的实施办法》《中共云南省委关于省级领导进一步贯彻落实中央八项规定精神的意见》《中共云南省委贯彻落实中央八项规定的实施办法》等制度。2020 年，云南省纪委省监委出台《推动建立贯彻落实中央八项规定精神正面、负面清单实施方案》。通过正面、负面清单，让责任单位明白“应该做什么”，清楚“不能做什么”，避免踩红线、闯雷区。同时，督促主责部门积极作为，一改过去以纪检监察机关为通报主体的方式，云南城投集团等12家省属国有企业在《云南日报》等媒体上“自曝家丑、自我揭短”，主动公开通报曝光违反中央八项规定精神问题。省地质矿产勘查开发局、省司法厅及下属单位、监狱系统主动公开“亮丑”，通报曝光违反中央八项规定精神典型问题。

全省各级领导干部，特别是省委常委带头驰而不息改进作风，执行好中央八项规定精神和省委实施办法，密切党同人民群众血肉联系。各级领导干部带头转变作风，身体力行，以上率下，对作风之弊、行为之垢进行大排查、大检修、大扫除，刹住了一些曾被认为不可能刹住的歪风邪气，攻克了一些司空见惯的官场陋习和作风难题，有力推动了作风建设向纵深发展。

（2）驰而不息纠治“四风”

党的十八大以来，云南各级纪检监察机关紧盯“四风”的新形式、新动向，坚持力度不减、节奏不变，因地制宜开展专项整治，通过加强源头治理、紧盯时间节点、突出监督重点、扎紧制度笼子等举措，持续不断纠“四风”、强作风。

紧盯重要时间节点。抓住元旦、春节、中秋、国庆等节点，开展交叉式、推磨式监督检查，采取“先曝光、后核查、再严处”的方式，释放出纪检监察机关毫不松懈纠治“四风”的强烈信号，警示广大党员干部时刻绷紧纪律规矩这根弦，切实做到知敬畏、存戒惧、守底线。

聚焦工作重点领域。各级纪检监察机关准确把握“四风”问题新情况、新动向，进一步深化“六个严禁”专项整治工作，针对超标准配置和豪华装修办公用房、违规发放津补贴等问题，组织开展狠刹“会所中的歪风”、整治奢华浪费建设、清理办公用房、规范机关事业单位津补贴、纠正和防止“不作为乱作为”、清理整顿领导干部在社会组织、企业兼职问题等专项整治，机动开展作风建设“回头看”，深挖细查隐形变异的“四风”问题。深入治理贯彻党中央决策部署只表态不落实、维护群众利益不担当不作为、搞“指尖上的形式主义”等问题。以“烟、茶、玉、矿”等为重点，梳理出 7 大类 230 个品类的云南名贵特产、特殊资源清单，深挖严查利用名贵特产、特殊资源谋取私利问题背后的奢靡腐败行为。把反对和纠治形式主义、官僚主义作为重要任务，严查贯彻落实上级决策部署和指示要求不结合实际，文来文往、没有实招、不落地、不见效，敷衍塞责、相互推诿、弄虚作假、消极应付，以及大搞表格“留痕”、多头重复向基层派任务，增加基层负担等问题。

坚持从严从重惩处。各级纪检监察机关坚持“暗访、曝光、查处、追责”四管齐下，建立起调查、处理、通报、整改环环相扣的工作链条，对违反中央八项规定精神的问题和“四风”问题零容忍。坚持以问题为导向，盯紧老问题，关注新动向，针对群众和媒体网络反映、监督检查中发现的作风建设和“四风”方面存在的违纪违规行为，坚持从严查处，绝不姑息。对党委（党组）监督不力，袒护包庇甚至干预案件查处工作，造成恶劣影响的，严肃追究主体责任。对各派驻纪检监察组监督检查不严，发现问题隐瞒不报、拖延不查、追责不到位的，严肃追究其监督责任。对检查过程中发现的党员干部顶风违纪问题，发现一起、查处一起。对查处的典型案例一律通报曝光，强化党员干部的纪律意识。同时加大“一案双查”力度，对“四风”问题突出的部门，既追究直接当事人责任，又追究主体责任、监督责任和领导责任。

针对个别地区和单位，信访举报变成恶意举报、不实举报甚至是诬告陷害的现象，云南省纪委省监委坚持“三个区分开来”，出台了《云南省容错纠错办法》《云南省纪检监察机关查处诬告陷害行为及失实检举控告澄清工作办法》等一批文件，通过“交办督办解决一批、反馈通报解决一批、群众参与解决一批、澄清正名解决一批、查处打击解决一批、直接了结解决一批”，从源头上遏制不实举报，营造了良好的干事创业环境。

2. 把纪律规矩挺在前面

党的十八大以来，云南贯彻落实党中央的决策部署，把党的纪律建设置于突出位置，坚持纪严于法、纪在法前、纪法分开，重点强化政治纪律和组织纪律，带动廉洁纪律、群众纪律、工作纪律、生活纪律严起来，有效推进了全面从严治党向纵深发展。

（1）深化纪检监察体制改革

党的十八大以来，云南不断深化纪检监察体制改革。2014 年以来，省委纪律检查体制改革专项小组紧紧围绕“两责任”“两为主”“两覆盖”“权力制约与监督”“党内法规制度体系建设”等改革重点，全力推动纪律检查体制各项改革措施的落实。省委纪律检查体制改革专项小组先后召开九次专项小组会议，已完成“内设机构调整、议事协调机构清理”等 27 项推动落实工作和中央出台的党内法规条例的贯彻落实工作，研究出台《云南省关于落实党风廉政建设主体责任制的规定》等 26 项重要制度成果，全省纪检体制改革工作取得阶段性成效。

2017 年 11 月 24 日，云南全面推开省、州（市）、县（市、区）三级监察委员会改革试点工作。先以迪庆州为改革试点，为全省监察体制改革积累经验。2017 年 12 月，迪庆州率先完成全省州（市）级监察委员会的组建。2018 年 1 月，县（市、区）级的河口县监察委员会在全省首家挂牌成立。由此，云南深化监察体制改革已转入全面推进阶段。2 月，省监察委员会组建挂牌。全省 16 个州（市）129 个县（市、区）全部完成监察委员会组建挂牌，进入实质运转阶段。

（2）强化纪律建设

深入开展纪律教育。督促广大党员干部学习党章党规党纪，加强对中央新修订的《中国共产党廉洁自律准则》和《中国共产党纪律处分条例》的宣传教育，通过开展专题辅导、专题培训、“双语”宣讲、在线访谈等，引导广大党员尤其是党员领导干部牢固树立纪律意识、规矩意识。省纪委选取党的十八大以来查处的典型案例，制作《一个州长的疯狂》《倒下的“锡王”》《激浊扬清在云南》等警示教育片，并编印《云南省领导干部违纪违法典型案例警示录》。各级纪检监察机关对查处的典型案例进行梳理分析，分级分类制作、编印警示教材。全省 16 个州（市）均建立完善具有本地特色的廉政警示教育基地，通过一系列反面典型，使广大党员领导干部受警醒、明底线、知敬畏，严守党的纪律和规矩。

有效运用“四种形态”。相继制定实施了《云南省纪律检查机关实践监督执纪“四种形态”实施办法》《云南省实施〈中国共产党问责条例〉办法》《云南省党政领导班子“一把手”监督办法》《云南省纪检监察机关关于问责事项审核的工作流程》《云南省纪检监察机关实行纪律审查主办责任制的规定》《关于规范谈话函询办理工作的暂行规定》《关于进一步加强对反映领导干部问题线索处置管理工作的通知》《关于落实全面从严治党主体责任实践“四种形态”的指导意见》等一批法规制度，建起了省、市、县三级实践“四种形态”的制度体系。各级纪检监察机关以“六项纪律”为标尺，把违纪问题作为执纪的主要内容，无论轻重，有错必纠，防止党员干部由“破纪”滑向“破法”。对反映的一般性或者较为笼统的问题线索，及时通过谈话函询方式进行处理，早提醒、早纠正，把问题解决在萌芽状态；对具有可查性的问题线索，及时跟进，抓紧初核，及时处理。持续紧盯“微权力”“微腐败”，对群众反映强烈的不正之风和腐败问题，以批评教育、诫勉谈话、轻处分等方式，及时由党组织出面“咬咬耳朵”“扯扯袖子”，让违纪人员“红红脸”“出出汗”；对严重损害群众利益的行为，及时采取党纪轻处分、组织调整甚至党纪重处分等方式坚决予以纠正。重点查处党的十八大后不收敛、不收手，问题线索反映集中、群众反映强烈，政治问题和经济问题交织的腐败案件，违反中央八项规定精神的问题，做到快进快出、快查快结，严肃处理、公开曝光，着力强化不敢、知止的氛围，倒逼推动前三种形态有效落实。

做实做细日常监督。云南省纪委省监委出台《云南省纪检监察机关监督执纪监察工作办法（试行)》《云南省监察机关调查措施使用规范（试行)》《云南省纪检监察机关监督执纪监察工作流程图（试行)》《云南省纪检监察机关监督执纪监察工作常用文书格式（试行)》等制度。把党中央重大决策部署落实情况作为日常监督的“重音”，把“两个维护”细化实化为日常监督的具体抓手，坚决防止把讲政治停留在表达、表态上，防止“标签式”“浮萍式”的政治敷衍，通过强化政治纪律的监督，督促带动广大党员干部守纪律、讲规矩。突出对公职人员的监督，省、市、县三级监委全部组建后，加强对各类公职人员依法履职、秉公用权等情况的监督检查；积极探索监察职能向乡镇、村社延伸，通过开展谈话、专项监督检查、巡视巡察等方式开展精准监督，把以往处在监督“真空”的基层非党员公职人员、非党员村干部列入监督范围。突出对纪检监察干部的监督，把建设一支忠诚、干净、担当的纪检监察干部队伍作为推动党风廉政建设和反腐败工作深入开展的重要抓手，不断加强纪检监察干部监督管理工作。2014年，省纪委成立了纪检监察干部监督室，全省16个州（市）纪委全部完成内设机构调整，均设立了纪检监察干部监督室，加强对纪检监察干部的日常教育监督管理。

创新监督方式。云南省纪委省监委开创“2+1+1”联动工作法，“2”指的是云南省纪委省监委各纪检监察监督室和审查室，两个“1”分别指州（市）纪委监委、云南省纪委省监委派驻机构和省委巡视机构。突出监督检查的即时性、针对性、有效性，组织“飞行点穴式”监督检查组，每年元旦、春节等节日期间，选择重点地区、重点单位、重点问题开展快速、准确的监督检查。探索推行深入基层开展一线监督的方式方法，并出台制度，对“办事式”“座谈式”“嵌入式”等一线监督方式作出明确规定。实践“蹲点式”谈心谈话监督，由过去的被动式接收问题线索到主动走出去开展监督，通过会议、约谈、走访等多种方式发现问题，实现常态化、近距离、可视化日常监督。围绕中心工作，还开展了扶贫领域腐败和作风问题专项治理蹲点监督、推动各机关单位深入推进制止餐饮浪费工作，领导干部违规借贷问题专项整治等。

党的十八大以来，云南各级党组织把党的纪律建设作为党的建设重要内容加以强化，强调加强纪律教育，重视纪律的贯彻执行，着力解决人民群众反映最强烈、对党的执政基础威胁最大的突出问题，全力推进全面从严治党，极大地提升了党的凝聚力、战斗力，充分彰显了党的先进性和纯洁性。

3. 将反腐败斗争进行到底

党的十八大以来，云南反腐败斗争坚持“老虎”“苍蝇”一起打，既坚决查处领导干部违纪违法案件，又切实解决发生在群众身边的不正之风和腐败问题，既注重解决突出问题，又加强长效机制建设，取得了显著成绩。

（1）落实党风廉政建设责任制

始终坚持“有权必有责、有责要担当、失责必追究”，把问责作为管党治党的利器，切实落实管党治党政治责任，倒逼各级党组织和党员领导干部做到守土有责、守土尽责。

省委深入落实主体责任，推动各级党委全面领导、组织、主抓党风廉政建设。制定实施云南省落实主体责任的规定，出台进一步落实主体责任的措施。出台关于落实主体责任的规定，将党委落实主体责任的内容和要求细化为 28 项，以清单明责定规。出台关于落实监督责任的规定，明确 12 种履行监督责任不到位的情形，并把责任追究情况作为各级纪检监察机关领导班子评价和领导干部业绩评定、奖励惩处、选拔任用的重要依据。云南省纪委省监委督促指导各级党委（党组）和纪委（纪检组）落实《关于落实党风廉政建设主体责任的规定》《关于落实党风廉政建设监督责任的规定》等制度，对照党委落实主体责任的 28 项责任清单和纪委监委履行监督责任不到位的 12 项“负面清单”，耕好各自“责任田”。制定印发《贯彻〈中国共产党问责条例〉实施办法》，形成用制度规范“两个责任”落实的责任链条，确保问责工作有章可循。与此同时，将管党治党的责任压实到每一级，通过自上而下逐级签订责任书，督促各级党组织真正把从严治党责任扛起来，做到责任覆盖无盲区。

实行党委书记向上一级纪委常委会专题报告履行全面从严治党主体责任情况，围绕加强和改善党的全面领导、履行全面从严治党主体责任和第一责任人职责、持之以恒抓好纪律作风建设、管好班子、带好队伍以及上年度专题报告会议反馈问题的整改落实情况等作汇报。每年年初，云南省委、省政府对全省各州（市）、省直单位、大专院校、省属企业进行上一年度党风廉政建设责任制进行检查考核。按照中央《关于实行党风廉政建设责任制的规定》和云南的实施办法，根据对各州（市）和单位检查考核情况、平时工作情况、有关部门反馈情况，省党风廉政建设责任制工作领导小组办公室形成了等次评定初步意见，经省委常委会研究审定考核等次。对于党风廉政建设责任制落实不到位的问题，暴露出来的相关地区和单位全面从严治党主体责任落实不力、制度执行不严，管党治党失之于“宽松软”等情况，省党风廉政建设责任制工作领导小组办公室加强对各单位整改落实情况的督促检查，及时对整改落实情况进行复查验收。对整改不重视、不到位，责任不落实、效果不明显的，严肃追究责任。

（2）清除政治污染底泥

面对白恩培、仇和等特别是秦光荣流毒给云南党的建设和经济社会发展带来的重创，云南各级纪检监察机关围绕政治生态的修复、净化、建设，打出“组合拳”，坚决清淤排污除毒，把正面的导向树立起来，重构云南风清气正的政治生态。云南省纪委省监委全覆盖列席监督各州（市）党委、省直单位党组织汲取秦光荣案深刻教训专题民主生活会，加强对省委“八个坚决肃清”落实情况的监督检查，促使党员干部得到思想淬炼和政治锤炼。严查快办中央纪委国家监委移交涉及秦光荣案件的问题线索；对秦光荣干预过的案件开展“回头看”，认真梳理、复查、纠正，重现被“抹掉”的问题，接上被掐断的“线头”，推动肃清流毒工作向各地各相关部门延伸压实，坚决荡涤政治生态中的污泥浊水。加强源头管控，一个州（市）一个州（市）、一个系统一个系统、一个行业一个行业、一个领域一个领域地刨除污染源，坚决拔“烂树”揪“蛀虫”，推动区域性、系统性政治生态修复净化。

（3）巡视巡察全面覆盖

云南深刻认识巡视巡察的战略地位和重要作用，认真贯彻落实中央关于加强巡视巡察工作的部署和要求，进一步明确职能定位，把巡视巡察全覆盖作为全面从严治党的规定动作、硬性任务来落实，不断深化和创新工作方式方法，扎实做好巡视巡察工作，积极构建横向到边全覆盖、纵向到底全衔接的巡视巡察一体化监督格局。

抓实对中央巡视工作的整改。省委成立中央巡视“回头看”反馈意见整改落实工作领导小组，按照“条条要整改、事事有回应、件件有着落”要求，认真研究制定巡视“回头看”反馈意见整改方案，建立问题清单、任务清单和责任清单，明确整改目标、整改原则、整改要求，细化整改任务和时限，从严从实做到清责、认责、问责；围绕巡视反馈指出的问题，进一步细化实化整改方案。

加大巡视力度。近几年，省委每一轮的巡视都聚焦专题开展专项巡视。各州（市）、县（市、区）党委建立巡察制度，成立巡察工作领导小组，州（市）党委建立 60 人左右的巡察人才库，县

（市、区）党委建立40人左右的巡察人才库，在一届任期内对下一级党组织实现巡察全覆盖。

巡察纵向到底。各州（市）、县（市、区）党委建立巡察制度，成立巡察工作领导小组，州（市）党委建立60人左右的巡察人才库，县（市、区）党委建立40人左右的巡察人才库，在一届任期内对下一级党组织实现巡察全覆盖。2019年6月，文山州被列入全国对村（社区）党组织巡察的试点地区。文山州分边境村、山区村、民族村、城镇社区四种类型，边巡察、边实践、边探索、边完善，积极探索“怎么巡”，规范对村（社区）巡察工作，探索出“背包队”驻村巡察；巡察干部亮身份、亮证巡察；围绕基层党建、脱贫攻坚、产业发展、环境优美、文明和谐“五面红旗”创建标准开展巡察，以巡察巩固拓展边疆“红旗飘飘”工程，增强边民的国家意识等。

（4）以零容忍态度坚决惩治腐败

始终保持惩治腐败的高压态势，对党的十八大后不收敛不收手，特别是党的十九大后仍然不知止、胆大妄为的，发现一起查处一起，持续形成“不敢腐”的震慑。聚焦仍然不收敛不收手、问题线索反映集中、群众反映强烈，政治问题和经济问题交织的腐败案件，严惩贪污贿赂、滥用职权、玩忽职守、徇私舞弊、重大责任事故等职务违法和职务犯罪，坚决清除甘于被“围猎”的腐败分子。一体推进追逃追赃，总结运用“政治战+心理战+法律战+亲情战”经验做法，追逃追赃工作取得重大突破，在高压惩治的震慑和党性教育的感召下，一批腐败分子主动投案自首。在查处重大典型案件过程中，全面梳理案件的上下游、左右岸。向有关地方和单位发出纪检监察建议书，建章立制，堵塞漏洞。坚持以案促改、以案促治，制定了《省属国有企业政治生态和领导班子成员政治“画像”工作办法》《关于规范运用纪检监察建议工作办法》等一批制度，实现用制度管权管事管人，促进规范化法治化建设。

全力保障党中央关于脱贫攻坚重大决策部署的贯彻落实。2017年底，云南省纪委省监委先行开展了扶贫领域腐败和作风问题专项治理，牵头会同省直12个部门，在全省开展了为期3个多月的问题线索“大起底”工作。2018年又根据中央纪委专项治理三年工作方案，制定实施了2018—2020年的专项治理工作方案，开展重点扶贫项目、重点扶贫资金、前期发现问题“三个清单”专项检查抽查。2018年至2021年初，全省纪检监察机关共受理扶贫领域问题线索38653件，处置办结37227件；处理60912人次；通报曝光典型问题5395批11097个。

深挖彻查涉黑涉恶腐败和“保护伞”。云南省纪委省监委督促推进扫黑除恶专项斗争，积极配合做好政法队伍教育整顿工作，强力推动“打伞破网”，成功突破一批“骨头案”“考古案”“钉子案”。全面整治群众反映强烈的突出问题。持续开展整治群众身边腐败和不正之风专项行动，加强医疗卫生系统行风建设监督检查，不动产登记、烂尾楼、城镇小区违章搭建、社保医疗、生态环保等领域一批困扰群众的“急难愁盼怨”问题得到有效解决。

党的十八大以来，云南反复强调有腐必反、有贪必肃，坚持无禁区、全覆盖、零容忍，坚持重遏制、强高压、长震慑，始终保持惩治腐败高压态势，不敢腐的目标初步实现，不能腐的笼子越扎越牢，不想腐的堤坝正在构筑，反腐败斗争压倒性态势已经形成并巩固发展，反腐败斗争取得突破性进展和压倒性胜利，全省政治生态持续好转。

党旗迎风飘扬，云岭凯歌嘹亮。回首云南全面小康进程的每一步，都有党旗的引领，党建的护航。在不同历史时期，云南始终坚持党的中心工作推进到哪里，党的建设工作就推进到哪里，用党建引领经济社会高质量发展，用改革创新精神，走出了一条符合边疆实际的党的建设路径。云南边疆党建的经验归结起来就是：以“讲政治”为根本，做到对党绝对忠诚；以“强组织”为主题，发挥战斗堡垒作用；以“建阵地”为载体，夯实边疆执政基础；以“固边疆”为核心，筑牢稳边固边基石；以“聚人心”为关键，服务群众保障民生；以“领发展”为要务，助推转型跨越发展；以“促清廉”为重点，深化正风肃纪反腐。正是依靠这些规律性认识和经验性总结，不断推进党领导各项事业发展的新境界，推动云岭大地发生了历史性变革，取得了历史性成就，创造了历史性辉煌。

展 望

历史总是在重要的节点标注前行的刻度。2020 年末，一个喜讯让云岭大地沸腾：经过 8 年持续奋斗，全省 933 万农村贫困人口全部脱贫，88 个贫困县全部摘帽，8502 个贫困村全部出列，11 个“直过民族”和人口较少民族实现整体脱贫，困扰云南千百年的绝对贫困问题得到历史性地解决！

从雪域高原到热带雨林，从乌蒙山区到边境村寨，从壮乡苗岭到独龙江畔，脱贫攻坚胜利的阳光照耀到云岭每个角落，无数人的命运因此改变，无数人的奋斗终于结出硕果。

回首往昔，贫穷落后一直是云南沉重的标签。作为一个集边疆、民族、山区、贫困于一体的欠发达省份，云南贫困县、贫困村、贫困人口数量均居全国前列，贫困面积广，贫困程度深，脱贫难度大，是全国脱贫攻坚主战场之一。摆脱贫困，过上好日子，实现与全国同步全面建成小康社会，是云南各族人民世世代代的梦想。

由于基础薄弱等多种原因，到 1978 年，云南仍有贫困人口 2000 多万人，占农村总人口的 70%。改革开放以来，云南省委、省政府团结带领全省人民实施了大规模、有计划、有组织的扶贫开发，解放和发展社会生产力，民生保障和改善取得显著成就。不过，到 2012 年底，云南贫困人口仍有 880 余万人。其中，少数民族贫困人口占 46.4%，深度贫困地区贫困人口接近一半。全省贫困发生率超过 20%，27 个深度贫困县贫困发生率超过 30%。

党的十八大以来，以习近平同志为核心的党中央把脱贫攻坚摆在治国理政突出位置，组织实施了人类历史上规模最大、力度最强、惠及人口最多的脱贫攻坚战。习近平总书记亲自指挥、亲自部署、亲自督战，带领人民艰苦奋斗、顽强拼搏，创造了人类减贫史上的伟大奇迹，为全球减贫事业作出了卓越贡献。

习近平总书记高度重视云南发展，心系边疆各族人民，党的十八大以来，两次亲临云南考察指导、三次给云南干部群众回信，对云南工作作出一系列重要指示批示，为云南发展擘画蓝图、指引方向。牢记习近平总书记殷殷嘱托，坚决贯彻落实习近平总书记关于扶贫工作的重要论述和党中央决策部署，云南省委、省政府坚持精准扶贫精准脱贫基本方略，坚持以脱贫攻坚统揽经济社会发展全局，把脱贫攻坚作为重大政治任务、发展头等大事和第一民生工程来抓，带领各族人民拧成一股绳，以“敢教日月换新天”的豪情、“咬定青山不放松”的坚韧、“不破楼兰终不还”的奋斗，书写了中国减贫奇迹的云南篇章。

经过脱贫攻坚这场伟大战役，困扰云南千百年的绝对贫困问题历史性地得到解决，贫困群众获得感幸福感安全感显著增强，边疆民族地区发展呈现历史性跨越，干部队伍作风得到砥砺锻造，党在农村的执政基础更加巩固。

如今的七彩云南，全面小康已体现到经济社会发展的方方面面：全省经济总量实现历史性突破，2021 年完成地区生产总值 2.71

万亿元，高速公路总里程突破 1 万公里，贫困村实现 100% 通硬化路、通动力电、光纤网络全覆盖，脱贫产业红火发展，鲜花、茶叶、咖啡、水果等云南高原特色农产品搭乘电商快车走向全国乃至世界市场……

云南脱贫攻坚的生动实践，是习近平总书记带领全国人民打赢脱贫攻坚战的缩影，充分体现了中国共产党人为中国人民谋幸福、为中华民族谋复兴的初心使命，充分彰显了中国共产党领导和中国特色社会主义制度的显著优势。云南脱贫攻坚的伟大成就，靠的是习近平总书记掌舵领航，靠的是精准扶贫精准脱贫基本方略的科学指导，靠的是党中央集中统一领导，靠的是中国特色社会主义制度集中力量办大事的显著优势，靠的是全省各族干部群众的团结奋斗。

脱贫摘帽不是终点，而是新生活、新奋斗的起点。如今，党团结带领中国人民踏上了实现第二个百年奋斗目标新的赶考之路。纵然世界百年未有之大变局已进入加速演变期，国际环境错综复杂，但经济全球化大方向没有变，我国发展仍处于重要战略机遇期，为云南实现高质量跨越式发展提供了有利条件。

“到 2035 年，云南要与全国同步基本实现社会主义现代化，这是我们的历史使命。”2021 年 11 月底举行的中国共产党云南省第十一次代表大会对云南未来发展作出新部署，吹响新的时代号角：新的征程上，我们必须把忠诚拥护“两个确立”、坚决做到“两个维护”作为最高政治原则和根本政治规矩，让忠诚成为云南党员干部最鲜明的政治品格，让全省 4700 多万各族人民用习近平新时代中国特色社会主义思想武装起来，让彩云之南成为党的领袖光辉照耀的地方。必须把党百年奋斗的历史经验继承好、运用好、发展好，以更加昂扬的姿态奋斗新时代、奋进新征程、担当新使命，在实现中华民族伟大复兴的历史进程中贡献我们这一代人的智慧和力量。

——新的赶考路上，云南思路清晰

高举中国特色社会主义伟大旗帜，全面贯彻党的十九大和十九届历次全会精神，坚持以马克思列宁主义、毛泽东思想、邓小平理论、“三个代表”重要思想、科学发展观、习近平新时代中国特色社会主义思想为指导，全面贯彻党的基本理论、基本路线、基本方略，深入贯彻习近平总书记考察云南重要讲话和重要指示批示精神，坚持系统观念，统筹推进“五位一体”总体布局，协调推进“四个全面”战略布局，全面落实党中央把握新发展阶段、贯彻新发展理念、构建新发展格局、推动高质量发展、促进共同富裕的部署和要求，坚持稳中求进工作总基调，以高质量跨越式发展为主题，以深化供给侧结构性改革为主线，以改革创新为根本动力，以满足人民日益增长的美好生活需要为根本目的，统筹疫情防控和经济社会发展，统筹发展和安全，不断巩固夯实全面建成小康社会成果，推进边疆民族地区治理体系和治理能力现代化，致力于建设我国民族团结进步示范区、生态文明建设排头兵、面向南亚东南亚辐射中心，奋力谱写好中国梦的云南篇章。

——新的赶考路上，云南目标明确

综合经济实力更强。经济运行保持在合理区间，工业增加值占地区生产总值比重显著提高，每千人拥有市场主体数量力争达到全国平均水平，数字经济、平台（总部）经济、民营经济、园区经济、县域经济的发展质量、效益、竞争力显著提升，绿色低碳循环发展的经济体系基本建立。农业农村现代化和新型城镇化水平显著提升，城乡区域协调发展达到新水平。

民族团结进步示范区建设更深入。中华民族共同体意识进一步铸牢，16个州（市）、25个边境县（市）全部创建成为全国民族团结进步示范市县，民族和睦、宗教和顺、社会和谐的良好局面进一步巩固发展，各民族的凝聚力向心力进一步增强。

生态文明建设排头兵成效更显著。全面绿色转型取得明显成效，九大高原湖泊保护治理水平全面提升，生态环境质量达到全国领先水平，国家西南生态安全屏障更加牢固，生态美、环境美、城市美、乡村美、山水美、人文美成为普遍形态。

面向南亚东南亚辐射中心地位更凸显。开放型经济新体制基本形成，面向南亚东南亚和环印度洋大通道建设取得突破性进展，地区合作全面加强，综合交通、能源、数字、通信、物流枢纽基本建成，对周边国家的吸引力、辐射力、带动力、影响力显著提升。

社会文明程度更高。社会主义核心价值观深入人心，公共文化服务体系更加完善，文化产业取得新发展，民族优秀文化更加繁荣，文化软实力和影响力进一步增强，各族人民精神面貌更加昂扬向上。

人民生活更幸福。基本公共服务均等化水平明显提高，高质量教育体系、卫生健康服务体系更加完善，社会保障体系更加健全，中等收入群体比重大幅提高，各族人民共同富裕迈出坚实步伐。

边疆治理体系更完善。社会主义民主法治更加健全，行政体系更加完善，政府作用更好发挥，平安云南、法治云南建设取得新进展，社会治理社会化、法治化、智能化、专业化水平全面提高，发展安全保障更加有力，边防更加稳固，边疆民族地区治理能力显著增强。

管党治党更有力。党的领导制度体系更加完善，党的建设全面加强，各级党组织政治领导力、思想引领力、群众组织力、社会号召力持续增强，干部队伍精气神全面提振，人才创新创造活力充分激发，风清气正的政治生态和干事创业的发展环境全面形成。

——新的赶考路上，云南信心十足

观区位。云南是“一带一路”建设、长江经济带发展的重要交汇点，是我国面向南亚东南亚和环印度洋地区开放的大通道。随着国内大循环、国内国际双循环新发展格局的加快形成，随着省内交通基础设施的不断改善，中老铁路正式开通，中越、中老、中缅国际通道高速公路加快推进，加上区域经济伙伴关系协定（RCEP）的生效、中国—东盟全面战略伙伴关系建立，云南的区位优势、开放优势更加凸显。

看潜力。云南绿色能源可开发总量 2 亿千瓦，占全国的 20%，居全国第 2 位；水能资源可开发量 9795 万千瓦，居全国第 2 位。风能资源总储量 1.23 亿千瓦，可利用区域占全省面积的 11.5%。年均日照时间达 2200 小时，接收的太阳能能量相当于每年获得 731 亿吨标准煤。还有丰富的生物多样性资源、旅游资源、矿产资源等，这些发展优势正加快转化为发展效能。

察作风。近年来，随着全面从严治党向纵深推进，云南一度受到破坏的政治生态得以修复和净化，全省上下讲发展、谋发展、促发展的心更齐了，劲更足了，未来发展可期！

——新的赶考路上，云南步履铿锵

推动经济高质量发展，构建现代化经济体系。云南将加快发展现代产业体系，聚力打造“三张牌”，全产业链优化升级传统产业，推动服务业高质量发展，培育壮大新兴产业，强力推进数字云南建设，培育壮大市场主体。大力推动乡村振兴和新型城镇化，以农业产业化和农业科技引领农业现代化，全面实施乡村建设，加快推进新型城镇化，打开区域发展新空间。加快构筑现代化基础设施体系，布局新型基础设施，建设交通强省，打造绿色能源强省，实施“兴水润滇”工程，建设现代综合物流体系。大力推进改革开放，深化经济体制改革，大力营造一流营商环境，构筑对外开放新高地。大力推进创新型云南建设，加强区域创新体系建设，强化企业创新主体地位，强化科技开放合作，深化科技体制机制改革。

践行以人民为中心的发展思想，促进全体人民共同富裕。云南将巩固拓展脱贫攻坚成果，接续推动脱贫地区乡村全面振兴，强化产业帮扶、就业帮扶、科技帮扶，全面提升基础设施、基本公共服务能力，千方百计增加群众收入，努力让脱贫群众过上更好的日子。实施就地就近就业行动、“技能云南”行动，推进大众创业万众创新，多渠道做好就业工作，努力让人民群众有更方便更充分的就业。加快教育强省建设，推动义务教育优质均衡发展，大力发展职业教育，推进高等教育办学规模、质量和效益实现大的突破，努力让人民群众有更好的教育。持续推进健康云南建设和公共医疗卫生能力水平提升，解决群众看病就医难题，努力让人民群众享有更高水平的卫生健康服务。完善覆盖全民、统筹城乡、公平统一、可持续的多层次社会保障体系，推动老龄事业和产业高质量发展，努力让人民群众有更可靠的社会保障。

全面加强社会主义民主政治建设，不断推进边疆民族地区治理能力现代化。云南将毫不动摇坚持和巩固中国特色社会主义制度，确保支撑中国特色社会主义制度的根本制度得到坚决贯彻落实，推进社会主义民主政治建设，发展全过程人民民主，推进新时代民族工作高质量发展，努力建设更高水平的平安云南、法治云南，切实维护边疆稳固，全力服务国防和军队现代化建设。

推进文化强省建设，构筑各族群众共同的精神家园。云南将坚定不移用习近平新时代中国特色社会主义思想凝心铸魂，牢牢掌握意识形态工作领导权，培育和践行社会主义核心价值观，加快城乡公共文化服务体系建设，推进文化产业高质量发展。

全面推进生态文明建设，努力建设人与自然和谐共生的现代化。云南将认真贯彻落实习近平生态文明思想，深刻汲取滇池沿岸违规违建的沉痛教训，以更高标准、更严要求推进生态文明建设，全面加强生物多样性保护，全面开展生态保护治理修复，全面深化污染防治攻坚战，全面推进绿色低碳发展，全面完善生态环境治理体系，当标杆、作表率，全面提升“植物王国”“动物王国”“世界花园”的影响力。

坚定不移推进全面从严治党，以高质量党建引领高质量发展。云南将坚持把党的政治建设摆在首位，铸牢政治忠诚，坚定理想信念，严明纪律规矩，树牢宗旨意识，教育引导广大党员干部始终在政治立场、政治方向、政治原则、政治道路上同以习近平同志为核心的党中央保持高度一致。坚持好干部标准和新时代党的组织路线，树立实干导向，讲求工作效率，一线考察干部，坚持奖优罚劣，从严管理监督，建设敢于担当、干事创业的干部队伍。推动基层党组织全面强起来，分领域推动基层党建工作创特色、出实效、上水平，成为实现党的领导的坚强战斗堡垒。加大人才引进培养力度，真心爱才、悉心育才、精心用才，把云南建成人才集聚之地。把党风廉政建设和反腐败斗争进行到底，使不敢腐、不能腐、不想腐一体推进不断取得更多的制度性成果和更大的治理成效。构建山清水秀的政治生态，实现干部清正、政府清廉、政治清明、社会清朗，建设清廉云南。

坚持以钉钉子精神抓落实。云南坚持问题导向、目标导向、结果导向，倡导项目工作法、一线工作法、典型引路法，实行任务项目化、项目清单化、清单具体化。当前，全省各地各单位正以自我革命精神深入推进作风革命效能革命，破除思想积弊、陈规陋习，改进作风、提升效能，推动工作作风大转变，工作效能大提升，全省党员干部正以“今天再晚也是早，明天再早也是晚”的效率意识，用科学的方法去推动每项工作落实，以只争朝夕、拼搏奋进的劲头，努力推动云南高质量发展。

历史长河奔流不息，时代考卷常答常新。在全面建设社会主义现代化的新征程上，云南各族儿女将更加紧密地团结在以习近平同志为核心的党中央周围，坚定沿着习近平总书记指引的方向阔步前进，不忘初心、牢记使命，埋头苦干、勇毅前行，为全面建设社会主义现代化、谱写好中国梦的云南篇章而努力奋斗，创造更加幸福美好的明天！

参考书目

1. 中共云南省委宣传部编：《民族团结进步示范区建设》，人民出版社、云南人民出版社 2017 年版。

2. 中共云南省委宣传部编：《谱写中国梦云南篇章——砥砺奋进的五年》，人民出版社、云南人民出版社 2017 年版。

3. 中共云南省委宣传部编：《辉煌云南 70 年》，人民出版社 2019 年版。

4. 中共云南省委宣传部编：《生态文明排头兵建设》，人民出版社 2017 年版。

5. 云南省发展和改革委员会编著：《争当生态文明建设排头兵》，云南人民出版社 2021 年版。

6. 中共云南省委宣传部、云南日报社编著：《不忘初心 牢记使命——云南省庆祝中国共产党成立 100 周年成就展》，云南人民出版社 2021 年版。

7. 中共云南省委宣传部编著：《谱写新时代云南跨越式发展新篇章》，人民出版社、云南人民出版社 2018 年版。

8. 云南省发展和改革委员会编著：《建设面向南亚东南亚辐射中心》，云南人民出版社 2021 年版。

9. 云南省发展和改革委员会编著：《建设民族团结进步示范区》，云南人民出版社 2021 年版。
10. 云南省发展和改革委员会编著：《云南百万易地扶贫搬迁的伟大壮举》，云南人民出版社 2021 年版。
11. 中共云南省委宣传部、云南省社会科学院编著：《云南脱贫攻坚战纪实》，人民出版社 2021 年版。
12. 中共云南省委宣传部编：《面向南亚东南亚辐射中心建设》，人民出版社、云南人民出版社 2017 年版。
13. 中共云南省委宣传部、中共云南省委党史研究室编：《中国改革开放全景录 · 云南卷》，云南人民出版社 2018 年版。
14. 云南省社会科学院编：《飘扬——云南边疆党的建设一百年》，云南人民出版社 2021 年版。
15. 中共云南省委组织部编：《不让一个兄弟民族掉队——云南抓党建促脱贫攻坚实践探索》，党建读物出版社 2018 年版。
16. 云南省发展和改革委员会编著：《加快“五网”建设　夯实跨越之基》，云南人民出版社 2021 年版。
17. 云南省发展和改革委员会编著：《云南高原特色现代农业的七彩华章》，云南人民出版社 2021 年版。
18. 云南省发展和改革委员会编著：《打造世界一流“健康生活目的地”》，云南人民出版社 2021 年版。
19. 云南省发展和改革委员会编著：《“数字云南”赋能新动力》，云南人民出版社 2021 年版。
20. 云南省发展和改革委员会编著：《推进以人为核心的云南新型城镇化》，云南人民出版社 2021 年版。
21. 云南省发展和改革委员会编著：《务实推进全面深化改革》，云南人民出版社 2021 年版。
22. 云南省发展和改革委员会编著:《在发展中保障和改善民生》,云南人民出版社 2021 年版。
23. 云南省发展和改革委员会编著:《创建特色小镇　小切口大文章》,云南人民出版社 2021 年版。
24. 云南省发展和改革委员会编著:《决胜全面建成小康社会的云南篇章》,云南人民出版社 2021 年版。
25. 云南省发展和改革委员会编著:《云南省产业迭代升级转型发展之路》,云南人民出版社 2021 年版。
26. 云南省发展和改革委员会编著:《深入实施绿色能源战略》,云南人民出版社 2021 年版。
27. 云南省发展和改革委员会编著:《扩大有效投资　用好关键一招》,云南人民出版社 2021 年版。

后 记

“纪录小康工程”是党中央交给宣传思想战线的一项重大政治任务，出版丛书是“纪录小康工程”的重要组成部分。

《全面建成小康社会云南全景录》作为省级丛书之一，同时纳入中央丛书。由中共云南省委宣传部统筹，云南日报报业集团、云南出版集团有限责任公司共同编撰出版。

本书编撰工作，由中共云南省委常委、宣传部部长曾艳同志任组长的“纪录小康工程”丛书领导小组领导指导；中共云南省委宣传部副部长、云南省人民政府新闻办公室主任彭斌，省委宣传部一级巡视员杨安兴牵头负责；云南日报报业集团党委书记、社长何祖坤，云南日报报业集团总编辑田静分工组织；云南日报报业集团副总编辑王雪飞，省委宣传部新闻处处长张莹、新闻处二级调研员王松具体负责。

《全面建成小康社会云南全景录》大纲拟定和全书统稿工作由谢建东同志负责，杨富东、茶志福、姬祥虎、期俊军、郎晶晶等同志参与编撰。

殷筱钊、柳文娟、王成、朱海涛、高婧婕、连惠玲、刘蕊等同志做了大量的工作，为本书的出版提供了保障。云南人民出版社陈艳芳同志对本书进行了编辑加工整理。

丛书编写过程中，参考了中共云南省委宣传部编写的“谱写中国梦云南篇章系列丛书”、中共云南省委宣传部和云南省社会科学院编著的“脱贫攻坚丛书”、云南省发展和改革委员会编著的“云南省‘十三五’经济社会发展成就系列丛书”，云南省决战决胜脱贫攻坚系列新闻发布会、云南省庆祝中国共产党成立100周年系列新闻发布会、云南省“回眸‘十三五’ 奋进彩云南”系列新闻发布会等资料。云南省有关厅局在资料上给予了大力支持。云南省发展和改革委员会、云南省农业农村厅、云南省生态环境厅、云南省乡村振兴局、云南省民族宗教事务委员会等单位，以及张戈、张德兵等专家对本书进行了审读，并提出了宝贵意见。

本书图片由孙晓云、柴峻峰、杨峥、陈飞、周灿、李秋明、陆向荣、胡彦辉、黄喆春、潘泉、雷桐苏、朱边勇、董孟良、张彤、贺平昌、许跃斌、适志宏、黄兴能、李文圣、黄传龙、陈畅、何新闻、苏金泉、杨崇云、杨敬坤、赵一青、刘建华、邹鹏等同志，以及云南日报报业集团、云南省建设投资控股集团有限公司等单位提供。

在此谨对所有给予本书帮助支持的单位和同志表示衷心感谢。

本书编写时间较紧，不足之处，敬请批评指正。

本书编写组

2022年6月